SERIES LAW IN ACTION III

交渉と紛争処理

和田仁孝・太田勝造・阿部昌樹 編

日本評論社

はじめに

二一世紀を迎え、われわれの社会は未曾有の転換、絶え間ない変容に直面している。地球環境をめぐる課題、先端技術の進展にともなう法的・倫理的問題、ジェンダーやアイデンティティをめぐる抑圧性への異議申立て、グローバル化とローカリズムの軋轢など、かつてない規模で、かつてない広範な問題群にわれわれは立ち向かわなくてはいけなくなってきている。近代以降、構築されてきたさまざまな既存の問題解決モデルや秩序構成原理は、しだいにその有効性を失い、今やわれわれはその基盤を大切にしながらも、まったく新たなモデルの構築を迫られている。

法学の領域もその例外ではない。それどころか問題処理と秩序構築を担う基盤的制度・知として、その叡智がこれまでないほどに求められているのである。そこでは、これまでの縦割り的な知の領域を越えて、領域横断的な知の統合と協働が必須の条件となってくるであろう。こうした斬新な視点からの新たなモデルの創造・構築という課題に向き合うとき、これまでも隣接諸科学の知見を貪欲に吸収しながら、学際的なアプローチによって法の問題を分析してきた「法社会学」の知は、まさにその最前線を切り拓く可能性と責任を担っている。

そもそもどのような法も法制度も、ただそのままで期待された機能を果たしうるわけではない。文化、社会、経済、その他さまざまな要素相互の関連のなかで、現実の法や法制度は動態的に作用していくものである。現代の急速に変容する社会的環境のなかで、法の複雑なダイナミズムを的確に捉え、そのうえであるべき方向を考えていくという創造的な法社会学的アプローチこそ、今や法を学ぶものにとって必須の視点であると言ってよいだろう。

本シリーズは、この法社会学という学問分野の魅力と意義について、法学を勉強し始めた初学者に理解してもらい、社会のなかで現実に作動する法についてより深く広い視野をもってもらうために編まれたものである。本シリーズを一読することで、法社会学が蓄積してきた多様な研究の領域・成果を概観し、同時にこれから法社会学が向き合うべき課題への対応の方向性を読み取ることができると思う。本シリーズを扉として、法社会学という知的刺激に満ちた学問領域に、多くの人が興味と関心を抱いていただけることを願っている。

和田仁孝（編者代表）

目　次

第2部

紛争処理のしくみ

第3部　紛争処理と法専門家の役割

序章

交渉・紛争処理へのアプローチ

紛争処理にかんする研究は、わが国においても、またアメリカにおいても、法社会学の重要な研究領域のひとつとして定着している。とりわけ一九七〇年代以降、紛争研究ないし紛争処理研究は隆盛を誇り、法社会学という学問分野の確立におおいに貢献することになった。そしてその背景には、アメリカにおいてもわが国においても、そうした研究を要請する社会的なニーズが存在していたのである。

アメリカにおいては、裁判官の判決行動にかんし批判的議論を提起したリアリズム法学に影響を受けつつ、裁判官の判決行動や陪審の評決についての法社会学的な計量研究がすでにさかんにおこなわれていた。こうした初期の法社会学的研究は、実証的な視角から、裁判官らの判断を規定する要因を発見し定式化していこうとするものであったが、一九七〇年代に入って、その研究関心、研究方法は飛躍的に多様化していくことになる。その背景には、アメリカ民事司法それ自体の変容と、それが引き起こした社会全体にとって深刻な問題が存在していた。

一九七〇年代に、アメリカでは、消費者運動の高まりのなかで、弁護士の報酬や広告を規制していた諸規程も、利用者の利益を損なうものとして、あいついで反トラスト法違反などを理由に法廷で争われ、弁護士会側が敗訴していくことになる。こうした一連の規制緩和がきっかけとなり、アメリカでは弁護士数が激増し、それにともなって、民事訴訟の数も大幅に増加していくことになった。いわゆる「訴訟社会アメリカ」の出現である。こうした訴訟社会を招来する契機となった原因は、アメリカの司法制度に内在している。

第一に、規制緩和の結果、交通事故、医療過誤などの一般人の不法行為訴訟を専門とする弁護士が完全成功報酬制を採用したことである。これは、勝訴ないし和解によって賠償が獲得できた場合には一定率の報酬を受けるが、敗訴などで賠償金が取れなかった場合には依頼人は一銭も払う必要がないという制度である。弁護士間の競争が激しいこともあって、多くの顧客を得たい弁護士とリスクなしに訴訟をしたい依頼人の利害が合致し、その結果、比較的些細な被害でも訴訟にもちこむような傾向が生まれてくることになる。これは資力のない被害者でも弁護士と訴訟を活用できるというメリットをもつ反面、何でも訴訟へという訴訟社会の出現を促進することになったのである。

第二に、懲罰賠償制度である。アメリカでは、被害を生ぜしめた被告側に悪質な意図や過失があった場合に、本来の損害額を超えて何倍ものペナルティーとしての賠償額を上乗せすることが可能である。その結果、膨大な額の損害賠償が命じられるケースもしばしば出てくることになる。アメリカでは事故や被害を生じやすい主体、たとえばメーカーや医師などは、通常、訴訟に備えて保険に加入しているが、一時は、社会全体としての損害賠償総額が膨大なものとなり、保険会社自体が倒産しかねない保険危機といわれる状況さえみられた。現在では、懲罰賠償の上限が設定されていることが多いが、それでもこの制度は訴訟を誘引するひとつの要因となっていることは間違いない。

第三に、陪審制度である。陪審制度の機能についてはさまざまな見方があるが、一部に、上記のような高額賠償をもたらすひとつの要因として、被害者に好意的で企業に厳しい陪審の傾向をあげる見解がある。また、陪審制度はその維持自体にコストがかかること、人々に法への親近感と義務感を与える教育効果がある反面、結果として訴訟利用を促進する効果もありうること、なども指摘することができる。

これらはほんの一例にすぎないが、その結果、アメリカは一九七〇年代以降、訴訟社会と称されるような状況に陥ったのである。これについては、いわれるほどの訴訟社会ではないと説得力ある反論を展開する法社会学的研究も存在するが、それにしても、わが国はじめ他国とくらべ、アメリカが格段に訴訟利用やそれにともなう社会的コストを負担していることは否定できない。訴訟に膨大な予算、資金、そして人材を吸収される状況は、アメリカにとって無視できない問題となったのである。

こうして、訴訟制度に代わるより安価で効果的なトラブル処理のしくみの探求、あるいは訴訟制度そのものの改革が政策的にも必要とされる状況が生まれることになった。また、刑事司法の方面でも、膨大な犯罪を抱え、従来の伝統的な刑事司法に代わる選択肢が求められていた。その結果、こうした社会的ニーズのもとで、トラブルを有効に処理するためのしくみ、さらにそもそも紛争とはいかなるものでどのようなメカニズムによって発生・展開するのかといったことが探求されるようになったのである。

いうまでもなく、こうしたテーマは法社会学にとって格好のテーマであり、また法社会学のみが応答しうるテーマでもあった。アメリカの法社会学界は、社会学者、人類学者、政治学者、心理学者、法学者など多様な研究領域の研究者から構成される学際的研究分野であるが、それぞれがその方法論的特性を生かして多角的に紛争とその処理というテーマに取り組むことになった。

たとえば、法人類学者は、アフリカ、メキシコ、アメリカ国内など、多様なフィールドで、固有の社会関係のなかで紛争がどのように展開していくのかを綿密に調査し、法や訴訟制度のない、あるいは回避されるような社会でいかにトラブルが処理されているかをあきらかにした。また、法心理学は、訴訟利用者が訴訟手続のいかなる要素に応じて正義感覚を得るのか、満足度を高めるのかなどを、実験的手法によって実証的にあきらかにした。

こうして法社会学の領域では、従来の裁判官の判断や個々のルールにかんする研究を超えて、紛争の動態と処理メカニズムの探求が、きわめて多彩な関心、手法によって展開されていったのである。

こうした紛争処理をめぐる研究は大きくは、紛争過程研究と紛争処理機関研究に分けることができる。紛争過程研究は、より基礎的な紛争の発生や展開のメカニズムを探るような研究であり、紛争機関研究は、個別の紛争処理機関に第一義的には焦点を合わせたやや実践的な意義をもった研究である。前者の場合には、紛争過程が研究の単位であり、当該紛争が特定の紛争処理機関を利用したとしても、それは過程のなかのひとコマにすぎず、さらにその展開がフォローされることになる。法人類学の諸研究は、そもそも制度化された紛争処理機関が不在のフィールドで展開されたこともあって、こうした視点からの研究に理論的方法論的基盤を提供した。また後者の場合には、むしろ対象となる機関が単位であり、そこにもちこまれたケースとそこでの処理に主たる焦点が合わされる。これは社会学や政治学の視点からなされた研究によって推進されることになった。

これらのふたつの研究視角は、その間に緊張をはらみながらも相補的に探求を深めていく必要があるということができよう。

これにたいし、わが国では事情が大きく異なる。わが国では訴訟制度が導入されたごく初期の数年を除いて、訴訟件数は先進諸国のなかでも群を抜いて少なく、また弁護士数も少ない。現在の司法制度改革の動きのなかで、変化の兆しはみられるものの、その基本的特性はそう大きくは変わっていない。

こうした日本における訴訟回避傾向は、当初より法社会学にとって大きな関心事であった。わが国の現代的法社会学の創始者である川島武宜の「日本人の法意識」論は、まさに日本社会の近代化という理念のもとに、わが国における法・権利の未定着という現象の原因を日本人の法意識のあり方に求め、解明しようとした業績である。また、それにたいし、日本人の訴訟回避傾向は合理的意図にもとづくとする反論、訴訟数や弁護士数の少なさは政策的意図によるものであるとする反論などが提起され、日本における紛争処理行動の実証的探求への機運が高まっていった。かくして、千葉正士、石村善助、六本佳平、棚瀬孝雄ら、わが国法社会学をリードしてきた研究者はいずれも紛争処理研究や法律家制度の研究をその主要なテーマとしてきたのである。

また、わが国では、訴訟利用の低調さと対応するように調停制度がさかんに利用されてきた。当初この調停は、近代的な法的問題処理と対照的な、前近代的な共同体的価値にもとづく教導によって進められる紛争処理方式として批判的にみられることが多かった。しかし、現代的な社会関係の変化や人々の価値観の変容によって、現在では、また別の角度からその実態や機能化の方策について研究がなされてきている。こうした視点の転換は、おそらくアメリカで紛争過程研究がさかんになってきたのと時を同じくしているといってよいだろう。また調停以外にも、しだいに多様な裁判外紛争処理機関（ＡＤＲ）がわが国でも設置されていく傾向を受けて、これらＡＤＲをめぐる理論的、実証的研究もさかんにおこなわれてきた。

こうした状況のなかで、アメリカの紛争過程研究とも交錯しつつ、わが国の紛争研究もきわめて多彩な視角から探求を深めつつある。方法論的には、人類学的エスノグラフィ、言説分析、会話分析、経済分析、心理学など、さまざまな手法の適用による研究がなされているし、研究関心としては、合意論、交渉論、裁判外紛争処理、裁判過程論、弁護士論など、しだいに探求の射程が広がりかつ基底的な次元への深みを増している。

また、その展開方向には、現代のわが国の社会における法や司法制度の位置をどうみるかという研究者個々の視点の違いも反映している。近代的な法と訴訟制度のいっそうの定着と確立が必要とみるか、むしろそれにともなう問題点をふまえて新たなモデルを求めていこうとするか、訴訟と裁判外紛争処理の差異を強調するか、むしろその流動化と融合が必要とみるかなど、刺激的な議論が展開されているところである。それはひいては、われわれの現代の社会をどう位置づけるのか、人間というものをどう理解するのかなど、より根源的な価値の差異にもつながっている。

現在、司法制度改革が進行し、司法の容量増大が現実化していく過程にある。しかしそれがどのような社会をもたらすのか、本当に人々のニーズに応答的なもの足りうるためにはどうすればいいのか、具体的な問題はいまだ開かれたままである。そうした問題を考えるさい、これまで法社会学が展開してきた紛争処理研究の蓄積は、その方向を見定める羅針盤の役割を果たしてくれるであろう。またそのうえで今後の研究を深めて議論を展開していくことがさらに求められているのである。

本巻は、この法社会学にとってきわめて重要なテーマであった、そして今後もありつづけるであろう紛争処理研究について、さまざまな角度から検討していくものである。ここに収められた論稿のなかから、法社会学が蓄積してきた成果と、現在、議論となっているトピックをめぐる論争的視点とを、ともに読み取っていただくことができるものと思う。

…………［和田仁孝］

第1部

交渉と紛争処理の基礎理論

第1章 交渉と合意

――われわれが日常生活で遭遇するさまざまな問題やトラブルは、そのほとんどが裁判はもちろん、他の第三者機関へもちこまれることすらなく、当事者間の話合いによって処理されている。法は契約の結び方やトラブルの処理方法について詳細な規定を設けているが、実際の契約やトラブル処理は、法制度の外部で自主的な交渉と合意によって処理されているのである。もちろん、その場合でも法が何の役割も果たしていないというわけではない。日常生活においてさまざまな問題を解決したり、トラブルを処理するさいにも、人々はときに法を意識したり、あるいは法制度が設定する生活の基本枠組みに沿って行動するものである。このような日常的交渉の場では、硬直的な法の規定を個別具体的な状況に適応するかたちで伸縮自在に読みこんだり、ときには回避したりすることも含めて、実情に即した柔軟な対応がなされうるのであるが、反面、不当な力関係が反映してくる危険性も存在している。

本章では、この問題処理・トラブル処理のもっとも日常的な方法としての交渉と合意に焦点を合わせ、その基本的な理解の仕方や、制御の条件についてみていくことにしよう。――

1 交渉モデルの展開

問題解決型交渉モデル

交渉過程を理論的に性格づける枠組みとして、大きくふたつのモデルをあげることができる。もちろん、実際には、さまざまな微細なバリエーションをもつ多くのモデルが存在するが、ここではあえてふたつの典型的なモデルをみてみよう。

第一は、一方が得た分だけ他方が失うというゼロ・サム的な取引状況を想定し、これをモデルとして交渉過程を対立的で闘争的な過程として位置づける「取引交渉（バーゲニング）モデル」という見方である。そこでは、各当事者は与えられた条件のもとでもっとも自己に有利な合意案の獲得を求めて、戦略的な駆引きをおこなっていくものとされる。問題解決することが双方にとって利益であるという前提があるかぎり、自己利益にかんする怜悧《れいり》な計算と取引によって、最終的にはもっとも有利なポイントで妥協による合意が形成されることになる。もちろん、実際には各当事者が何を自己利益であると考えるか、いかなる選択肢を取引条件と考えるか、いかなる組織的制約や解決条件が存在するかなど、不確定要素は存在するが、ともあれ、それら条件をめぐってゼロ・サム的な取引がなされる過程として交渉をみていくのである。

第二は、これとは逆に、交渉を両当事者に「共通する課題」の共同的処理過程として、協調的側面を重視する「協調交渉モデル」である。このモデルでは、当事者たちは、相手方との協調なくしては解決困難な課題に直面し、必然的に協働を余儀なくされる存在として位置づけられる。交渉過程は、単に一定の利害をめぐる争奪過程としてではなく、両当事者が交渉で扱われる条件・選択肢の幅を広げたり、創造的に発想していくことを通して、最終的に双方がより大きな利益と満足を得られるような合意を形成していく過程とされる。これはゼロ-サム型交渉が勝者と敗者を生む win-lose 型であるのに対し、win-win 型交渉とよばれることもある。

これらのモデルは、現実に社会で生起する交渉というものの複雑な性格の一面に焦点を合わせクローズアップしたものといえる。実際の交渉過程については、前者がより適合的な場合もあれば、後者が適合的な場合もあろう。しかし、現実の交渉過程は、それがいかなる領域で生じるものであっても、この対立的要素と協調的要素が混在し、場面や展開によってそれが顕在化したり潜在化したりして変容していくものだという点に留意しておく必要がある。

関係のなかの交渉

これらのモデルは、短期的な交渉過程モデルとしては一定の理論的妥当性を有していると思われるが、実際の社会で生起する交渉という現象の複雑さからみたとき、いくつかの難点を有している。それは、このいずれのモデルにおいても、交渉が一定の問題解決のための両当事者間の交渉過程（闘争的であれ、協調的であれ）としてのみ狭く位置づけられていることである。そこでは、①あらかじめ前提された「解決されるべき問題」のみが交渉の目的とされており、②基本的に両当事者間の問題としてのみ捉えられている。交渉というものを「問題」を中心に狭く捉えた場合の「狭義の交渉モデル」にほかならないのである。こうした狭い交渉理解は、しばしば現実の交渉過程の複雑な性格を見落とすことにつながりかねない。

第一に、これら「狭義の交渉」において解決されるべき課題とされる問題は、当事者間に存在する複雑な社会関係のなかから表面化した便宜的な論点にすぎないことが多いからである。たとえば、交通事故なり少年事件なりで人身被害を負った被害者と加害者との間の交渉は、しばしば損害賠償額をめぐる交渉というかたちをとる。そのかぎりでは「狭義の交渉モデル」も妥当するようにみえるが、実際に交渉で求められているのは相手方の「真摯で誠実な対応と謝罪」であったり、あるいは今後同様な被害が生じないような改善の保証であったりし、「賠償額」はその象徴としての意味しかもたないことが多い。「賠償額」それ自体でなく、交渉過程における対応を含めて、その後の被害者および加害者の社会的・人間的関係のありかたこそがそこで問題とされているのである。

また、借家明渡し紛争など継続的関係のなかから生起する問題処理交渉でも、しばしば表面化した論点・課題の背景には、長期にわたる日常的関係の歪みなどのより深い問題が潜んでいることが多い。これらの場合には、「狭義の解決されるべき問題」自体が表面的であるとともに、それゆえ交渉の展開に応じて変容すらしていくことも多いのである。

第二に、交渉は両当事者のみの問題ではない。もちろん、交渉に従事するのは各当事者ではあるが、その各当事者はそれぞれさまざまな社会関係の「網の目」のなかで生きている。交渉者は交渉にさいして、たんに問題にかんする直接的な利害のみを考慮するのではなく、たとえば自分の家族、地域、所属する組織、将来関係を結ぶかもしれない未知の第三者などとの関係に、自身の行動が与える影響まで配慮して交渉に臨むものである。相手方と交渉しているさいに、交渉者の頭のなかにあるのは、しばしば当該問題の処理自体でなく、それを通して与えられる社内や家族内での評価であったりする。ときには、交渉者にとって最大の難問は、相手方の同意ではなく自己の所属する組織からの承認であったりすることもある。それらの配慮は直接には交渉の場に論点としては出てこないものの、ひとつの交渉が進行するときにその内部に暗黙裡に溶け込んでいるのである。

そこでさきの「狭義の交渉」概念とは別に「広義の交渉」概念として「関係的交渉」ともいうべきモデルを考えることができる。それは、客観的に特定しうる「問題」を前提にその処理過程として交渉を位置づけるのでなく、各当事者が交渉にさいして考え感じる認識の側に焦点を合わせ、そこに溶け込んださまざまな社会関係への配慮や要求の構造と、その変容の問題として交渉を捉えなおす見方である。こうした幅広い交渉概念を「狭義の交渉」概念とは別に設定することで、日常的に生起する交渉とそれを背後で規制している社会的関係構造についてより深く理解し、またその制御のあり方をきめ細かく考えていくことも可能になるであろう。

この角度からみるとき、交渉における「問題」は多層的な構造を有していることになる。第一に「狭義の交渉」が前提としたような特定の具体化された課題、すなわち損害賠償額、家屋の明渡し、契約の締結などの「焦点化された利害問題の次元」。第二に、そうした表面的な課題の背後に潜む社会関係的な配慮、たとえば自己の属する組織への配慮や相手方との将来関係への配慮などの「関係的次元」。第三に、さらにこれら課題の背後にあってつねにそこに影響をおよぼしている感情に関わる「情緒的次元」である。

これらの多元的な重なりのなかで、相互に複雑に影響をおよぼしあいながら交渉者の認識が揺れ動き変容していくかたちで交渉は進行していくのである。表面的な「焦点化された利害問題の次元」のみに着目して交渉を捉えてしまうなら、交渉過程のきわめてダイナミックで複雑な動きは理解することができない。たとえば、表面的な契約の中身にかんする相互のやりとりのみをみていたのでは、取引相手との友好関係を保持しつつ将来的な戦略的利益の獲得のために今次交渉では妥協的に動くといった次元や、交渉者の背後にある組織の複雑な意思決定構造の影響などはみえてこない。また、「二度と同じような被害を出さないための病院のシステム改善」を交渉の論点として求める医療事故被害者の遺族の問題設定の背後には、近親者の死が将来の事故を防ぐというかたちで無駄ではなく意義をもった死であったとして意味づけ納得したいというきわめて情緒的な想いが隠されている。

こうした多層的な次元をもったものとして交渉を捉えることではじめて、交渉過程というものの実相がみえてくるものと思われ、また交渉を的確に進めていくための技法への示唆も得られるものと思われる。

2　合意概念の展開

「合意」を支える「関係的了解」

こうした交渉の捉え方の変化にしたがって、合意というものの意味も必然的に変わってくる。従来、合意は、単純に両当事者の意思の合致として捉えられてきた。そのことは間違いではない。とりわけ法学的関心からは、合意はその後の両当事者の行動を拘束するものとして重要な意義を与えられてきた。しかし、こうした単純な合意の理解は、実際の合意というものの性格を見落とし、あるいは無視しているとさえいえる。

現実の社会的行為としての合意の特徴は、表面的に言語化された「狭義の合意」の背後に多層的な言語化されない了解群が存在しており、実はそれらによってはじめて実効的なものとして存立しうるという点である。この「狭義の合意」の背後にある了解群をここでは「関係的了解」とよんでおこう。そもそもありとあらゆる事項をあまねく予測し合意し言語化しておくといったことなど現実には不可能であるため、合意の明確化は論理必然的に、「合意し尽くせない起こりうる可能性のある事態」という余剰部分を内包してしまう。たとえば、「明日の一〇時に映画館の前で待ち合わせ、遅れたら罰金を払う」という約束をしたとしよう。しかし、明日までに一方に急用ができたら、事故にあったら、火災で映画館が焼けたら、などなどさまざまな可能性が論理的には開かれている。そのすべての場合を想定して、あらかじめ対応を決めておくことは不可能である。この点で、合意は、一定の一般的・表層的な次元においてのみ言語化可能なものにとどまらざるをえないのである。

しかしながらまた、われわれは、「遅れたら罰金」という取決めのなかに言語化されない了解があることも実践感覚として知っている。「遅れたら罰金」の「遅れたら」は、朝寝坊はともかく、事故にあったりやむにやまれぬ急用であったりした場合には適用されないということを感覚的に知っているのである。こうした約束や合意の時点では意識すらされないものの、合意内容の状況に応じた解釈・調整を可能にしているのが関係的了解にほかならない。つまり、背後の関係的了解こそが、表面的な合意の言語に具体的な意味を状況に適応して吹き込んでいるのである。したがって、あるひとつの言語化された合意が拘束力をもつのは、その拘束性が合意の文言からストレートに出てくるからではなく、それを支えるこの多層的な関係的了解が作用し意味をつくり出しているからなのである。この議論は、そのまま企業間の契約締結のような場合にも、より複雑ではあるがあてはめることができる。

もちろん、この関係的了解は、個々の関係や状況のあり方によって千差万別である。さきのような友人間の約束のような場合だけでなく、トラブルに陥った相手方と関係を切断するというような現代の都市社会でよくみられる行動においても、この関係的了解がはたらいている。すなわち、関係切断するという明示的な合意はなくとも、関係切断した場合に相手方が自分を暴力的に襲ったりストーカーまがいの行動に出たりはしないという予測を成立させるような「社会的人間」としての関係的了解がここでも機能しているのである。

このように合意は、言語的に明確化された「狭義の合意」の背後に、複雑な関係的了解の層を潜ませており、それによってはじめて合意は安定して存立しうるといえるのである。「日常的約束」であれ、「契約」であれ、それらはつねに流動し変転する社会のなかでそうした変化に適応性をもっていなければならない。関係的了解こそ、状況に応じて硬直的な合意文言の解釈や意味の補充を通して、合意を生きたものにしているのである。

このような関係的了解に支えられた合意の構造は、常識的な理解とは異なる合意の現実的特性を生ぜしめることになる。

「合意」の現実的特性

第一に、合意の開放性・暫定性である。合意は、いかに詳細に言語化されようとも、言語そのものが一定の解釈に開かれたものであること、さらに、さきに述べたように合意し尽くせない多様な可能性を内包していることから、状況に応じた再解釈や改変の可能性がつねに存在するという点である。流動する状況に応じて、しばしば契約文言や約束の言葉は、たとえば「遅れた場合」という言葉に内包される意味は何かというかたちで、解釈しなおされる。また「特段の事情」というような文言によってあらかじめそうした再調整の余地を含めておくことも合意にさいし、しばしばおこなわれている。さらに、そうした文言の解釈的変容に無理がある場合には、契約文言自体を改変したり、あるいは棚上げしたまま事実上の改変がなされたりするケースも、実際の取引関係のなかでは、決して例外的ではなく多くみられる現象である。

このように合意は、それが成立したことによって、単純にその内容が拘束力をもつというのではなく、一方で両当事者のその後の行動を方向づけつつ、他方で状況の変化にたいして柔軟に適応できる開放性・暫定性を有しているというべきなのである。こうした柔軟な適応を可能にしているのは、いうまでもなく関係的了解であり、合意はこの変化する状況に応じて再編される関係的了解の側から不断に再解釈・再構築されているのである。

第二に、合意の闘争性である。合意が環境の変化のなかでも、関係的了解の作用によって状況適応的な柔軟性を有していることはさきに述べたとおりである。しかしながら、関係的了解とはいっても、それが両当事者間で予定調和的につねに合意の再安定化をもたらすとはかぎらない。合意がそもそも合意し尽くせない無限の「可能性」を内包しているという矛盾は、別の角度からみれば、つねに対立の芽を内包しているということである。たとえば、さきの例で、別の友人から急に用を頼まれて約束に遅れたような場合はどうなるだろうか。当事者間の関係の性質や、「別の用」の内容、どの程度遅れたのかなどの状況によって、「罰金」が課されるべきか否かについて解釈の相違が生じ、争いに発展するかもしれない。関係切断してすっきりした気持ちでいたところ、ストーカー的行為を受けるはめに陥らないともかぎらない。このような場合には、いかに合意があろうと、その解釈や適用の可否をめぐってコンフリクトが生じ、交渉やなんらかの対応が必要となってくる。

　そもそも合意は、さまざまな対立要素を棚上げしたり、総論的なかたちで文言化したりすることではじめて成立するような場合がほとんどである。国家間の外交的・政治的合意などが典型であるが、合意は、意識するしないにかかわらず、そもそもそうした対立要素を本来的に内包しているものである。したがって、合意は調和的な意思の合致などではなく、むしろコンフリクトの芽を内包し、関係的了解による調整機能がうまく作用しないとき、闘争的な再交渉に開かれることになるのである。ただし、その場合にも、再交渉や再調整の試み、あるいは再交渉拒否といった行動が実際にその環境のなかで可能かどうかは、より基層的次元での関係的了解の作用のなかで決まってくる。このように合意は、そもそも闘争的な要素を内包しているものなのである。

第三に、合意の多志向性である。さきに述べたように、交渉がたんに交渉当事者のみならず、自己の属する組織や家族、地域や社会といった他のアクターとの関係への配慮も含みつつ遂行される過程であるのと同じく、合意もそうしたさまざまなアクターへの配慮を内包しながら構成されるものである。ここでもやはり、合意の内容やその解釈はつねにこうした合意主体をとりまく社会的環境との関係を織り込むようなかたちで構成されてくる。「別の友人の用」で遅れた当事者に罰金が課せられるか否かは、待たされた当事者がこの「別の友人」との関係をどう考えるか、あるいは他の多くの友人たちのなかでの自分の評判をどう考えるかなどによって、違ってくる。すなわち、ある当事者間で合意が成立したり、再解釈されたり、適用の可否が考えられたりする場合、そこにはつねに、両当事者を超えた社会関係への配慮が溶け込んでいる。こうした合意の多志向性を押さえておくことは、実際の合意の社会における帰趨を理解するうえで重要である。

交渉は少なくとも表面的には合意の調達を目的としているが、合意自体のこのような性格を考えると、「交渉という過程を経て結果としての合意にいたる」という常識的な見解は、かならずしも妥当ではないということになろう。合意は社会環境のなかに位置する当事者たちの「交渉の過程のひとコマ」にすぎず、合意調達後も、実は交渉過程は黙示的には継続しているからである。

3　交渉と法

現代のとりわけ都市的社会状況では、さきに述べたような意味での基層的な関係的了解は存在するとしても、義理人情のような社会規範は有効性を喪い、かつ社会関係はきわめて機能的で非人格的なものになってきている。そうした状況のなかで人々が相手方に交渉への応諾を強い、あるいは交渉のなかで主張をするさいに、法に言及することはむしろ常態であるといってよい。問題が生じたさいに、人々は「法によればどうなるか」を意識し、そのための情報探索行動をおこなうのが通例である。このように現在では、交渉といっても、多くの場合、当事者は法を意識し、法を動員しつつ、いわば法の影のもとで交渉を（あるいは交渉拒絶を）おこなっているのである。

しかしながら、こうした法への言及、法の動員が、ただちに法への信頼や法的問題処理への意欲を示していると考えるのは早計である。

第一に、人々は法律相談や一般法律相談書の参照、知人からの情報などを素材に自分の問題についての法的定義づけをおこなうが、多くの場合、こうした当事者による法の解釈は自己に有利なかたちに構成されており、法専門家や裁判所動向の実態とはかなりのギャップが存在する。しかしながら、それは当事者なりに自己の状況を分析して構成した、本人にとっては「正当な」評価である。交渉が法の影でおこなわれるといっても、それは裁判を中核にその判断が広く交渉過程までもリモートコントロールしているというような意味ではなく、あくまでも当事者が「法という言説」をひとつの資源として主張を構成しているということにすぎない。交渉過程における法への言及は、したがって、当事者による「自前の法」の構築を意味しているにほかならないのである。「法の影」は、この「自前の法」の構築の過程でその資源として法が活用される、そのことを通しての影響に限定されている。

第二に、しかし、相手方との交渉や情報探索活動が進むにつれ、「自前の法」の解釈に無理があり、むしろ法が自己に不利な帰結をもたらすということが判明するような場合、あるいはそもそも最初から法は自己に不利であると認識されているような場合には、法への言及は回避され、かつ法や法制度にたいする不信が醸成される。法は決して、尊重すべき権威的準則として認知されているのでもなければ、決着をつけるための最後の手段として認識されているのでもなく、交渉において有利ならば動員し、不利ならば無視し回避すべき便宜的な道具として認識されているというのが実相であろう。

第三に、ここまで法への言及に焦点を合わせて議論してきたが、実は交渉において、法が果たす役割は部分的なものである。さきにもみたように交渉は法的な側面や「焦点化された利害問題」次元だけではなく、関係的次元、情緒的次元がからみあった複雑な過程である。交渉者は、これらの諸次元を複合的にからみあわせながら問題を定義し処理していこうとする。ところが、法はそもそも、「焦点化された利害問題」次元のみを、それも部分的なかたちで定義し、処理しようとするものにほかならない。それゆえ、部分的な適合性しかもたない法は、交渉の帰趨に間接的に影響をおよぼす戦略的武器として言及されることが多いのである。法的主張はそれ自体を文字どおり要求しているというより、しばしばそれによって別次元での譲歩を引き出そうとするための戦略であったりするのである。

現代社会において法は、交渉においても必須の重要性をもったルールである。しかし、また同時に、その法は、複合的な構造をもつ交渉過程を規律するというよりは、むしろそこで当事者によって「自前の法」として解釈され消費されつつ、非法的な諸次元を含む複雑な相互変容過程のなかに織り込まれ溶け込んでいくような作用を果たしているとみるべきなのである。

4 交渉と第三者機関

社会に生起するトラブルや課題の大多数は法機関の外で関係者間の交渉によって処理されている。訴訟はもちろん、さまざまな裁判外紛争処理機関にもちこまれるトラブルも、実はきわめてかぎられた氷山の一角というべき程度でしかない。また、無数の交渉過程のなかから、いかなるものがいかなる理由で第三者機関へもちこまれることになるのか、あるいは第三者機関の作動状態や利用しやすさが、交渉過程そのものにいかなる影響を与えているのかなど、トラブル処理のシステム全体を考えるうえでも、交渉過程を分析する意義は大きい。

しかしながら、交渉という社会過程の重要性は、それがあらゆる法機関や第三者機関での問題処理の根底をなす原基的性格を有している点である。すなわち、トラブルを抱えた当事者が問題を第三者機関や訴訟にもちこんだとしても、当事者にとってそれ自体がそもそもの交渉の処理のための手段にすぎないという点である。

従来、とりわけ法学の領域で考えられてきたのは、交渉が破綻したところで、裁判外の合意型第三者機関へ紛争がもち出され、さらにそこでも解決しなかった場合に最後の手段として裁判があるという図式であった。しかしながら、この見方は、紛争を「解決」するのは当事者でなく、裁判所などの第三者（機関）であり、当事者は紛争を解決してもらう客体であるという視点と暗に結びついている。すなわち、交渉が破綻した時点で当事者は自力で問題を解決することができず、第三者（機関）による解決が必要となるというのである。

しかしながら、この見解はあくまでも紛争処理機関の側からみた理解にすぎない。すなわち、この見解では機関側が提供する解決（たとえば判決）が論理必然的に疑いもなく解決であるとの前提がとられている。はたしてそうだろうか。

第三者機関にとっては一回一回のセッションや期日こそが解決過程であり、最終的な判決（あるいは合意調達）が解決である。この視点からみれば、上記の図式的見解には何の問題もない。しかしながら当事者の視点からみた場合には、問題はそう簡単ではない。一回一回のセッションが終わり、裁判所や紛争処理機関の門を出たところでも相手方との関係は、たとえ敵対的で断絶的であるとしても、継続している。沈黙や断絶は「無」を意味するのでなく（沈黙・不在は、それ自体ひとつのコミュニケーションにほかならない）、それ自体が紛争の渦中にある当事者にとっては大きな意味をもつ交渉過程でもある。またたとえ判決が出たとしても、さきにもみたように法的解決は複合的な構造をもつ紛争の、たかだか表層次元の処理しかもたらさないし、それも実際に履行されるかどうかの保証はない。判決がそのまま任意に履行されなければ、さらに判決後の再交渉が必要となる。そうした例は決して例外的ではなく、むしろ非常に多くみられる現象である。

すなわち、機関にとってはセッションをこなし、判決などの機関が定義する解決を提供すればそれで終了であるが、当事者にとっては、セッションの前後も、判決や解決の提供後も、なお交渉的関係は継続しているのである。

以上のような視点から、いま一度、交渉の重要性を確認しておこう。交渉は、単にあらゆる紛争がたどる最初のステップとして意味をもっているのではない。また、大多数の紛争が交渉によって処理されていることのみをもって重要であるというのではない。それだけではなく、交渉は、紛争が第三者機関にもちこまれているときも、そこで解決が提供されたあとも、絶えることなく不断に当該紛争処理の基層的過程として継続しているがゆえに重要なのである。第三者機関の利用は、この意味で、当事者間の交渉過程に影響をおよぼすひとつの手段にすぎない。

こうした意味での交渉の重要性に着目することによって、裁判をはじめ、第三者的紛争処理機関の作用もひとりよがりなものではなく、真に当事者の交渉過程において有効性をもつようなものへと再編していくことが可能になるのである。

【参考文献】

合意形成研究会［一九九四］『カオスの時代の合意学』創文社。

廣田尚久［一九九三］『紛争解決学』信山社。

法交渉学実務研究会［一九九一］『法交渉学入門』商事法務研究会。

小島武司［二〇〇〇］『裁判外紛争処理と法の支配』有斐閣。

小島武司・伊藤眞［一九九八］『裁判外紛争処理法』有斐閣。

レビン小林久子［一九九八］『調停者ハンドブック調停の理念と技法』信山社。

――［一九九九］『調停ガイドブックアメリカのＡＤＲ事情』信山社。

ロイ・Ｊ・レビスキー他［一九九八］『交渉学教科書――今を生きる術』文眞堂。

守屋明［一九九五］『紛争処理の法理論―交渉と裁判のダイナミズム』悠々社。

太田勝造［一九九〇］『民事紛争解決手続論』信山社。

棚瀬孝雄編［一九九六］『紛争処理と合意――法と正義の新たなパラダイムを求めて』ミネルヴァ書房。

和田仁孝［一九九一］『民事紛争交渉過程論』信山社。

――［一九九四］『民事紛争理論』信山社。

――［一九九四］「紛争研究パラダイムの再構成へ向けて」六一巻三・四号。

……………［和田仁孝］

第2章 トラブルの展開——紛争の展開過程

●——トラブルはある日突然に降りかかってくる災難のように思われているかもしれないが、そうではない。少なくとも法社会学においてはそのような捉え方はされていない。それは起こるべくして起こるのである。本章ではその構造が理論的にあきらかにされる。まず、考察の対象であるトラブルとは何なのか、その定義から始めよう。そのうえで、それを可視的にするための理論枠組みとして「紛争の展開モデル」を紹介し、さらに、展開のダイナミズムを理解するためのいくつかの論点ならびに研究方向について語りたい。一般的ないし普遍的な問題把握とともに、日本人としての文化相対的な視角も失うことなく議論を進めたいと思う。——●

1　トラブルの定義

トラブルには民事も刑事もない。それらが民事紛争とか刑事事件とかよばれるのは、トラブルが国家的法体系のなかで公式的に処理されるときの区別にもとづく慣行である。しかしすべてのトラブルにそのような公式的な対応がなされるわけではない。実態はまったく逆で、トラブルの大半は非公式に処理されている。そもそも問題が表面化しないで終わるもの、一方当事者の泣き寝入り、現実的損得を優先した合意、法的準則にのっとった解決、とその態様はさまざまであるが、こうした大多数のケースにこそトラブルの本質があらわれているといってよい。裁判沙汰になる、警察沙汰になるという言葉の使われ方が示しているように、トラブルの公式的な処理は日常の生活世界からはみ出た異常事態なのである。

トラブルの本質は文字どおり「困り事・心配事」であり、日常のスムーズな生活の進行をさまたげることがらである。金銭的なこともあれば、対人関係によることもある。ただし自分一身にのみかかわることで、相手のいないトラブル（たとえば、自然なかたちでの病気）はここでは考察の対象外である。したがって、複数の当事者をまきこむ、相手のある困り事がここでいうトラブルということになる。以下には、この意味でのトラブルを法社会学がどのように扱うのか、われわれが日常生活のなかで経験するあれこれの困り事を念頭におきながら検討していくことにしよう。

そのための基本枠組みが「展開・変容」という視角である。章題の「トラブルの展開」にある展開とは狭義にはこのことをさしている。トラブルという個々の出来事をトラブルという概念のもとに理解しているわれわれの「わかり方」自体を分析的に理解しようというのである。一九八〇年代以降、紛争の展開モデルとして知られるようになった理解の仕方がそれである。

2　紛争の展開モデル

ネーミング（問題化）

すでに述べたとおり、トラブルの本質は「困り事」である。しかも「相手のある困り事」である。しかし相手がいながらそれがみえない場合もある。工場や発電所やごみ処理場などによる環境破壊や不適切な職場環境が原因で病気になっても、これを自然なかたちでの病気として受け止めるなら、ここでいうトラブルとしては認識されない。客観的には侵害行為があるにもかかわらず、被害者の主観においてそれは存在しないのである。こうした状態を「未認知侵害」とよんでいる。これがトラブルとして展開するためには、そうした事態を問題視する主観的変容（認識の変化）がなければならない。この変容のことをネーミング（naming――問題化）という。トラブルの展開を考えるうえでこれはきわめて重要な論点となる。

何を問題視するかは時代や文化によって異なる相対的な判断である。ひとつの時代ひとつの文化のなかにあっても、教育レベルや社会階層の違いがもたらす副次文化によって、あるいは個人的な性格によって、その判断は大きく異なるであろう。さきほどの工場などの例では、客観的侵害があってそれを主観的には認識していない状態であるともいえるが、そもそも侵害そのものが当事者の主観的な判断によって存在したりしなかったりすることもある。犬の糞を踏んで憤慨する人もいれば、そのなめらかな感触と独得の臭気を楽しむ人もいる（かもしれない）。女性に年齢を尋ねることはセクハラだとする文化もあれば、それが好意的な親愛の情の表現である文化もある（だろう）。

こうした判断の違いが政治的な形態をとれば、それはイデオロギーの違いとなる。異民族とひとつの国家をつくるのを拒否する人たちもいれば、民族の宥和こそが人間本来のあるべき姿だと信じている人たちもいる。これらの判断の違いはすべてその基礎をなす前提（アサンプション）の違いによる。トラブルの展開のもっとも基本的な次元にこのような主観的な判断が位置づけられるのである。これはあらゆる社会的行為がなんらかの前提にもとづいてなされることの必然的な帰結でもある。そして多くの場合、この前提はそれとして語られることがない。トラブルのトラブルたる所以がここに胚胎する。

ブレーミング（帰責化）

このように、相手がみえにくいとネーミング（問題化）が起こりにくいといえる。そこで広義のネーミングを「ネーミング」と「ブレーミング（blaming——帰責化）」に分けて考えることもできる。この場合には、ネーミングはその事態を問題視する（当然視しない）ことのみをさし、ブレーミングはそうして問題視された事態が誰によって引き起こされているのかその責任主体を特定することをさしている。路上に犬の糞が放置されているのは問題だというのがネーミングで、そうした事態を飼い主や行政当局の怠慢として捉えるのがブレーミングである。

つまりブレーミング（帰責化）とは、問題視される事態を引き起こしている責任主体の特定化のことである。人々がどのようにしてこの特定化をおこなうかも法社会学の問題関心となる。社会心理学の分野で開拓されたアトリビューション・セオリー（帰属理論）を理論的な基礎として用いることができるが、実際に人々がどのような帰責判断を下しているかを知るためには、トラブルの実態を視野に入れた経験的な研究が必要となる。「未認知侵害」はネーミングを経て「既認知侵害」となり、さらにブレーミングを経て「特定侵害」となるが、これらの諸概念はあくまでそうした経験的研究を導くための分析枠組みである。現実のトラブルの実態そのものと混同されてはいけない。現実はあくまで経験的に開かれたものとしてある。

クレーミング（要求化）

このようにして、広義で捉えればネーミングによって、より分析的に捉えればネーミングとブレーミングによって、トラブルは日常的によく知られたかたちのそれになる。すなわち「困り事・心配事」として登場してくるのである。しかしこの段階ではまだトラブルの相手方は「困り事」をかかえた本人の主観のなかだけに存在し、現実のトラブルの過程にはあらわれてきていない。いいかえれば、そのトラブルはまだ表面化していないのである。それが表面化するためには第三の変容であるクレーミング（claiming——要求化）が必要になる。クレーミングとは、特定侵害（特定の相手を想定した侵害）についての救済要求をその相手方にたいして提示する変容のことである。クレームする、クレームを出す、といった日常表現がほぼこれに対応すると考えてよい。

侵害を受けた者（被害者）が侵害者（加害者）にたいしてその侵害の除去ないし損害の補償を要求することは、近代的法体系のもとでは当然のことである。むしろそれはその被害者にとっての義務でさえある。なぜならそれは「権利のための闘争」なのであり、正義の要請として、権利者には権利の実現に向けての積極的な行為が義務づけられているからである。しかしながら、こうした近代的権利観念は世界史のなかで生じたひとつの規範観念であるから、それを継受した地域にあっては、同時にそれとは異なる伝統的な規範観念が根強く作用することも考えられる。この問題についてはあらためて次節以降に述べるが、こうした伝統的な規範の作用を考慮するならば、クレーミングという変容が特定侵害の後に当然に生じてくるものではなく、それ独自の動態をともなうものであることが理解されるであろう。

日本の社会を例にしていえば、特定侵害をもった人々のクレーミングをさまたげるものとして、大別して「関係」的要因と「技術」的要因のふたつがあげられる。前者は近隣関係のトラブルにおいて典型的にみられる「言い出しにくさ」のことである。気まずい関係になりたくないという緊張感、理屈を超えた情緒的な反応がクレーミングを強く押し止める。一方、後者の「技術」的要因は、継続的な人間関係のないところに生ずるトラブル（交通事故や欠陥商品をめぐるトラブルなど）に多くみられる。クレームすることにためらいはないのだが「どのようにしたらいいのかわからない」という知識や情報の欠如のことである。ただし、ひとつのケースに両要因がかかわる場合も多いので、あくまでもこれらは分析的な概念として理解されるべきである。

こうした要因によるハードルが乗り越えられるとクレーミングが現実のものとなる。ここではじめてトラブルが表面化するのである。しかしクレームされた側がそのクレームを全面的に受け入れてしまえばトラブルにはならない。相手がクレームの内容の一部なりとも拒絶することによってトラブルはそれ本来の姿となるのである。このようなトラブルのことを「紛争」とよんでいる。つまり紛争とは対立的なトラブルのことである。紛争となったトラブルは相手方との交渉（ネゴシエーション）の段階に移行・展開していく。この段階でなんらかの意味のある、つまり実のある交渉がもたれるならば、大多数のトラブルは当事者間の合意というかたちで終結する。その合意には、コスト・ベネフィットを重視した現実的なものと、法的規準に則した準則的なものとがあるが、どちらの型の合意も得られない場合には、交渉の打切りという決裂状態に陥らざるをえない。いわゆる「泣き寝入り」はこの状態であり、ここで寝入ることなくさらに頑張るならば、つぎは泥沼の法廷闘争となる。

以上が紛争の展開モデルの概略である。このモデルにもとづいてトラブルという社会現象を理解することにはつぎのような利点がある。第一に、このモデルが当事者の主観を核として構成されていることから、実証主義の陥穽にはまることなく現象学的観点をも取り込んだゆとりのある分析を可能にすること。第二に、それと関連するが、このモデルが現象の動態的把握を指向していることから、経験的研究のデザインを構想するさいの基軸になりうることである。こうしたことを念頭におきながら、つぎに「トラブルの展開」に関連するいくつかの研究方向をみてみることにしよう。

3　展開のダイナミズムI――「関係」

前節においてクレーミングを支える規範観念のことを問題にした。近代的権利観念は、かぎられた範囲において成り立つ人間関係の互恵的なギブ・アンド・テイクの枠を超えて、普遍性を帯びた絶対的かつ観念的な権利義務関係として登場する。そこにおいては、ひとつの利益対象にひとつの包括的な権利が対応し（絶対性）、その排他性はかならずしも現実的な支配によってもたらされるのではない（観念性）。つまり権利は観念のなかに自足的に成立するのである。このような規範観念のもとでは特定侵害はクレーミングに直結する（はずである）。直結しないのであれば、そこになんらかの「技術」的な障碍があるからに違いない。たとえそれが正確には「関係」的な障碍であったとしても、人間関係を適正に整える技術的知見をもってその障碍は克服されうる、ということになる。米国ハーバード大で考案され、ＡＤＲ（裁判外紛争処理、本書第4章参照）の進展に大きな影響力をもった人間関係調整型の紛争処理プログラムは、その考え方を精緻な知的戦略として示したものである（Fisher, Roger & William Ury [1981]）。

しかしながら、日本人が広く共有する規範意識に注目して実証的に考察を進めれば、「関係」は「技術」に還元され尽くせない実体的な要因であることがわかる。このことを理解するためにはまず、日本人のもつ伝統的な規範観念が近代的権利観念とは異なるものであることを知らなければならない。それは権利義務規範にたいして義理規範、あるいは権利本位指向にたいして義務本位指向、とよばれてきたものである。この規範観念の特質は、義務を負う側の者が能動的に立ち回って相手の権利を実現するという構成に求められる。したがって権利主張というモメントは存在せず、権利は要件効果のかたちに定式化されずに、むしろ事実と一元化してしまう傾向にある。権利ゆえにそれが実現されるのではなく、義務が果たされることの結果として反射的にそれは実現されるのである。

この義務本位の図式のなかにあっては、クレームすることはルール違反になる。権利をもつ者の側から権利の実現を求めることは、義務を負う側の者の能動性を否定する「はしたない」あるいは「強欲な」行為と取られかねないのである。現代の若者たちでさえ貸した本の返却をストレートに要求することには大きなためらいがあるように、この伝統的な規範意識はいまなお強固に生きつづけている。こうした文化のなかでは、トラブルの展開に「関係」的要因が重要な意味をもつようになるのである。

4　展開のダイナミズムII——「人の目」

前節で述べたような義務本位の規範観念を基礎にもつ日本の場合を例にして、その展開のダイナミズムについてさらに深く考えてみよう。そこでは「関係」と「技術」はどのような位置関係をもつのであろうか。この問題を考えるうえで重要な意味をもつのが「人の目」という概念である。ユダヤ・キリスト教的な神の概念、すなわち創造主（つくりぬし）としての神の概念をもたない日本の文化的伝統のなかでは、社会の秩序は人間同士の相互監視によって達成されることになる。神と人との峻厳な契約から発する罪の観念ではなく、人様に恥ずかしくないように行動する恥の観念がそこに発達するのである。つまり「人の目」に照らして恥ずかしくないように構成された行動、「人の目」の基準をクリアーできるような行動が求められるのである。

この「人の目」の基準を設定するのに、実は「関係」と「技術」という抽象的な概念がかかわっているのである。人間関係の密度という尺度をあてはめて考えると、人はさまざまなレベルの緊密度のなかに他者との社会関係を維持していることがわかる。路上や電車のなかでたまたま空間を共有する通りすがりの人から、職場や近隣における顔見知り、隣人、友人、家族など。これらの人々との関係は、一般にその密度が高いほど近代的権利観念となじまず、個人の権利主張を困難にする。そのなかであえて個を主張しようとするならば、そうせざるをえない事情を示して相手の理解を得るように努めなくてはならない。それだけ「人の目」の基準は高くなるのである。その一方で、これこれの事態にはこれこれの対応がなされるというルールが明確であるほど、個人の権利主張は容易になる。交通事故における賠償請求はその例である。自分のしていることは社会のルールで認められた当然のことであり何も恥ずかしいことはしていない、ということになるからである。

このように「関係」と「技術」の二要因は「人間関係の密度」と「ルールの明確度」というかたちをもって「人の目」という基準を構成している。そしてこの基準が、日本の社会において権利を実現するさいのフィルターとなるのである。日本人は権利主張をしないか否か、訴訟嫌いであるか否か、といった結果に着目した議論ではなく、そこにいたる経過のなかにこのフィルターがどう作用するのかこそが注目されるべきであろう。

5　トラブルの文化的背景

単時間社会と複時間社会

　このように日本社会の特質に着目して「トラブルの展開」のダイナミズムを論じることにより、より一般的な問題点もあきらかになるものと思われる。つまりそれは、トラブルにどう対処したらよいかということにかんする社会のルールが、かならずしも全世界的な普遍性をもったものではないということである。さきほどふれたハーバード大の紛争処理プログラムはその普遍性を構築しようとする試みであるともいえるが、異なる文化的背景をもつ社会においてはその有効性に疑問が残る。異なるものにたいして普遍的な網をかける前に、まずその異なり方のありようを理解しておかなければならない。

　こうした関心に応えて人類学はこれまでいくつもの興味深い例を示してくれている。なかでも時間にかんする観念は示唆に富む。たとえば、E・ホールの提示した単時間（モノクロニック・タイム）社会と複時間（ポリクロニック・タイム）社会という対照がある（Hall, Edward T. [1983]）。地中海沿岸地方を除くヨーロッパやアメリカにその典型がみられる「単時間」とは、予定された順序にしたがって事をひとつずつ処理していく時間の使い方のことである。これにたいして「複時間」では、いくつかの事が同時に考慮され処理される（厳密にいえば、処理される態勢にある）。南部ヨーロッパからアラブ諸国およびラテンアメリカにその典型がみられるという。市場に群がる買い手に一人で応対する売り手、殺到する市民に悠然と対応する役人、等々。誰でも映画やテレビの画面ではみたことのある光景である。そこでは先に来た者が先に応対されるという保証はない。そもそも先とか後とかという順序性がないのである。当然のことながら予約などという観念は成り立たない。もうまるででたらめである（かのようにみえる）。

しかし決してでたらめではない。そのようにみえるのは単時間社会でのルールを前提として考えるからなのである。事実、単時間社会にあっても、家庭のなかなどでは人々は複時間の観念をもち込んで生活してきた。たとえば、古き良き時代の家庭の「おかあさん」は妻であり、（何人もの子の）母であり、家事をこなす仕事人であり、温かい情愛の発信源であった。同時に愛し、同時に仕事をこなすのである。今日の単時間社会では、それがかならずしも肯定的に評価されるとは限らないが、そこに見いだされる原理は明白である。複時間の本質は人々の意識を人間に向けることにあり、人肌の温もりをもって事を処理することにあるといえよう。それゆえに、複時間社会ではつねに人々は寄り集まり、家族が友人が優先的な価値となる。近き者が優遇されるのである。単時間的な意味ではルール違反となるコネが幅を利かす現象もそこでは当然のことであり、家族に一大事があれば仕事などは二の次である。

しかしそれでは単時間社会の人間には生活が成り立たない。旅行や利権をめぐる交渉などによってふたつの時間観念がひとつの空間に同居すればどうしてもトラブルが発生し、異なるルールにもとづく衝突は容易にその解決をみないことになる。われわれ日本人も例外ではない。とりわけ今日の日本のビジネス社会では単時間のルールが極限まで徹底され、分刻みの時間管理があたりまえのことになっている。そうした風潮が社会全般におよぼす影響は無視できないものと思われる。われわれ日本人が単時間社会を基調とする生活を送っている現実を自覚し、そのありさまを相対化させる枠組みを認識することは、トラブルの文化的背景として押さえておくべきことのひとつであろう。

「オネガイ文化」と「クレーム文化」

日本人の規範意識という観点からは、さらにつぎのような枠組みにも注目しておきたい。それは、利益（インタレスト）の実現方法として権利という普遍的な装置を用いるかどうかという点で、社会の基本的ルールにふたつの型があることを示唆している。すでに第3、4節においての紛争展開のダイナミズムについて論じたさいにも指摘しておいたように、日本人のもつ伝統的な規範観念には近代的権利観念からは理解不能な義務本位指向（義務を負う側の者が能動的に立ち回って相手の権利を実現するという構成）がみてとれる。権利義務規範においては必須で、権利をもつ側の者の義務でさえある要求（クレーム）というモメント。それを欠いていながら利益が実現されるこの仕組みを備えた社会は「オネガイ文化」の社会といわれる。権利はただ権利であるがゆえに権利としての実効性（利益の実現）が保証されるのではなく、それをとりかこむ諸力（「人の目」）の承認を得てはじめて正統な利益となるからである。義務を負う側の能動性とはつまりこのことをさしていたのである。

こうした利益の実現方法と対照的なのが、権利義務規範において典型的にみられる「クレーム文化」である。権利をもつ側のイニシアチブで権利は利益として実現され、事実上の諸力はなんら正統性をもつことがない。ただひたすらに権利が正義なのである。日本の社会においても明治期以降この考え方が導入され、今日においては、ビジネスの世界など公的な場面ではごく普通に通用しているといってよいであろう。しかしながら今日においても、人間関係の基層においてはその日常性のなかに「オネガイ文化」の体質が色濃く残っている。その一方で、西欧的な権利義務規範の伝統を欠く地域においても、外形的には「クレーム文化」として認識することが可能な社会が数多く存在する。ふたつの文化は異なる価値観と行動様式に支えられている。それが適切に相対化されることなく混在すれば、悪意のないルール違反が生まれ、そこに敵意と憎しみが悲しい誤解として残ることになる。

異文化を架橋する普遍性

科学技術の進歩によってあらゆる面で急速に国際化が進んでいる現代にあっては、このような文化の相対性を理解することはきわめて重要である。したがってそうしたことを前提としたうえで、しかし同時にそれを固定的に捉えるのではなく、それらを新たに架橋する普遍性が求められるのである。さきに述べたハーバード大の紛争処理プログラムは、まずモノ・コトとヒトを分けて扱うべきであると強調する。感情問題の紛争処理からの切離しである。そのうえで真の対立点を洗い出し、その問題点を克服するための解決策を、両当事者が協力してあらゆる可能性のなかから柔軟な姿勢で探し出すというのである。そして結論は、まずその結論を導き出すための客観的規準を合意する（メタ合意）ことから得るようにする。そうすることでその場かぎりの和解ではない合理的な解決、将来にわたって意味をもちつづける原則にのっとった解決が得られることになる（Ury, William［1993］）。なるほどこれは理にかなった知的戦略である。しかしながら、この戦略の大前提であるコトとヒトの分離からして最高の難題であることは誰の目にもあきらかであろう。上述した時間の観念の違いを例にあげるまでもなく、国際紛争から家庭のなかの夫婦喧嘩にいたるまで、ほとんどのトラブル・紛争がこのはじめの一歩からして早くもつまずくのである。さらに両当事者を協力者として位置づけることは、紛争を通じて両者の関係がより良いものになりうるという共通の了解を前提としてはじめて成り立つものであるから、そもそもこの前提を共有しない場合には両者の関係はどこまでいっても敵対の構図から抜け出ることがない。そしてそこには客観的規準を合意するというメタ合意もまたありえないことになるのである。

これではまるで出口のない迷路に迷い込んだかのように聞こえてしまうが、実はそこが本当の出発点になるのである。トラブルを展開という視角から捉えて、その展開の諸局面に作用する諸力のダイナミズムを分析するという基本姿勢からわれわれは多くのことを学べるはずである。異なる文化についていえることはまた同じ文化のなかの異なる個人についてもいえることなのである。本章で述べたことはそうした問題関心にもとづく考察の大まかな素描である。トラブル処理の過程をめぐる考察は、それが観照的な興味であるか実践的な必要であるかを問わず、展開という視角から貴重な示唆を得るに違いない。

【参考文献】

Fisher, Roger & William Ury［1981］Getting to Yes, Houghton Mifflin Company.（フィッシャー、ロジャー他［一九九〇］『ハーバード流交渉術』（金山宣夫他訳）三笠書房。）なお、原著第二版（一九九一）の邦訳は同訳［一九九八］『新版ハーバード流交渉術』ＴＢＳブリタニカ。

Hall, Edward T.［1983］The Dance of Life, Anchor Books/Doubleday.

Ury, William［1993］Getting Past No, Revised Edition, Bantam Books.（ユーリー、ウィリアム［二〇〇〇］『ハーバード流〝ＮＯ〟と言わせない交渉術』（斎藤精一郎訳）三笠書房。ただし、この邦訳は原著初版（一九九一）に対応するものである。）

和田安弘［一九九四］「裁判外紛争処理」棚瀬孝雄編『現代法社会学入門』法律文化社。

――［一九九四］『法と紛争の社会学』世界思想社。

――［一九九七］「ＫＴ世代の権利観念」『大阪女子大学人間関係論集一四号』。

――［一九九九］「理解枠組みとしてのオネガイ文化」『大阪女子大学人間関係論集一六号』。

――［二〇〇六］「日常の中の社会学・修復編」『人間科学・大阪府立大学紀要第一巻第一号』。

…………［和田安弘］

第3章 トラブル処理のしくみ——紛争処理機関の全体システム

本章では、民事紛争処理の全体システムの法社会学的把握について論じる。まずはじめに、法が用意している訴訟・仲裁・調停の各制度の概要を説明する。つづいて、訴訟（判決）を基軸とする紛争処理システム理解から、各制度間および法的・非法的紛争処理間の区別を相対化する紛争処理システム理解への転換を、批判的に再構成する。

法はいったいなんのためにあるのか、がここでのわれわれの基本的な問いである。

1　法が用意する民事紛争処理制度

日本の国家法が用意している公式の民事紛争処理制度には、大別して、訴訟、仲裁、調停の三つがある。

簡単にその内容を整理すれば（六本佳平［一九八六］第九章、山本克己［一九九三］参照）、

つぎのようになる。すなわち、

訴訟――裁判所が、紛争当事者間の（法的）争論にたいして、当事者の同意の有無にかかわらず拘束力をもつ判断を下す決定型の制度。狭い意味での裁判。当事者の一方の申立て（訴訟提起）により手続が開始される。一般の民事訴訟がこれにあたる。

仲裁――仲裁契約により両紛争当事者がその判断にしたがうことに同意した第三者（仲裁人）が、当事者の同意の有無にかかわらず拘束力をもつ判断を下す決定型の制度。公害等調整委員会による公害仲裁などが典型。

調停――紛争当事者間の争論が合意（和解）により終結するのをめざして第三者が関与する制度。民事調停法に規定される民事調停や、家庭裁判所による家事調停などが典型。また、訴訟の過程で裁判官が両当事者に和解を勧め（和解勧試）、「訴訟上の和解」を成立させるのも調停の一種といえる。

これらのうちで、法的民事紛争処理制度の基本となっているのは、いうまでもなく訴訟である。訴訟は、国家法に定められた手続的ルールにしたがって進行する。そこでは、両当事者が法廷で展開する法的争論にたいして、裁判所が、やはり国家法に定められた実体的ルールを適用して判断（判決）を下すことになる。両当事者はその判断に拘束される。日本の法律学は、このことを前提として発展してきた。すなわち、たとえば、いわゆる六法のうち民法学は訴訟で適用される実体的ルールの学として、民事訴訟法学は訴訟のための手続的ルール（審理手続や判決の効果など）の学として、精緻な発展をとげてきているわけである。

ところで、そもそも訴訟による紛争処理と仲裁や調停による紛争処理とは、法社会学的にみてどのような関係にあると理解すべきだろうか。これらは全く異なる質のものだろうか。あるいはその逆だろうか。また、法的処理と法の外での処理とはどのような関係にあるのだろうか。これまでの議論を概観してみよう。

2　「日本人の法意識」と訴訟・仲裁・調停

第二次世界大戦後、いわゆる封建遺制の克服による日本社会の「近代化」が多くの人々によって共通の課題と意識されていた時代、その思潮の法学界におけるリーダーだった川島武宜は、人々が近代的な法意識を備えて権利主張し、必要に応じて訴訟を提起して紛争解決するのをひとつの理想とする（かのようにとれる）一連の議論を展開した（川島武宜［一九六七］）（＊）。そこでは、人々が自由で平等で相互に尊重しあう主体的個人として思う存分に権利主張しあえる社会で日本があること、それぞれの個人は国家法に体現された普遍的、客観的で形式的合理的な近代的秩序観念を内面化し自発的にしたがっていること（川島武宜［一九五九］参照）、訴訟の場ではそうした個人による法的主張が十分に戦わされること、裁判所もまた普遍的な近代法ルールを適用して合理的な判断を下すことなどが求められていた。

＊本節の記述は、川島の議論の厳密で正確な再現ではなく、筆者なりの解釈が混入していることをお断りしておきたい。

そのような視点からすると、地縁や血縁に象徴される前近代的な社会構造（川島武宜［一九五〇」参照）のもとで、その社会構造と相互強化的関係にある「義理」や「孝」といった伝統的な規範や、組織・共同体の「和」への配慮にとらわれて、言いたいことも言えず侵害された権利の回復請求もできないでいる、いわば昔気質の日本人の態度は否定的に解されることになるし、近代的な法意識をもたないゆえに人々が訴訟利用、弁護士利用を忌避し、法の外で非公式に紛争処理しているのも批判の対象になる。

さらに、訴訟が提起されても判決にいたらずに訴訟上の和解で処理しがちなこと、裁判所に訴えるにしても訴訟よりも調停が好まれ、かつ調停委員の地元の名望家としての威信にもとづく「和の精神」をバックボーンとした「仲裁的調停」がなされがちなことも、問題視される。なぜなら、それら訴訟上の和解や仲裁的調停では、近代的な権利意識の確立した個人同士が普遍的ルールを志向しながら議論を尽くして納得のうえで合意しているのではなく、紛争の両当事者がおかれた個別具体的な状況のもとで、不確定的な権利関係を確定化しないまま、時に裁判官や調停委員の威信や相手方の社会的地位に気圧されて、（しぶしぶ）「丸く納め」ているだけの場合も少なくないからである。村の長老に村民同士の喧嘩を預けて「丸く納め」、村の平和を回復するというのに似たそうした紛争処理方式は、判決にいたる訴訟手続にくらべて時間的、金銭的コストが小さくてすむ一方で、普遍的近代法ルールが介在する余地が小さく、その場かぎりでの合理性を優先させるので、既存の前近代的・権力的社会関係と秩序観念の相互強化的関係を温存させてしまう可能性が高い。つまり、事実上の力関係に支配された紛争処理や権力者の恣意的判断を排除できない。

このように、日本社会の近代化、日本人の法意識の近代化を希求する川島の議論においては、どちらかといえば、普遍的なルールを適用する近代的な制度としての訴訟（判決）にくらべ、訴訟上の和解や調停、仲裁（さらに法外的処理）は副次的な位置づけがされることになる。もちろん実際の調停制度がより近代的に運用されるようになる可能性についての川島自身による言及もあるし、六本佳平［一九七一］、太田知行・穂積忠夫［一九七二］、佐々木吉男［一九七四］といった法社会学的研究が、訴訟にせよ訴訟上の和解・調停にせよそう簡単に割り切って理解できるものではないことを、はやくから実証的にあきらかにしてきてもいる。しかし、学術書にとどまらず岩波新書のような一般啓蒙書レベルでも広く人口に膾炙《かいしゃ》したこともあり、川島の議論は大きな影響力をもったし、いまももちつづけているといってよいであろう。

3　正義の総合システム論

「訴訟（裁判）＝近代的」、「仲裁・調停・和解・法外処理＝前近代的」といったア・プリオリな分断（やそれに類する性急な価値判断）を避け、むしろそれらを全体としてひとつの紛争処理のための「システム」ととらえ、そのシステム内の要素として各制度を位置づけていこうとするのが、小島武司の「正義の総合システム」論である（小島武司［一九八九］、同［二〇〇〇］、参照）。小島は、第5節でふれるような、法実務における調停や仲裁といった代替的紛争処理手段の再評価の動きにいちはやく着目し、その理論的把握に努めてきた民事訴訟法学者である。

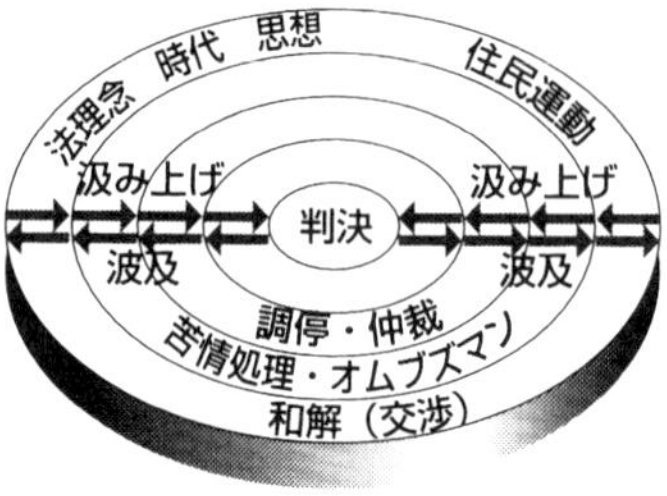

図——小島武司［2000］P.187の図をもとに作成

正義の総合システム論では、紛争処理制度のシステムは、判決をいちばん小さい中心円とし、そのまわりを順を追って同心円状にとりまく調停・仲裁の円、（行政相談・消費者相談等の）苦情処理とオムブズマンの円、相対交渉の円からなる「プラネタリ・システム」として比喩的に表現される。そこでは、外側の相対交渉から中心の判決に向かっての規範の「汲み上げ」と、逆に中心から外に向かっての規範の「波及」があることが指摘され、それが各制度（各円）が一体のシステムをなす相互連関のいわばつなぎになっている。

この「正義の総合システム」においては、たとえば「調停」は、「判決という司法権の強行的な判断」と「当事者およびその代理人の相対交渉による完全な自主的合意」の間に位置する「中間的紛争解決機構」のひとつと位置づけられ、「判決による選択または排斥の運命を待つ生成途上の法が複数競い合って星雲上に躍動している」「新たな法を創造するかまど」として「(上記システムによる正義への普遍的アクセスに対する）先導性」を有している（べきである）とされることで（小島武司［一九八九］二二三―二二九頁、参照)、積極的な意義を付与されるのである。

以上のような小島の議論は、法内外の民事紛争処理制度全体をシステムとして一体的に把握し規範の汲上げと波及を軸に各制度にそれぞれ積極的な機能を割り振るという点で明快かつ斬新な試みである。社会状況や思潮に左右されにくい理論モデルとしての普遍性、中立性も魅力である。と同時に、正義の総合システムが全体として正義への普遍的アクセスをめざすものであると措定し、かつ訴訟をその中心的手続としているという点で前節の川島流の理解と通底するものでもある。

4 区別の相対化・非序列化

「制度」から「当事者」へ

一九八〇年代後半頃から、前二節で概説したような訴訟中心的、近代主義的紛争処理制度理解を批判し、視座の転換をドラスティックに説く議論が、一部の法社会学者、民事訴訟法学者により積極的に提示されるようになってきている（代表的な議論として、井上治典［一九九三］、和田仁孝［一九九四］、参照）。

論者により微妙な差はあるが、既存の理解にたいしてなされている批判の基軸はつぎの二点である。

第一に、そもそも既存の理論枠組みにおける訴訟とは、過去の出来事にたいしてその事実関係をあきらかにして所与の国家法を適用して裁判官が判断を下す過程であり、それ自体としては当事者間の紛争、「もめごと」そのものの根本的解決になっていない。なぜなら、判決以降も紛争は将来的に継続していく社会過程だからである。既存の議論にはそのことへの視点が欠けている。

第二に、同様に、訴訟は、当事者そのものの紛争を直接に処理するものではなく、権利をめぐる紛争として法的に翻訳された争論に判断を下しているだけである。これは見方を変えれば、当事者の情緒的反応のような紛争の非法的な側面が無視されるということである。したがって、やはり判決が出たところで、紛争そのものの解決にはならない。このこともこれまで軽視されてきた。

これらふたつの問題に目をつぶり、「裁判は普遍的なルールで最終的に紛争を解決する制度である」といったような「制度理念」に「呪縛」されて、それをもとに現実の紛争行動や制度運営のありようの方を批判するこれまでのやり方は、決して自明な正当性を有しているとはいえないと、これらの論者は説く。そして、むしろ視座を制度から当事者の側に移し、「裁判所という公正で整序された場と手続の中で、当事者が互にそれぞれの関心に基づいて相互作用を展開していく過程にこそ訴訟の生命線があり、過去は過去として踏まえ、法規範を自己流に使いながらも、基本は、これから先に向けて自律的な関係形成をしていく場が訴訟手続である、と考えられないであろうか」と述べ、「結果（判決中心）志向から過程（手続）志向へ、過去志向から将来志向へ、判断志向から関係形成（調整）志向へ、他律志向から自律志向へ、終局志向から暫定志向へ、法規範の絶対的基準性から相対的道具性へ」が「モチーフ」であるとするのである（井上治典［一九九三］「はしがき」参照）。つまり、法に体現された近代的な規範意識を一元的に内面化し自己決定、自己主張する近代人としてでなく、内面にさまざまな「ゆらぎ」や情緒を抱え自分をとりまく状況に悩み苦しみながら紛争にかかわっている人間として紛争当事者をとらえ、かつ、法はそうした当事者が将来的に関係を修復し相互了解（「関係的了解」）していくために動員しうるひとつのリソースにすぎないものとして理解しようというのである。

交渉のフォーラムとしての訴訟と「水平的交渉」

このように視座を転換すると、判決にいたる訴訟と仲裁、調停、訴訟上の和解、法外的処理との区別は相対化・非序列化されることになる。前二節の議論では、普遍的な実体的・手続的ルールがもっとも厳密に作動する訴訟（判決）を紛争処理システムの中心（もしくはヒエラルヒーの最上位）においていたが、そうした理解の必要性は否定される。むしろ、過去志向で絶対的基準志向的な手続として当事者の自律的な相互了解を阻害しやすいものとして調停などよりも批判的な目で眺められるか、せいぜい当事者が紛争の過程で将来志向的に動員するさまざまなリソース（それは法的なものもあるし法以外のものもある）のワン・オブ・ゼムとして位置づけられることになる。そのさい訴訟に期待されるのも、主として当事者の交渉のフォーラムとして、当該交渉を整序・促進する機能である。

和田仁孝は、このような紛争処理制度理解を、「全体システムとしての基底構造として当事者間の水平的交渉関係に正当な重みを与え、各紛争処理機関をそこに動員される通過点として措定している。またそこには「処理の法的性格」や「使用規範の種類」等のスタティックな要素に沿った序列構造はない。ある場、ある時点での状況に応じて、各機関でのセッションやその水平的交渉への影響の内実が、これらスタティックな要素の程度をアド・ホックに決めていくからである」と説明している（和田仁孝［一九九四］第四章二節一〇〇―一〇一頁参照、また同書第六章も参照）。つまり、「水平的交渉」という場では、訴訟と調停といった法の諸制度間のみならず、法と法以外との間でも、質的差異が相対視され非序列化されるのである。

5 区別相対化・非序列化論の背景

第4節で述べたようないささか極端にみえる議論が主張されているのには、いくつかの背景がある。

「現代型訴訟」の登場

第一に、本書第9章で詳述されているように、いわゆる「現代型訴訟」とよばれる訴訟が一九六〇年代後半頃から登場し耳目を集めたことがある。たとえばスモン訴訟や大阪空港訴訟といった訴訟では、過去の損害にたいする救済（賠償）だけでなく、将来的な救済（医療費の負担や騒音の低減、航空機の離着陸の差止めなど）、加害者による謝罪、国家の政策・行政の改善要求などが、同時に法廷にもち出された。これらは、たしかに「過去の事実にたいする法的判断」のみではおよそ対応できない問題である。スモン訴訟では訴訟上の和解が、大阪空港事件では公害調停が用いられ、そうした幅広い要求に一定の対応がなされたのであるが（詳しくは本書第9章参照)、こうした訴訟の登場は、紛争当事者の要求の多様性と法的主張に翻訳されたそれとの齟齬、将来志向的な紛争処理過程の理論化の必要性などについての考察を法学者に迫るものだった。

和解・調停・仲裁の意義の評価

第二に、現代型訴訟の実際の処理のされ方ともかかわるが、法実務において、訴訟上の和解や調停、仲裁の意義が積極的に評価されるようになってきつつあることも、重要な背景である。さらにこのことの背景には、いま述べたように訴訟ではなかなかすくい取れないさまざまな当事者の要求を扱いやすい制度であること、また、やはり日本人のメンタリティには訴訟よりも調停や和解がなじみやすいという理解が一部裁判官や調停委員に根強くあること(草野芳郎[一九九五]、参照)、山積する訴訟ケースを少しでも効率的に処理するために訴訟上の和解を積極活用せざるをえないことなどがある。具体的には、フォーマルな書面のやりとりによる従来の形式的な「弁論」に代えて、ラウンド・テーブルなどでの半ばインフォーマルな話合いを訴訟法上の「弁論」に見立て実質的な議論を確保し、状況に応じて柔軟に和解勧試にもちこむやりかたであるいわゆる「弁論兼和解(和解兼弁論)」の手法が東京・大阪両地裁などで開発されたこと、東京第二弁護士会をはじめとする多くの弁護士会が少額紛争処理のための「仲裁制度」を設けたこと、和解が民事訴訟の基礎的解決方法で判決は応用なのだと主張する裁判官による和解技術論の提示(草野芳郎[一九九五])などが、象徴的な現象といえるだろう。また、今般の民事訴訟法の改正で少額訴訟制度が導入され、手続的、実体的ルールの緩和がはかられたことも注目に値する。

「批判法学」やポスト・モダニズム思想の影響

第三に、最近では、主に米国の「批判法学」や欧米のポスト・モダニズム思想の影響を受けて、法の専門家として紛争当事者に君臨する裁判官や弁護士の（言説の）権力性を指摘するむきもある。また、自立した個人として自らの権利を知り自己主張、自己決定できるという近代的な人間像の非現実性（および、そのような人間像を理想化する言説自体のバイアス・権力性）を説き、悩みを抱えゆれる思いにたえながら社会に生きる人間のありようを真正面から受け止めるモデルの構築の必要性も説かれている。また、このことと関係して、法的ルールや法的手段を普遍的なものと思考することの権力性を指摘し、法は、ローカルな場の具体的な状況において、当事者が自分によいように「道具主義的」に動員するものにすぎないといいうるにとどまるという議論もある。

こうしたいくつかの事実を背景として、訴訟中心的な紛争処理システム理解を非常に大胆に転換しようという理論的主張が、前節で紹介した議論なのである。すなわち、一見極端にみえる前節の議論は、実は、社会の複雑化、多様化、国際化が不可逆的に進行する一方で依然として権利主張に乏しい日本の法文化や、莫大な時間的、金銭的、心理的コストがかかる既存の訴訟制度、日常的な言葉、人々の怒りや悲しみがまるで通じないかのような裁判官の態度や判決の内容などを前提とすると、無理もないものとしてとらえることができるようにみえる。「現代型訴訟」は決して過去のものではなく、薬害エイズ訴訟や煙草訴訟のように、二一世紀を迎えたいまもなお、政策や行政の将来的なあり方を問う訴訟が世間の耳目を集めているのは周知のとおりである。これらをたんに、過渡的なあるいはイレギュラーな現象ととらえることはもはやできない。日本の法と社会のあり方に深くかかわる象徴的現象と理解するのはたしかに筋であろう(＊)。

＊ 近代的な社会制度の自明性や正当性を疑ういわゆるポスト・モダニズムが、日本の社会の旧態依然たる姿と奇妙な平仄《ひょうそく》の合致をみているという現象がここでもかいまみえる。

6 区別相対化・非序列化論の問題点

現状追認への問題

しかし、これは、見方を変えれば、第4節の議論が実は現状追認と紙一重であるということでもある。第2節でみた川島の議論が、日本の法文化の負の側面の超克による日本社会の変革をめざす一種の「批判理論」であったことの意義は軽視されてはなるまい。依然として、自分の属する社会関係に束縛されて基本的な権利主張（権利の回復）をできないでいる日本人は少なくないのではなかろうか。自由や平等、個人の尊重という近代法の基本原理は本当に十分に日本社会に浸透しているのだろうか。そもそも、法的言語の権力性や訴訟の氾濫、法律の氾濫、過度の「法化」を、自己の問題として批判的に語らざるをえないような社会に、日本はいつなったというのであろうか？

裁判制度の正当性の相対化

このことにかかわるが、第4節の区別相対化論では、ではなぜ人は「裁判」に訴えるのか、なぜ（当事者が求めたとはいえ）いずれにしても権力的たらざるをえない介入を裁判所はできる（すべきな）のか、そもそも裁判制度の存在意義はどこにあるのか、といった問題について、説得力ある議論を提示できないおそれがある。しばしば、訴訟は当事者の自主的交渉を「整序」する場だと区別相対化・非序列化論は主張するが、普遍的な実体的・手続的ルールとそれにしたがった裁判所による権威ある判断という仕組み（「制度理念」）が正統なものとして当事者に認識されているからこそ裁判所による紛争の「整序」も可能になるのではないか、その正統性自体を相対化してしまって「整序」など期待できるのだろうか、という問いも出されよう。

法と裁判制度の存在意義の相対化

日本の司法制度について数多くの議論を発表してきた法哲学者である田中成明は、「近時、弁論兼和解という実務慣行を超えて、訴訟自体を過去志向的な法適用を主題とする議論の場から将来志向的な関係調整をめざす交渉の場に転換すべしという提言もされている。だが、司法的裁判の現在の機能不全状況のもとでは、この種の「非＝法化」ないし「反＝法化」戦略を推進することは、一見、司法の紛争解決機能を拡充するようにみえるけれども、その実、その正当性の存立基盤を掘りくずし、司法の行政化、否、行政と司法の併合という〝先祖返り〟現象をもたらすかもしれない。しかも、〝大岡裁き〟を歓迎しがちな一般の人々の間だけでなく、司法の効率化をめざす法曹内部にも、基本的にこのような動向を支持する風潮もあるだけに、問題は深刻である」（田中成明［一九九七］一九―二〇頁）と述べているが、これは、いま述べた法制度、裁判制度の正統性そのものにかかわる問題点を端的に指摘したものである。普遍的なルールや訴訟の意義を相対化する議論は、必然的に法や裁判制度そのものの存在意義を相対化してしまう自己浸食的議論になってしまうおそれがあるのである。

さらにあげれば、第4節でみたような議論にたいしては、結局当事者による自主的交渉に過度に期待をかけ、いわば責任の所在を法から当事者に移しているだけだという批判もできないわけではない。それは結局、裸の力関係が紛争過程で威を振るうのを追認することになってしまうのではないか。また、紛争当事者自身による関係の遮断という「解決」策が理論の射程に入りうるかも問題である。尾﨑一郎［一九九七］が論じているように、都市コミュニティにおける近隣騒音紛争などでは、関係の遮断、離脱（つまり転居）といったやりかたで紛争を当事者が「終結」させる例も少なくないのである。これは、「関係的了解」の想定が決して自明性を有していないことを示唆するものである。

こうした諸問題があるがゆえに、第4節のような議論は、法社会学者からも民事訴訟法学者からも諸手を挙げての賛成を得ているというわけにはいっていない。

7　まとめ

いかなる法理論、社会理論も、それが説かれる時代と社会の制約から自由ではない。かつての「近代化」の熱気が社会からも法学界からも消え去り、その反動のようにして、法制度中心の視座から当事者中心の視座への転換が叫ばれ、（近代）法システムのもつ権力性や非自明性が言い立てられ、批判の矢面に立つのも無理からぬものがあろう。たしかに、かつての議論にはある種の上から見下ろした押しつけがましさがあった面がないわけではない。しかし、それを批判する側にも、どこかしら自己批判の欠落がみられるようでもある。だからこそ、いままさに法本来の目的や役割についての省察が必要となっている。日本の法と社会の現実についての経験的知見に裏づけられた理解にもとづく議論の深化がよりいっそう求められており、法社会学の責務もそこにあるのである。

そのことをふまえ、最後に参考文献として、本文中で触れたものから、以下の文献をお勧めしておきたい。

【参考文献】

◆必読文献としては、つぎの三冊。

岩村正彦他編［一九九七］『現代社会と司法システム』（岩波講座　現代の法5）岩波書店。
川島武宜［一九六七］『日本人の法意識』岩波書店。
六本佳平［一九八六］『法社会学』有斐閣。

◆加えて、司法制度に関する経験的知見に裏打ちされた原理的考察を求めるむきには、

田中成明［一九九三］『法的空間——強制と合意の狭間で』東京大学出版会。

◆右にあげたもの以外で本文で言及している文献はつぎのとおり。

井上治典［一九九三］『民事手続論』有斐閣。

川島武宜［一九五〇］『日本社会の家族的構成』日本評論社。

――［一九五九］『近代社会と法』岩波書店。

小島武司［一九八九］『調停と法――代替的紛争解決（ADR）の可能性』中央大学出版部。

――［二〇〇〇］『裁判外紛争処理と法の支配』有斐閣。

草野芳郎［一九九五］『和解技術論――和解の基本原理』信山社。

太田知行・穂積忠夫［一九七一］「紛争解決方法としての訴訟上の和解」潮見俊隆・渡辺洋三編『法社会の現代的課題』岩波書店。

尾﨑一郎［一九九七］「都市的紛争と法」岩村正彦他編『都市と法』（岩波講座 現代の法9）岩波書店。

六本佳平［一九七一］『民事紛争の法的解決』岩波書店。

佐々木吉男［一九七四］『増補 民事調停の研究』法律文化社。

田中成明［一九九七］「現代司法の位置と課題」岩村正彦他編『現代社会と司法システム』（岩波講座 現代の法5）岩波書店。

和田仁孝［一九九四］『民事紛争処理論』信山社。

山本克己［一九九三］「裁判手続と紛争処理」田中成明編『現代理論法学入門』法律文化社。

…………［尾﨑一郎］

第2部

紛争処理のしくみ

第4章

ADR——裁判外の紛争処理機関

●——スーツに既製服と注文服があるように、紛争処理方法にも、裁判規範に基づく強制的判断（判決）のみならず、当事者のニーズを加味したデザインで、当事者の合意によって正当化される手続（ADR）がある。手続・合意内容の自由度が大きくなるほど、制度運営側にとっても利用者にとってもコストは低くなり、紛争の個性に見合った解決の可能性も高くなる。しかし他方で、ADRは容易に司法予算節約や裁判回避のエクスキューズとなりうるし、合意内容のクオリティは当事者の自己責任に帰せられる。そのリスクゆえに前近代的と批判されてきたADRを、紛争処理の多様化・自律化の文脈で現代社会に再生させることは、いかにして可能か。——●

1　ADRの意義と概観

合意による紛争処理と国家権力（強制力）による紛争処理

ADRは、Alternative Dispute Resolutionの略語で、直訳すれば「代替的な紛争処理（方法)」である。「何に」「どのように」代替するべきかは、後で詳述するようにADR性質論・目的論とからむ大きな問題である。ここでは暫定的に、紛争処理手続・過程(ここには、制度的なものも非制度的＝アド・ホックなものも含まれる)のなかで、裁判(判決)以外の方法で紛争の変容や終結をめざす過程を総称して、ADRと定義しておこう。国家による裁判だけが強制的に紛争を処理する過程であるから、ADRは必然的に、当事者双方の自発的な合意による(理念的には自律的な)紛争処理を意味することになる。

ところで、紛争「処理」の語は、ADRのみならず裁判(判決)によっても、事実的・社会心理的な意味で紛争状態の完全な消滅＝「解決」が保証されるわけではない、との認識にもとづく。紛争処理制度の視点からすると、いったん係属した紛争も、ADRで合意が成立したり裁判手続で判決が出されれば当然に「解決」されたものとみなされ、その制度から姿を消していくが、紛争に実際にかかわっている当事者からすると、かならずしもそのように自動的に一件落着するわけではない。判決が出ても、履行の問題や対立感情の残存などの事実的な紛争が尾を引くことも少なくなく、逆にADRが不調に終わっても、そこで得た情報を契機に紛争状態が沈静化されることもある。

このように、紛争「解決」が一筋縄ではいかないことを説明できるように実態を理解するためには、当事者の視点から、ADR利用前後を含めて、紛争を「過程」として捉える必要が出てくる。すなわち、紛争それ自体は客観的な実体ではなく、人の主観的認識・解釈に依存して発生・展開するものであり(たとえば、同じ事態について誰かに責任があると考える人と、とくに不都合を感じない人がありうるし、このような認識の違いが後の行動をも変えることになる）、権利のカタログもその認識・解釈にさまざまなかたちで影響するにとどまる（その利用の仕方は、当事者の戦略的判断に委ねられている）、というように。このような紛争過程論（Felstiner［1981］や和田安弘［一九九四］を参照）においては、紛争処理手続の機能も、絶対的な「解決」の提示ではなく、当事者が、解決へ向けたひとつの方向づけを得るために紛争過程で利用するひとつの手段として相対化されるのである（和田仁孝［一九九一］）。

私的自治原則とＡＤＲ

紛争当事者は、数ある制度的な紛争処理手続のなかで唯一、裁判手続において、その入口（被告として応訴しない場合の敗訴リスク）と出口（裁判による権利義務関係の確定・執行可能性）の両方で国家権力による強制力を利用できる。しかし圧倒的多数の紛争は、そのような強制力に頼らず、ＡＤＲにおける両当事者の（処理方法についての、あるいは解決案についての）合意によって、暴力性をともなわないかたちへと処理されているのが現実である。もっとも、原理的には、ＡＤＲが紛争処理の原型であり、裁判の方が特別な制度であるともいえるのである。なぜなら、近代以降の市民社会が、個人の合理的判断を前提とする契約を保護し私的自治原則を採用しているかぎりにおいては、紛争が発生した場合にも、当事者が自由な紛争処理を通じて和解契約（民法六九五条。示談ともいう）を相手方と結び、ルール＝規範を形成することによって、互いの法的関係を私的に秩序づけること（private ordering）が、事実的のみならず法理論的にも原則的な事態として予定されているからである。

このことは、法治主義国家を前提とした市民社会においても、一般的正義に根拠をもつ裁判規範とは別に、和解契約によって個別的正義に根ざした私的規範が形成され、人々の関係を規律することが、私的自治の概念下ですでに認知されていることを意味する（山本敬三［一九九三］）。訴訟手続においてすら、当事者の私的処分（請求の放棄・認諾はもちろん、裁判所外での和解を理由とする訴えの取下げなども含む）が認められるのも、この紛争処理を通じた私的自治原則の、訴訟手続への反映にほかならない。

ＡＤＲは、したがって、紛争処理のための当事者の自律的合意（あるいは不合意）を通じての私的規範の形成過程であり、私的自治原則の健全な発展・実現をバックアップする手続・過程として機能するといえよう（なお、不合意の場合が生ずることは、当然のビルト・インと考えるべきである。そうでなければ、手続主宰者は合意成立率の誘惑に抗し切れないだろう）。その適正性についてはたしかに議論すべき点が多々あり、たとえば実際には、当事者間の社会的地位・力の不平等がこの過程に影響することは否定できない。が、だからといってすべての紛争を裁判所が独占的に処理することが、個人の自律性と私的自治を前提とする市民社会の本来的なあり方とはいえないことも、もはやあきらかであろう（しかも、程度の差はあれ、訴訟手続においても社会的不平等の影響が解消されていない現状にも留意する必要がある）。むしろ、当事者が個人としての紛争処理能力を発揮し、私的自治が実現されるように（たとえば、ＡＤＲが当事者間の力の不均衡を是正するフォーラムとしての役割をはたすなど）、ＡＤＲの整備を積極的に進めることこそが、リベラルな市民社会の成熟に必要といえよう。そのさい、一定の法化を経て裁判制度へのアクセスを確立している市民社会においては、裁判規範とゆるやかに連携する個別的な正義（私的に形成された規範）を当事者が模索するという規範的な紛争処理活動を、ＡＤＲが援助するという機能をも想定できるであろう（ＡＤＲによる紛争熟成機能、提訴援助を含む紛争解決のネットワーク化の可能性につき、山田文［二〇〇〇］参照）。裁判規範への自由なアクセスと個別的正義への自由なアクセスは、同時にのみ可能となるからである（本章第3節参照。司法改革との関係につき、田中成明［二〇〇〇］参照）。

ＡＤＲの手続的分類

ＡＤＲの具体像をえがくにあたり、まず、紛争処理手続のスタイルを紹介しよう。一般的には、つぎの三種類とそのバリエーションに分類できる。

(1)交渉型――当事者間の話合いによって和解契約の成立をめざす方法であり、中立者としての第三者は介入しない。なお、交渉者は実際の紛争当事者に限定されない。制度的には、たとえば交通事故紛争では、任意保険加入者に代わって保険会社が交渉にあたる場合が多い（示談代行サービス）。また、提訴後は代理人たる弁護士による交渉となることも多くなるが、これらの場合、感情面でも交換される情報面でも、紛争当事者間で直接交渉をする場合とギャップが生ずることになる。

(2)調停型――当事者間の合意で、第三者の交渉仲介・調停行為を要請する場合。調停者は、和解契約（調停合意）の成立をめざすが、積極的に出ても調停案を示し打診するにとどまり、拘束力ある判断をする権限はない。職場のもめごとに上司が割って入る場合や、裁判所の民事調停手続を申し立てる場合などが典型例である。さらに法律上、提訴後に調停利用が命じられる場合（付調停決定。民事調停法二〇条）、担当裁判官が和解を勧める場合（訴訟上の和解。民訴法八九条）、調停合意ができそうもない場合に調停者（裁判官）が適当な解決案を決定し、当事者がこれに異議を申し立てなければ調停合意が擬制される場合（調停に代わる決定。民事調停法一七条）などの規定があり、調停型の変型ということができる。

(3)仲裁型——多くは紛争発生前になされた当事者間の合意（仲裁契約）にもとづき、裁判所以外の第三者に、拘束力ある判断を求める場合である。入口の強制力がなく仲裁合意が必要な点で裁判手続と異なり、出口の強制力がある点で調停型と異なる。また、仲裁契約で、手続の態様や判断基準（法）を特定できる点でも裁判手続と異なる。なお、提訴後、裁判官に和解内容を決めてもらう合意をすること（民事訴訟法二六五条）も、この仲裁型に含まれる。

これらADR手続・過程は日常生活のいたるところに認められるが、とくに(2)(3)の手続を進めるにふさわしい中立的な第三者（以下では、手続主宰者ともいう）を常時プールし、紛争当事者の申立てに応じて処理サービスを提供する常設機関を、裁判外の紛争処理機関またはADR機関、これら機関で恒常的に提供される紛争処理手続を（狭義の）ADR（手続）とよぶ。

ADRの機関的分類

ところで、ADRを概観するさいしばしば用いられるのは、ADR機関の運営主体による分類である。これによれば日本のADRは、民事・家事調停や訴訟上の和解を含む裁判所型ADR、労働委員会などの独立行政委員会や国民生活センターなど行政が設立・運営する行政型A

DR、家電製品PLセンターなど製造物責任紛争（＊）を主たる対象とする業界型ADR、弁護士会仲裁センターや日本知的財産仲裁センター（弁護士会・弁理士会の共同運営）、国際商事仲裁協会などの独立型ADR、に分類することができる。たしかに手続・判断基準の実体とイメージは運営主体の性格に引きずられる面があるから、これはひとつの有益な分類基準となる。たとえば、業界型ADRはその中立公正性の外観が疑われやすく消費者の利用が少ないといった、概括的な分析と問題点の指摘を導くことはできよう（山田 文［二〇〇一b］）。

＊ 自動車や家電など製造物の欠陥に基づく損害について、消費者がメーカー等にたいし損害賠償を請求するタイプの紛争。たとえば、タイヤの欠陥に起因する交通事故やテレビの欠陥に起因する火災などが挙げられる。従来、民法上の不法行為規定が適用されていたが、一九九四年に製造物責任法が制定され、立証責任の軽減による消費者保護が図られた。同法附帯決議や行政の指導もあり、メーカー側は相次いでADRを設立し、相談・調停などの解決手続を提供している。

しかしこの分類によると、ADRが特定機関でのみおこなわれているような印象が強くなり、上述のような紛争当事者の視点が見落とされがちになることに注意すべきである。当事者の視点から紛争過程の一環としてADRをみる場合には、右のような制度の概括的な性格づけよりも、実際に利用できる手続・手続主宰者（調停者や苦情処理担当者など）がどのような価値や基準により方向づけられているのかという、より手続的な視点が重要となってくる。またADRをリアルに理解するためには、当事者＝ユーザーからみた手続内容と制度側からの説明との乖離《かいり》をも見破らなければならない。たとえば、ほぼすべてのADRは「迅速・廉価・非形式的」な紛争処理をうたっているが、これらのADRが同じ理念のもとで同じように運営されているわけではない。実際には、各ADR機関は相異なる政治的・政策的価値に導かれて設立・運営されており、これが、手続主宰者のプロフィール・態度・手続の内実、あるいはスタイル・めざされる解決結果に影響しているのである。

そこで次節では、まずアメリカで発展したADR目的論を紹介し、つぎに日米におけるその具体的な展開を概観して、価値・理念といういわば手続を動かす「磁場」の多様性を知る材料に供することにしよう。

2　ADRにおける政策的価値とその展開

ADR目的論

いまや世界的な規模で拡がっているADR運動のさきがけとなったのは、一九七六年にアメリカで開かれた司法運営・行政に関する全米会議（著名な法哲学者の名を冠して、「パウンド会議」という）であり、そこではじめて明確に、司法政策（裁判所の負担軽減）としてのADRの有用性が主張された。しかしその後、政策的背景や法思想の多元化を反映して、ADRの意義（目的論）と内容も多様化をとげてきた。大まかには、つぎの三説をADR目的論として挙げることができる。

第一は、裁判所の事件処理の効率化を目的とするもので、右に述べたように制度的なADR

論の原動力となった考え方である（司法効率化説）。パウンド会議では、裁判所の紛争処理能力の量的限界を前提に、もちこまれる紛争を「裁判所の判断すべき（重要な）事件」と「それ以外の手続で処理されるべき（軽微な）性質の事件」に分類し、後者をＡＤＲが、前者を裁判所が担当することで事件負担を軽減しようとの構想（マルチ・ドア裁判所）として提唱された（Sander［1976］）。なお、後者については、紛争の性質上ＡＤＲによる解決がふさわしいとの理由で、これを裁判所外に排出することを正当化しているが、このような紛争の静的性質と手続の非形式性とのマッチングは多くの場合直観にもとづいており、かならずしも論証されたものではないとの批判が可能である。ともあれ、この司法効率化説は、裁判規範の適用による紛争処理を質的に最善のものと前提するため、ＡＤＲは二流の正義を提供するにすぎないという位置づけとなる。そして、このような問題性を最小限に抑えるため、ＡＤＲにおいても紛争処理基準・規範が強い拘束力をもつとし、その内容をなるべく裁判規範に近づけるべきことが論じられてきたのである。

第二は、正義を、裁判所による権利の宣言のみならず、与えられるべき救済の現実化（典型的には金銭化）と捉えたうえで、正義へのアクセスを拡充して廉価・迅速な救済を広く人々に提供するために、ＡＤＲを利用する考え方である（政策的救済説）。これは、現代の福祉国家の理念と、そこに台頭する法の新しい役割（管理型法）に適合的である。管理型法とは、典型的には行政が主体となり、特定の政策目的（たとえば消費者保護）を総体的に達成するための手段・道具として法を用いる場合をさし（田中成明［一九九六］）、裁判規範としての法の機能、すなわち一定の公正手続を通じて権利義務関係を個別的に審理・判断した結果はじめて、個別的に救済を宣言するという伝統的な法適用（自立型法）と区別される。

さて政策的救済説は、伝統的紛争処理の量的・コスト的限界をふまえ、富や社会的地位の不平等によって裁判所での個別的救済を受けられない人々に集団的に平等な救済を低費用で提供して、社会的な正義の総量を増やすこと（資源の再配分）をＡＤＲの目的と考える。この構想におけるＡＤＲは、したがって、典型的には政策達成機関たる行政により運用され、たとえば損害発生の証明方法の類型化や基準設置による賠償額定額化などの方法で低コストを実現し、画一的な救済の早期現実化をめざすこととなる。ここで想定される紛争処理基準は、裁判規範にもとづくが、行政による独自の標準化・内部規範化の施されたものと考えられる。したがって、迅速・廉価な救済の提供という点では効率的でありうるが、個別的な事情を考慮しにくい、あるいは過払いを恐れて賠償が低額化する危険もある。

第三は、裁判規範による紛争処理の質的限界を批判し、ＡＤＲは、紛争当事者の個別的なニーズに合った処理というより高いクオリティを提供できるとして、ＡＤＲの独自性とメリットを積極的に主張する立場である（質的優位説）。右の二説が裁判型紛争処理を一流の正義と位置づけ、ただその効率性やアクセスの限界性を批判していたのにたいして、この質的優位説は、まず、そのような前提にもとづくＡＤＲの硬直性・画一性を批判する。そして、ＡＤＲの本質は、裁判規範ですくいきれない個別的事情を組み込んだ話合いを通じて人間関係を調整し、対立の抜本的解消を可能とする点にある、と主張する。そして、このような柔軟かつ未来志向の紛争処理はADRによりはじめて達成される一流の正義であり、裁判型紛争処理に質的に優るという。

このように、裁判規範にもとづく紛争処理を相対化し、ADRによる私的規範形成に価値をおくため、この説は、もっともラディカルには国家法制度へのアンチ・テーゼとなりうる（実際、ADRによる地域コミュニティの自律をめざすグループは、自覚的に国家法・財政支援から距離を置こうとしていた）。が、一般的には、より穏健に国家法システム内にとどまりつつ、①ADRを通じての当事者の紛争解決能力の再生と当事者間コミュニケーションの復活の重要性を説き（Bush［1996］）、あるいは②従来の当事者対立型（ゼロ-サム型）交渉（文化）を批判し、両当事者の個別的潜在的ニーズを取引材料として加えた当事者両得型（ウィン-ウィン型）交渉を提案して（Menkel-Meadow［1984］）、実務に影響を与えようとしている。

以上から、ADRの理念として、裁判的処理の代替と捉える視点（第一、第二）と、当事者間交渉の代替ないし援助と捉える視点（第三）があることに気づかされる（もちろん、後者においても、実際の紛争処理過程では裁判予測がひとつの有力な取引材料として影響する〔法の影のもとの交渉〕）。ADRの目的論としていずれが最適かという議論は、そもそも紛争処理方法と正義の多様性・多元性を認めようとするADR制度論としてはかならずしも生産的ではないと思われる。むしろ、すべてのADRがひとつの価値に呑まれてしまうことこそ問題視されるべきであろう。

したがって、制度論としては、各ADR機関・手続がどのようなADR目的論・理念を黙示的に採用しているかをあきらかにしたうえで、それぞれがはらむ非法化の方向性や反法化の程度、あるいは「合意」的解決の強制の危険性などを分析して、制度の改善をはかるべきである（山田 文［一九九四］）。そのさいには、第1節で述べたように、ＡＤＲを通じての私的自治の実現可能性という原理的な性質と照らし合わせることが有用となろう。たとえば司法効率化説においては、その紛争振分け基準が裁判所の効率性に流れた恣意的なものとならないよう、チェックする必要がある。この基準次第で、一定の性質をもつ紛争の当事者は裁判を受ける権利を拒絶されるおそれがあるが、これは、裁判規範への自由なアクセスへの制限となり、ＡＤＲ利用の選択および利用時の私的規範形成における自由を制限することになるからである。つぎに政策的救済説においては、ＡＤＲが流れ作業のごとく一律化・定型化されて、当事者の自律的判断や個別的事情に即した救済の余地が小さくなる危険や、行政の肥大化を助長する可能性を指摘できよう。最後に質的優位説では、当事者の自律的紛争処理という理念を強調するあまり、人間像として過度に「強い合理人」を擬制し、当事者の迷いや混乱、紛争処理合意の多義性や暫定性の可能性といった日常世界の規範を無視して、「合意」があればすべての問題が（自律的判断の結果として）解消するとみなす危険がある。これにかんしては、契約自由や私的自治実現のための制度的保障という観点から、ＡＤＲの整備（とくに手続規範）をする必要性が導かれる。

日米におけるＡＤＲ発展史

紛争処理の原型たるＡＤＲの通史をたどることは不可能だが、ここでは一九五〇年代以降、日米司法政策においてＡＤＲがどのように位置づけられてきたかを簡単に振り返り、現在、ＡＤＲにかけられている期待を知る手がかりとしよう。

アメリカでは、六〇年代を中心として七〇年代半ばまでを、司法部による社会制度改革の時代としてくくることができる。この公民権運動の時代、クラス・アクション制度（＊）や証拠開示（ディスカバリ）制度（＊＊）が強化され、裁判所も制度改革訴訟において憲法的価値の宣言や政策形成判断に積極的であった。この時期、公共的利益を含む紛争を仲裁などで私的に処理することは司法政策上歓迎されなかった（証券取引紛争についての仲裁契約を無効とした、五三年のウィルコ判決が象徴的である）。しかし、訴訟における手続的武器の複雑化・強大化はいわゆる訴訟爆発・遅延の一因となったとされ、その対応策として、裁判所の効率的運営の道具としてのＡＤＲ構想が提案されるにいたったのである（七六年のパウンド会議）。他方で、既存の国家法制度への異議申立てとして、地域コミュニティにおける（法的権力を用いない）自律的紛争処理をめざすＡＤＲ（近隣紛争処理センター）が立ち上げられた。その後、当初の理想であった完全な独立採算には失敗し、現在では裁判所・警察などさまざまな機関からの事件委託をも受け入れているが、その設立理念、すなわち法の素人たる手続主宰者が、コミュニティで生ずる紛争を法権力によらず自律的に処理し自治してゆこうとする理念は、脈々と息づいている。

＊　個々人の損害額は訴訟提起に見合わないが、被害者が多数人に及んでいるため、権利侵害を集団化すれば訴訟による救済も現実的になるような場合に、代表者が同種被害（クラス）を

代表して訴訟を追行し、判決効をクラスのメンバー全員（積極的に当事者として名を連ねていない者を含む）に及ぼす手続。たとえば、喫煙による健康被害を理由としてタバコ会社を訴える場合や、アスベストによる健康被害を理由とする損害賠償請求訴訟などがあげられる。

＊＊訴訟手続において、相手方の手中にある事件関連情報（文書、証人、検証物など）につき、両当事者が相互に開示を求める制度。相手方の提出予定の証拠を知って不意打ちを避けるとともに、自らの主張・立証のための手がかりを入手することを目的とするもので、伝統的な当事者対立主義（アドバーサリー・システム）を変えたと評される。濫用的利用が批判されているが、実態は大きく異なっており、濫用はマスコミのつくった神話にすぎないとの研究もある。

その後九〇年代までの間に、司法部は訴訟の迅速化・効率的管理化の方法としてＡＤＲ推進策を採り、相当数の事件について、調停・非拘束的仲裁（示される仲裁判断への当事者の合意が必要な点で、むしろ「調停に代わる決定」に近い）・その他のＡＤＲの前置を法定したり、訴訟上の和解を強く推奨するなどの政策を一貫して進めてきた。仲裁契約の成立にかんする最高裁の態度も、一転して好意的評価へ変わった（八三年のギルマー判決）。九〇年代には議会もＡＤＲに着目し、司法内外のあらゆる法的紛争処理の場面（行政庁の規則制定などを含む）で、その利用を促進ないし義務づける立法を重ねている（たとえば、九八年連邦ＡＤＲ法など）。

この間、非営利団体や私企業によるＡＤＲサービス業（調停者・仲裁人の紹介・研修など）

も急成長をとげた。裁判所がADR手続を外部委託するためと、多くの企業が、社内外の紛争処理にADRを利用するようになったためである。また、ロースクールや弁護士継続研修では、ADR科目の履修があたりまえとなっている。

では、ほぼ同時代に日本のADRはどのような発展をとげていたか。

その第一期を、戦後から七〇年代までの、家事審判法・民事調停法が成立し、独立行政委員会など行政型ADR（労働委員会や建設工事紛争審査会など）が設置・開始された時期としよう。この時期の調停制度の特徴として、①新憲法・司法制度における権利義務とその実現態様の変革を、ADRを緩衝材として国民に浸透させようとする啓蒙的司法政策と、②実際の調停における伝統的倫理観・法意識にもとづく融和的調停（まあまあ調停）が二重構造をなしていた点があげられる。そして、法的啓蒙であれ伝統的価値観にもとづく説得であれ、調停者が紛争当事者を指導・訓導する役割を果たしていたことを捉えて、これを教化型調停（ADR）とよぶことができよう（棚瀬孝雄［一九九〇］）。もっとも、一般市民は簡易・迅速な「裁判」を調停に求めていたと考えられ、これが七四年の法改正を促すことになる。

第二期は、七四年の民事調停法改正前後から八〇年代終わりまでの、ADRの法化・専門家化と定型化の時代である。まず、民事調停にかんし、調停においても専門家による法的判断が求められているとの認識にもとづき、調停委員は弁護士その他紛争の解決に有用な専門的知識経験を有する者にかぎられることとなった（民事調停委員及び家事調停委員規則一条）。いわば、判断型調停（ADR）志向のあらわれである（井上正三［一九七四］）。

同時期に、急増する自動車事故被害者の迅速・廉価・平等な救済のため、裁判所主導で賠償額の基準化が進んだが、この基準はADR（訴訟上の和解や調停、保険会社の出資で弁護士会が実質的に運営する交通事故紛争処理センターなど）を通じてあまねく適用されていった。また、公害問題・消費者問題などの新たな社会的紛争の発生にたいして、所轄行政庁が専門家を擁したADRを通じて司法利用前の行政的救済を広く提供しはじめたのも、この時期である（公害等調整委員会や地方自治体の消費者窓口など）。これらによって、政策的救済説にもとづくADRの有効性が認知され、行政においても、政策推進の有効な手段として、また所掌領域の情報管理とソフトな監督行政の手段として定着し、現在の行政型ADRの叢生を理由づけたといえよう。

第三期は、九〇年の弁護士会仲裁センター設立から現在にいたる、ADRの独自的機能・役割が模索されはじめた時期である。第一期・二期を通じて、日本でもADRの意義として司法効率化説・政策的救済説が黙示的に前提とされ、紛争処理結果の裁判規範からの乖離の程度が、ADRの評価基準とされていた。その背後には、日本人の（権利意識の低さゆえの）訴訟嫌いを憂い、ADRを裁判所の補助的役割に限定することで、私的紛争処理による「非法化」を可及的に抑制すべきとの価値判断があったと思われる。しかし、日本社会の法化の進展にともなって、教化型・救済型ADRにたいする批判も提出されるようになった（もっとも、批判自体が一貫していないことが、理想的なADRをえがくことの難しさをうかがわせる）。すなわち、(1)共有する規範が存在しない（裁判規範に依拠する場合にも、その予測につき当事者が納得していない）のに、手続主宰者が裁断的・評価的調停をおこない、合意を事実上強制すること、(2)(1)と同じく共有規範の不存在を前提とするが、それで逆に手続主宰者が萎縮し、消極的調停しかおこなえず、手続が非効率となること、(3)交互面接方式（＊）にともなう、手続主宰者の中立性への疑いや手続の不透明性を理由とする制度不信、(4)(3)と同じく交互面接方式にともなう当事者間の直接対話の少なさ、(5)紛争処理の画一化・定型化、などへの批判である。

＊　コーカスともいう。調停手続において、手続主宰者が当事者の一方との個別面接を相互に繰り返す方式。アメリカでは、キッシンジャーが中東紛争で対立国間を往復して調停した方式に端を発するとされる。当事者対席ではいえない事情・譲歩を引き出せるというメリットがあり、日本の実務では原則化し、欧米でも使われているが、本文にあげたような理論的問題も指摘されており、調停の本質に反するとする学説もある。

これらの批判の特徴は、結果＝紛争処理合意のみを重視する従来の視点と異なり、ＡＤＲにおける手続・過程のあり方、規範の適用のしかたにも着目し、とりわけ当事者間交渉や手続主宰者を含む三者間の水平関係に価値をおく点にある。このような、手続主宰者の説得やパターナリスティックな救済よりも当事者間の話合いや自律性を重視するモデルを、対話型調停（ＡＤＲ）とよぼう。わが国ではじめての、ユーザー（弁護士）のイニシアティブによるＡＤＲの設立・運営（仲裁センター）や、裁判所における調停・和解手続改革（とくに、当事者同席方式の実施）など、第三期には対話型調停（ＡＤＲ）の可能性を模索する動きが認められるといえよう。

他方で、ADRの独自的機能として、法以外の専門的知識の活用が強調されるようになったのも、この時期の特徴である（高橋 裕［二〇〇〇］）。医療事故訴訟における専門家調停委員の利用のための付調停決定、製造物責任紛争ADR、指定住宅紛争処理機関などが好例であろう。専門的知見にもとづく判断は、その一種の権威性によって正当化を獲得しうるので、右(1)の「共有規範の不在性」という問題をクリアしうる点に特徴があるが、そこには専門性のベールに覆われた危険も潜むことを指摘しておきたい。

なお、二〇〇一年六月に提出された司法制度改革審議会意見書は、ADRの意義を、自主的解決、プライバシー・営業秘密の保持、簡易・迅速性、専門性、解決内容の柔軟性と多方向に認めたうえで、その拡充を提言する。これら諸価値間の優劣関係が、第四期のADR像を規定することになるであろうが、少なくとも、（裁判手続を含めた）これら多層的紛争解決手続が総体的に司法機能とリンクするものとして位づけられ（ADR基本法の制定目的は、この点にあろう）、ADRの法律上・事実上の制度化が進められるとともに、各機関のネットワーク化によって、紛争の多面的、異種混合的解決が可能となるのではないだろうか。

3 ADRにおける実体規範と手続規範

「判断」規範のヒエラルキー

ADRが完全に当事者間の合意に依拠する手続であれば、そもそも「規範」を論ずる意味はないと思われるかもしれない。しかし、まず紛争過程一般において、法を含むさまざまな規範が、当事者により用いられるのが実態である。法専門家の加わらないＡＤＲにおいても、両当事者は、自らの抱く規範（価値序列や倫理観により構成される）にもとづき従来の紛争過程を不断に解釈し、自己と関係者の紛争行動を評価し、そして相手方への要求を正当化しようとする。それゆえ、ＡＤＲで第三者が紛争過程に加わる場合には、その者が法専門家であるか否かにかかわらず、当事者は、要求の正当性（および、その結果としての自己の倫理的正当性）を規範レベルで認めてもらうことを強く望む。他方、どれだけ虚心坦懐な第三者も、自らの抱く規範・世界観にもとづいて紛争を再解釈し規範的評価を加えることなしに、ＡＤＲ手続をリードしていくことはできない。まして、日本のＡＤＲとくに裁判所型では、一般に、当事者間の交渉というよりも第三者の判断的・説得的要素が強い（実務が、個別的説得の効果を期待して一般的に交互面接方式を採用しているのは、そのひとつの証左であろう）ため、このようなさまざまな場面・使い手による規範の取扱いが、いっそう深刻な問題となる。

もっとも、裁判規範と対峙する一枚岩としての地域的・共同体的規範がほぼ消滅している現在、この規範レベルの自己正当化の要請に応えるために第三者が参照し説得的に語れる規範は、第一次的には裁判規範しかない。しかし、それではすべてのＡＤＲが、事実収集や法的議論のための手続保障のないままに裁判化することとなる。そこで、従来は、ＡＤＲにおける判断・説得基準として、裁判規範の解釈としては考慮できない衡平的要素（たとえば、いわゆる手元不如意の抗弁）を組み込んだ規範を想定し、その統一的適用によって、ＡＤＲの裁判規範からの乖離を正当化しようとしてきた。具体的には、裁判規範を頂点として、裁判所の関与の強さに応じて徐々に非法化してゆく規範のヒエラルキー、すなわち、裁判規範→訴訟上の和解規範ないし仲裁規範（裁判規範と同内容とすべきとの学説も強い）→調停規範（＝条理）→生活規範といった序列である（たとえば、三ケ月章［一九八四］）。

しかしここで留意すべきは、ＡＤＲは裁判たる非訟手続（＊）と異なり、あくまでも当事者の最終的な合意／不合意の決断（と新たな関係づけの獲得）をめざすものであり、したがって、その決断にいたる手続・過程において、手続主宰者の提示する規範を吟味しつつ、当事者が、どのように自己の紛争解釈・評価を相対化するかという規範レベルのダイナミクスの方が、決定的に重要であるという点である。「相対化」の名目で、手続主宰者の独善的な規範が提示されそれへの共感が強制されることも、裁判規範であれ調停規範であれ「客観的な規範」が金科玉条のごとく振りかざされることも当事者の自律的合意との関係で問題があるが、なんら中立的基準性が提示されず「相対化」の契機がないのでは、当事者は合意／不合意の決断に到達できないであろう。

＊ 非訟事件手続法などにより規定される手続で、訴訟手続と異なり、権利義務関係の存否を確定するのではなく、それを前提とした具体的処分を決する手続。非公開で対席を必要としない審尋の形式でおこなわれ、主張・証拠の提出についても職権探知が原則とされるなど、当事者の支配権は弱い。実体法の適用についても裁判所の広い裁量が予定され、後見的・行政的役割が期待されているが、当事者の手続保障の必要性が指摘されている。

このディレンマを脱するひとつの方法は、ＡＤＲにおける両当事者の検討対象を拡大し、規範の適用結果としての処理案だけでなく、その前提となっている（手続主宰者の提示した）規範とその具体的状況への適用についても、手続主宰者と共同して検討し改訂する機会をつくることである（太田勝造［一九九〇］）。手続主宰者の規範提示を暫定的なものにとどめ、規範の個別的な問い直しを当事者との協働でおこなうというプラクティスを導入することで、「規範」も当事者と紛争の個別性に開かれた柔軟なものとなりうると考えられるからである。規範の透明性と紛争処理の柔軟性という一見矛盾した要請も、この方法——実体規範のプロセス化——によって止揚できるであろう（山田 文［二〇〇一a］）。

ＡＤＲにおける手続規範

伝統的には、裁判と異なり、ＡＤＲにおいてはなんら強制的判断がなされないから、その正当化を目的として手続規範を整備する必要はないと考えられてきた。手続や紛争処理案に当事者が不服ならば、話合いを放棄し合意を拒めばすむはずだからである。

しかし実際には、紛争当事者にとってＡＤＲのみが（費用‐便益的に）合理的な紛争処理方法である場合も多く、かつ、教化・判断・救済型ＡＤＲではとくに、手続主宰者の判断が実質的には強制的な圧力をともなう場合も少なくない。この問題は、訴訟上の和解や民事・家事調停においてより深刻となる。調停者と裁判者が同一あるいは密に連絡を取っているため、ＡＤＲ過程と裁判過程の連続性・一体性が強く、調停者は裁判（予測）者として強い裁断力をもつからである。和解・調停案の実体的正当性は、（裁判と異なり）客観的基準で測れないことを考えれば、かえって手続的な透明性が必要となると考えられよう。具体的には、交互面接方式にかんする手続的規律や、調停過程での発言、譲歩をしたこと、証拠に関する情報、調停案などが裁判手続に提出されることの可否・態様などが論じられるべきであろう（山本和彦［二〇〇一］）。

これまで述べてきたように、当事者の視点から、紛争処理過程＝私的規範形成過程としてＡＤＲを検討するならば、最終的な合意／不合意にいたるＡＤＲ過程＝手続のあり方そのものが決定的に重要であることがみえてくるはずである（山本克己［一九九八］）。

わが国ではＡＤＲにおける手続規範や手続主宰者の行為規範にかんする議論は緒についたばかりであるが、今後は、私的自治実現のために備えるべき制度的保障と紛争処理の効率化という一般的要請の緊張のなかで、手続規範の議論を通じて、ＡＤＲの理念が自覚的に追求されてゆくべきであろう。

【参考文献】

Bush, Robert A. Baruch[1996]“What Do We Need a Mediator For?” 12 Ohio State Journal on Dispute Resolution 1.

Felstiner, Willman L. F. et al.[1981]“The Emergene and Transformation of Disputes”15 Law and Sociery Review 631.

井上正三［一九七四］座談会「調停制度改正法をめぐって（一）（二）」『民商法雑誌』七一巻二号・三号。

Menkel-Meadow, Carrie［1984］"Toward Another View of Legal Negotiation" 31 U.C.L.A. Law Review 754.

太田勝造［一九九〇］『民事紛争解決手続論』信山社。

Sander, Frank E.A.［1976］"Varieties of Dispute Processing" 70 F.R.D. 111.

高橋裕［二〇〇〇］「司法改革におけるＡＤＲの位置」『法と政治』五一巻一号。

田中成明［一九九六］『現代社会と裁判』弘文堂。

――［二〇〇〇］『転換期の日本法』岩波書店。

棚瀬孝雄［一九九〇］「法化社会の調停モデル」『法学論叢』一二六巻四・五・六号。

三ケ月章［一九八四］「紛争解決規範の多重構造」『民事訴訟法研究第九巻』有斐閣。

山田文［一九九四］「裁判外紛争解決制度における手続的配慮の研究（一）（二）（三）」『法学』五八巻一号・二号・五号。

――［二〇〇〇］「ＡＤＲの可能性」『月刊司法改革』七号。

――［二〇〇一ａ］「調停における私的自治の理念と調停者の役割」『民事訴訟雑誌』四七号。

――［二〇〇一ｂ］「ＡＤＲをめぐる日本の現状」『法学セミナー』五六〇号。

山本和彦［二〇〇二］「ＡＤＲ基本法に関する一試論」『ジュリスト』一二〇七号。

山本克己［一九九八］「手続ルールの検討」小島武司・伊藤眞編『裁判外紛争処理法』有斐閣。

山本敬三［一九九三］「現代社会におけるリベラリズムと私的自治（一）（二）」『法学論叢』一三三巻四号・五号。

和田安弘［一九九四］『法と紛争の社会学』世界思想社。

和田仁孝［一九九一］『民事紛争交渉過程論』信山社。

【付記】

ADRの制度化について、簡単にふれておく。国内では、司法制度改革審議会意見書を受けて、二〇〇四年、「裁判外紛争解決手続の利用の促進に関する法律」（略称ADR法）が制定された。司法型・行政型を含むすべてのADRを対象とする通則的部分と法務大臣の認証にかかる部分を含む。後者は、認証の要件およびこれを満たす民間ADR機関についての特則（時効中断効、合意による訴訟手続の中止、調停前置主義における調停手続の代替など）を定めている。また、国際的には、国際標準化機構（ISO）において、製造物・サービスに関する企業・顧客間の紛争のためのADRについて標準化が議論されている。わが国では、一般にADRにおける手続的な規律には関心が低かった（本文八二頁以下参照）が、仲裁法（二〇〇三年成立）が仲裁の審理手続について（仲裁合意のない場合の）デフォルトとなる規律を置いたのに続いて、ADR法においても、手続実施者の中立・公正性の担保、ADR契約における情報開示の手続などが認証要件として規定されるようになった。事実上ではあるが、司法型・行政型ADRへの影響も予測される。また、法制定後の課題として、手続実施者の質的向上のための研修制度、機関・士業間の連携のあり方などの検討も具体化しており、波及的効果も大きいといえる。

…………［山田　文］

第5章 さまざまな紛争とADR

――ADRは、つねに現実の紛争をにらみながらつくり出され、運営されてきた。それぞれの手続には、各種の紛争に適切に対処しうるような、さまざまな創意・工夫が組み込まれている。ADRの特徴のひとつは、それぞれの紛争ごとに異なる当事者の多様な関心ないし期待に応えるために、紛争類型別に必要とされるさまざまな配慮を制度化している点にある。したがって、ADR全体が司法システムの一部として有効に機能するためには、各種のADR手続がそれぞれの紛争当事者によって適切に選択され、利用されうるように、ADR手続相互間およびADR手続と裁判手続との間に、機能的な連携が実現されていることが重要である。――

1 紛争の類型とADR

各種ADRの評価の視点

私たちは、家庭や地域社会のなかで、また職場や取引関係のなかで、ときとして国境をも越えてさまざまな紛争を起こし、またこれを終結させている。当事者に自覚があるかどうかは別として、紛争は自然現象のように当事者の意思にかかわりなく発生するものではない。人々は、さまざまな人間関係のなかで、自らをとりまく人的な環境を主観的に評価しながら、意識的ないし無意識的に紛争を形成していく。したがって、どのような関係のなかで形成される紛争がどのような類型的な特徴をもっているか、またそのような紛争の解決のためにはどのような配慮が必要かという問題は、ＡＤＲとしての各種の紛争処理手続を考えるにさいしての基本的な視点となる。

継続的関係にたつ当事者間の紛争は、一刀両断的な裁判にはなじみにくく、相互の歩み寄りの余地を残す調停的な手続に適しているとしばしばいわれてきた。しかしながら、継続関係者間に生じる紛争を処理するために、ＡＤＲとしての調停手続を準備しても、これが有効に機能するかどうかは保障のかぎりでない。かりに調停的手続が、当事者にたいして意にそわない譲歩を強制するようなものであれば、これが結果的に当事者間の合意形成を促進するとしても、そのような調停自体が望ましくないとして否定的評価を受ける可能性は大いにある。他方で、当事者の自主性を最大限に尊重しようとする調停的手続であれば、これが幸運にも当事者間の合意をもたらす場合もありうるとしても、それはしばしば達成困難な課題である。しかも、このような調停が成功裡に終わるかどうかについて、当事者間に継続的関係があるかどうかということは、決定的な要素ではない。

したがって、ＡＤＲとしての紛争処理の形態として区別されてきたあっせん・調停・仲裁やその混合形態などは、裁判手続において実現が困難であるような当事者間の継続的関係の維持・回復や、関係者間の複雑な利害関係の調整の可能性など、その抽象的な能力それ自体によって意義づけられるよりも、むしろそれぞれの手続がどのような紛争にたいしてどのような援助を提供しようとしているのか、またそのためにどのような人的ないし物理的な資源を動員することができるのかなど、具体的な手続上の特徴によって評価されることが重要である。

各種紛争の分類の視点

また、私たちの身のまわりに生じる各種の紛争は、公害紛争、環境紛争、近隣紛争、労使紛争、消費者紛争、さらには国際経済紛争など、それぞれの生活領域とのかかわりにおいて分類され、議論されることが多い。しかし、各種の紛争の特徴を理解し、その処理のあり方を論じるにあたっては、このような社会生活上の分類はかならずしも有効ではない。環境紛争や近隣紛争のなかにも、交通騒音や排気ガス問題などのように特定の地域において長期間にわたって紛争の種となっているものもあれば、マンション建設や産業廃棄物処理場建設などのように、個別具体的な問題が紛争の焦点となっている場合もある。労使紛争についてみても、年中行事的におこなわれるベースアップ闘争と、特定の解雇事件などをめぐって生じた労使紛争とでは、当事者の対立の仕方に質的な差異がみられる。したがって、各種の紛争は、それぞれの紛争当事者の視点からして、たとえば個別の利害調整がどの程度重要と考えられているか、また将来の関係形成への関心がどの程度強くみられるかなど、その特徴に即して分析的に検討されるべきである。

このような視点から紛争を検討するにさいしては、各種の紛争に多少とも含まれる紛争要素として、権利義務的側面、個別利益的側面、継続関係的側面、人格対抗的側面、価値確認的側面、および権力追求的側面を取り出して分析することが有効であるように思われる。法的な関心からすれば、当事者間の権利義務関係がもっとも重要なものとして浮かび上がってくることになりやすい。しかしながら、紛争当事者にとって法的権利義務の配分が中心的関心事であるという場合はむしろ例外であろう。たしかに、紛争が法的権利義務をめぐって争われている場合であれば、裁判のような典型的な法的手続を通じたその明確化は紛争解決に直接的に貢献する。しかし、たとえば交通事故の被害者のように被害回復への関心が強い場合、また職場内紛争のように継続的関係維持への配慮が求められる場合、あるいは家庭内紛争のように全人格的な対立という側面が強くあらわれてくる場合、さらには原子力発電所反対運動のように特定の価値そのものが争われている場合や、政治闘争のように権力配分が当事者の主たる関心事であるような場合など、権利義務への関心以外の諸要素が大きな比重を占めている紛争は数多く存在する。このような場合、それぞれの紛争において権利義務要素以外の要素の占める比重が高まればそれだけ、紛争処理にさいして必要とされる配慮もまた多様化する。したがって、裁判外の各種の紛争処理手続は、それぞれが処理しようとする紛争類型に適合的な各種の配慮をその手続に組み込んでいるということが重要である。

２　少額紛争とＡＤＲ

消費者紛争と消費生活センター

少額紛争は、ＡＤＲの活躍が期待されるひとつの類型である。一九九八年一月に施行された新民事訴訟法により、民事訴訟手続のなかに少額訴訟手続が創設された（民事訴訟法三六八条以下）とはいえ、日常的に発生する少額紛争の多くが裁判手続により処理されるということは期待できない。わが国の公式の裁判手続を利用するさいの金銭的ないし時間的コストや心理的負担などを考えると、大多数の少額紛争は今後とも裁判外で処理されざるをえないであろうし、そのような裁判外紛争処理手続との機能的連携が成り立っていてはじめて、少額訴訟手続を含む裁判制度もまた効率的にその役割を果たすことができるであろう。

消費者紛争は、少額紛争としてあらわれやすい紛争の一類型である。ただし、消費者紛争のひとつひとつは比較的少額の争いであっても、消費者全体としてみればその被害額は莫大となるのみならず、一般の市民が司法システムにたいして具体的関心を抱くのは、消費者として、身近な取引をめぐって生じる少額紛争の体験を通じてという場合が少なくない。したがって、司法システムが消費者紛争の適正な処理に関心を抱くのは当然であり、わが国においてもそのための裁判外紛争処理手続が準備されている。

都道府県や政令指定都市をはじめとする全国の市町村に設置されている消費生活センターは、市民にたいする簡易な行政的苦情処理サービスの提供を通じて、わが国における成功したＡＤ

Rの代表例とみなされてきている。消費者紛争は、典型的には金銭をめぐる比較的少額の争いであり、そこに人格対抗的側面や継続関係的側面が強くあらわれることは多くない。したがって、大多数の消費者紛争においては、簡易かつ迅速に、個別の消費者被害の回復をはかるための援助提供をおこなうことが、消費生活センターの役割となる。しかし、ときとして消費者が少額の問題をあえて紛争化させるという決断を下すこと自体のうちに、消費者としての権利それ自体を価値として主張しようという意図が見いだされる場合がある。前者のような、比較的単純な金銭をめぐる争いであれば、簡易な利益調整が実効的におこなわれることによって、消費者の紛争意図は満たされるが、後者のように価値の争いとしての性格が強い消費者紛争の場合には、個別の利益調整の可能性を探るだけでは問題の解決とはならない。消費者全体に降りかかっている被害の救済がなされること、または消費者が将来の被害から免れることへの関心が、個別の被害回復への関心を上回っているからである。

消費生活センターの機能

消費生活センターにおいて提供されている紛争処理サービスは、個別苦情の処理という観点からみるかぎり、行政圧力を背景にしながらおこなわれる簡易な利益調整であり、個別の消費者被害を実効的に救済することにおいてその能力を発揮している。ただし、これは事業者がとくに悪質でないことが前提であり、事業者が意図的に消費者被害を発生させているような場合には、強制権限をもたない消費生活センターの個別被害の救済能力はかぎられてくる。他方で、行政によって設置されている紛争処理機関として、消費生活センターは消費者被害の一般的な救済ないし被害発生の防止にたいしても責務を負っており、このような側面においては、個別の被害救済よりも消費者全体の権利の擁護者としての性格が強まる。マスコミや各自治体の広報紙などを通じておこなわれている各種消費者被害の発生状況の広報や消費者教育のための各種の企画などは、被害発生を防止するための行政としての努力の一環である。さらに、悪質な事業者についての事業者名公表制度や、公共性の高い消費者訴訟を援助するための消費者訴訟援助制度なども、多くの自治体において取り入れられている。しかしながら、このような事業者名の公表や訴訟援助などは、実際にはほとんど活用されておらず、ひとたび発生した消費者紛争にかんするかぎり、消費生活センターの活動の重点は個別被害の実効的救済におかれているといってよいであろう。

人間関係的側面の強い少額紛争

消費者紛争が概して金銭をめぐる利益紛争として形成されやすいのにたいして、近隣者間や知人間あるいは借家人と大家との間などに発生する少額紛争には、継続関係的側面が強くあらわれやすい。たとえば、比較的わずかの土地をめぐる境界争いなどは、おそらくはその土地の経済的価値への関心と並んで、それまでに形成されてきた当事者間の悪化した人間関係が背景的問題となっている場合が多いと思われる。

このような紛争については、公式の司法制度のなかにおいても民事調停手続などの利用が可能であるが、さらに地域によっては弁護士会の設置する仲裁センターにおける調停・仲裁サービスを期待することができる。ただし、このような継続関係者間の紛争については、当事者の争う直接の対象そのものが紛争を発生させ、あるいは継続させているとはかぎらないために、紛争解決のための焦点を事前に絞りにくいという問題がある。いいかえれば、このような紛争の解決援助にかかわる第三者は、当事者の背景的な紛争要因の存在をも念頭におきながら、同時に当事者関係がいっそう悪化することのないような配慮をともないつつ、当面の紛争の処理にあたる必要がある。経験を積んだ民事調停などの専門家であればこれを実践することは、あるいは困難でないかもしれないが、これは決して誰にでも期待できる能力ではない。したがって、少額紛争であっても、継続関係的側面あるいは人格対抗的側面の比重が大きい紛争の解決を援助する裁判外手続にあっては、そこに人間関係調整的能力が制度的に組み込まれていることが重要である。後述するように、狭い法的な観点に強く拘束されることなく紛争解決のための多様な方策を探ることができる弁護士会仲裁センターの意義は、むしろこのような側面にあるといってよいであろう。

3　集団的紛争とＡＤＲ

紛争当事者が多数にのぼる集団的紛争もまた、ＡＤＲへの期待が高い紛争類型のひとつである。公害紛争ないし住民紛争がその代表例であるが、多数の労働者や使用者をまきこんでおこなわれる労使間紛争なども集団的紛争の一例である。このような紛争においては、各当事者の利害ないし価値関心が錯綜しているために、当事者間の個別の権利義務関係を確定するという方法を積み重ねることによって、紛争全体を処理するということは原理的に困難である。また、公害紛争に典型的にあらわれるように、多数の被害者の救済という実質的な課題が大きな比重を占める紛争については、当事者自身による立証を基本とする訴訟手続は、迅速かつ実効的な被害救済という観点からはかならずしも有効でない。そこで、公害紛争の解決を援助するために公害等調整委員会および都道府県公害審査会が、また労使間紛争の解決のためには中央労働委員会および地方労働委員会が設置され、紛争解決に向けられた市民の期待に部分的に応えている。

公害紛争の裁判外手続

まず、公害紛争の実効的解決に向けられた裁判外手続についてみてみると、国に設置されている公害等調整委員会は「公害に係る紛争についてあっせん、調停、仲裁及び裁定を行うこと」、また、都道府県に設置されている公害審査会は「公害に係る紛争について、あっせん、調停及び仲裁を行うこと」を目的としており、具体的な公害紛争について、公害被害者自らが遂行することが困難な公害原因の究明や、裁判手続においては原理的に期待しがたい当事者間の利益調整を含む、紛争の全面的かつ実効的な解決のための援助提供をおこなっている。これらの委員会は、行政委員会としてその独立性が保障されており、公害紛争処理活動の公正さが制度的に担保されている。

和解による全面的「解決」の実現までに四〇年以上の年月を要した水俣公害紛争をはじめとするわが国の公害訴訟の歴史をたどれば、公害紛争の解決を裁判に委ねるだけでは実効的な被害者救済に結びつかないことはあきらかである。公害原因の究明や被害発生状況の把握、さらに被害の実効的な回復策や将来にわたる被害発生の防止策など、公害紛争の解決のためには、高度の専門的知識や技術、高額にのぼる費用、長期にわたる紛争解決への努力などが必要である。

しかし、このような負担を基本的に公害被害者自身に求めるならば、結果として迅速な被害者救済という社会正義の要請を満たすことはできない。そこで、公害被害者の積極的な救済をはかりつつ公害紛争の解決をめざす公害等調整委員会は、内部に法律の専門家はもとより各種の技術的な専門家をも擁し、具体的妥当性および実効性のある紛争解決の実現を援助している。また、その受け付けた事案について必要があると考える場合には、自らのイニシアティブおよび費用負担のうえで紛争事実の解明や実態調査をおこなうこともでき、たとえば二億円を超える調査費用を費やした事例のあることが報告されている。なお、他のADRと基本的には同様に、公害等調整委員会の提供する紛争処理サービスには、公式の強制力はない。したがって、その提供するあっせん、調停サービスなどは、一方では法的観点からみて妥当なものでなければならないが、他方では当事者自身が受け入れることの可能なものであることが必要である。公害等調停委員会の社会的な有用性およびその有する権威は、基本的にはその提供する紛争処理サービスの専門性および公正さに由来するといってよいであろう。

労使紛争の裁判外手続

労使紛争についての労働委員会の役割もまた、行政委員会として、公害等調整委員会の役割に類似している。中央および地方の労働委員会は、労使間にみられる類型的ないし定型的な利害対立を前提として、その間に生じる紛争を労使双方の紛争当事者にとって受容可能であるとともに、法的観点からも許容できる解決策の発見を通じて終結させることを企図している。

国に設置されている中央労働委員会および都道府県に設置されている地方労働委員会は、同数の公益委員、使用者委員、労働者委員によって構成される、特殊な形態の委員会である。労使の構造的な対立関係をそれ自体として紛争解決手続に反映させ、紛争当事者各々の主張がそれぞれに共感をもって受け止められるような配慮が制度化されているところに、労働委員会の主たる特色がある。労使間の紛争は、通常は継続関係を維持しつつおこなわれる、利害対立を中核とする争いであり、したがって、労働委員会の提供するあっせん、調停および仲裁サービスは、個別紛争に係る労使間の利害調整を企図しつつ、同時に当事者間の長期的関係への配慮もまたともなうものでなければならない。労働委員会でおこなわれる紛争処理は、労使関係に内在する対立的契機を熟知した委員三者間のおこなう共同的活動の結果として、個別紛争にまつわる諸事情に即した公正な判断が提示されるところにあるといいうる。いいかえれば、労使代表を含む三者構成によって進行する委員会での判断形成という過程そのものが、公益委員への信頼と相まって、その紛争処理活動の正当性および当事者にたいする説得力の源泉となっているといってよいであろう。このような手続的利点は、裁判手続には原則的に期待しがたいことである。

なお、不当労働行為をめぐる労使間の争いに係る審査は公益委員のみによっておこなわれ、使用者委員および労働者委員は、参与として、その審問の過程で意見を述べることができるだけである。しかしながら、審査の結果として命令を発するのは公益委員であるとしても、審査の過程を通じて、労使代表委員は当事者の説得などさまざまな方法で紛争解決の援助をおこなうことができる。労働委員会における和解の実現にさいしては、参与委員の貢献が大きいとの指摘もある。

このように、行政処分である不当労働行為事件における命令を別にすれば、労働委員会の提供する紛争処理サービスもまた原則的に当事者による受容を通じて実現されるものであり、したがって、当事者自身の自主的な紛争解決意欲を拡大するところにＡＤＲとしての労働委員会の意義があるといってよいであろう。

集団的紛争とＡＤＲの課題

公害等調整委員会や労働委員会などの集団的紛争を扱うＡＤＲは、それぞれの紛争の類型的特質に合わせて紛争処理の専門性を高めたり、あるいは手続的配慮を拡大したりすることによって、当事者にたいして自らの有用性を証明してきた。しかしながら、複雑な権利義務関係を含みつつ多数者間の紛争として展開する公害紛争や労使紛争を効果的に処理しようとすれば、それぞれの手続は、委員の選任や委員会の運営などにおいて、かなりの程度まで公式化されたものとならざるをえない。当事者にとって無料ないし安価で利用できる手続であっても、これはかならずしも気楽に利用できる手続であることを意味しない。それぞれの手続がその専門的な紛争処理能力を高め、また公正さの確保のために慎重なる配慮を含めば含むほど、そのような手続を利用することへの紛争当事者の心理的抵抗感は高まりやすくなる。実際に、公害等調整委員会・公害審査会や労働委員会などのおこなう紛争処理サービスは、それぞれ年間に一〇

○件程度利用されているにすぎない。しかも、そのほとんどはあっせんないし調停サービスであり、仲裁にまでいたるものはごくわずかであるのが実態である。利用件数を増加させること自体が目的となるわけではないとしても、現在の紛争処理の質を維持しつつ、同時に利用者へのアクセスを拡大するための方策が検討される必要があると思われる。

４　ＡＤＲの多様性

裁判所内でおこなわれる裁判外手続

少額紛争や集団的紛争の解決を援助するＡＤＲ以外に、今日のわが国においてはさまざまな裁判外手続が準備され、機能している。

裁判手続と密接な関連をもって運営されている民事調停手続および家事調停手続は、家事紛争についての調停前置という制度的枠組ともあいまって、市民意識においても、また利用件数においても、裁判手続とともにわが国の司法システムの両輪ともいいうる重要な役割を担ってきている古典的なＡＤＲである。

裁判所内でおこなわれるこれらの調停手続は、裁判手続に不可避的にともなう高度の形式性を補完しつつ、法律専門家はもとより、その他の各種の専門家を調停委員として任用することにより、個別事案の特殊性に応じた専門的な紛争解決を可能とするように企図されている。家事紛争は、関係の解消が基本的に是認されにくい当事者間に生じる人格対抗的な紛争側面を多分に含んでおり、これを権利義務関係の確定を中心として運営される裁判手続を通じて処理しながら、同時に当事者関係の改善をもはかるということは、現実には達成困難なことである。また、家事紛争以外の一般の民事紛争についても、紛争対象の個性に合わせて、たとえば建築家などの法律以外の専門家に調停を委ねたほうが、当事者の関心により即した紛争処理が可能となる場合は少なくない。

当事者間の関係調整ないし利益調整に照準を合わせた紛争処理のために、裁判所内にこのような調停手続が準備されていることは、司法システムの幅広い紛争解決能力を維持し、司法への市民の信頼を獲得するうえで重要である。ただし、裁判所内で裁判手続と密接なかかわりをもって運営されるものであるため、その手続がある程度まで法的に規制されることはやむをえず、そのため市民の目に調停が裁判類似のものとして映るという問題がある。裁判所の権威を背景に、当事者にたいして合意を強制するという危険性は、しばしば指摘されるところである。幅広い紛争を対象とする調停手続であるがゆえに、このような調停手続はそれぞれの紛争類型に則して手続的配慮を個性化するということが困難であり、それゆえ、紛争処理サービスの質それ自体よりも合意の成立という結果によって、その手続の有用性が評価されるということになりやすいからである。

交通事故紛争の裁判外手続

一般的な調停手続にくらべて、対象を絞ったＡＤＲの場合には、紛争処理サービスの個性化がはかられやすい。交通事故をめぐる紛争は、消費者紛争と並んで、一般市民による紛争処理サービスへのニーズが高い紛争領域である。このため、都道府県などの行政が交通相談窓口を設置しているのをはじめ、日本弁護士連合会も交通事故相談センターを運営している。さらに、財団法人交通事故紛争処理センターもまた、交通事故の当事者のために特殊な紛争処理サービスを提供している。

交通事故紛争処理センターは、示談代行付きの任意保険を発売する保険会社の出資により設立されており、その意味では事業者の設置するＡＤＲである。しかしながら、その提供するサービスの公正さを確保するため、示談あっせんや裁定をおこなう担当者として弁護士や元裁判官を委嘱するなど、市民の信頼を維持しうるような制度的配慮がみられる。また、センターの利用は無料であり、さらに必要に応じて現地調査をおこなうなど、交通事故被害者である相談者にとって利用しやすい手続となっている。

交通事故紛争処理センターでは、示談あっせんが不調の場合、当事者の一方が望むならば、裁定手続が開始される。この裁定手続は、いわゆる片務的仲裁という形態をとっているところに特徴がある。すなわち、交通事故の被害者側にとってはセンターでの裁定結果にしたがうかどうかの自由が残されているが、被害者側が裁定に同意する場合には、相手方である保険会社はその裁定結果に拘束される。これは、制度の発足にあたって保険会社側が裁定結果にしたがう旨の包括的同意を与えているからである。この片務的仲裁は、一方的に被害者側に有利であるようにみえるが、事業者側にとっても長期にわたる裁判遂行などの紛争処理コストを節約することができるというメリットがある。交通事故紛争は、被害が深刻な場合にはとくに解決が困難であるとはいえ、多数の裁判例が蓄積されてきた結果として法律の専門家にはおおむね損害賠償額が予測できる場合が多いため、当事者にとって信頼できる法律家が調停ないし仲裁に入ることにより、相対的に紛争解決が促進されやすい紛争類型であるといえよう。

建設請負紛争の裁判外手続

行政委員会である建設工事紛争審査会は、中央および都道府県に設置され、建設請負契約にからんで発生する紛争にたいして紛争処理サービスを提供している。建築請負をめぐる争いは、専門技術的な側面が強く、また取引慣行を熟知した専門家による紛争介入が有効であることからして、法律専門家のみならず建築などの技術面での専門家をもその委員に加えて、紛争解決のためのあっせん、調停および仲裁をおこなってきている。なお、わが国のＡＤＲにおいては、一般的にみてあっせんおよび調停の利用が比較的多く、仲裁はほとんど利用されないというのが通例であるが、建設工事紛争審査会に係る紛争については、全国で例年一〇〇件から二〇〇件の仲裁がおこなわれている。

弁護士会仲裁センター

弁護士会の設置する仲裁センターについては、第二東京弁護士会が一九九〇年に仲裁センターを発足させて以来、名称はさまざまであるにせよ、大阪弁護士会、新潟弁護士会などがあいついで紛争処理センターを設立し、二〇〇一年において全国で一五におよぶセンター（支部を含む）が活動している。設立の趣旨は、比較的少額の争いを迅速かつ安価に処理することにより、市民の紛争解決ニーズに応えようとするものが多い。また、仲裁センターという名称が総称として用いられているが、その紛争処理サービスの大半は和解あっせんであり、仲裁として終了する場合にも実質的な和解を仲裁という形式において確認した和解的仲裁であることが少なくない。弁護士会によっては、当初より仲裁を除いて示談あっせんサービスのみを提供しているところもある。なお、仲裁人となるのは弁護士のほか、元裁判官や大学教授などである。

弁護士会仲裁センターにおける紛争処理サービスは、弁護士が法律専門家としてのみならず紛争処理の専門家として、個々の紛争当事者の紛争遂行目的ないし関心に即して、これを正面から受け止めつつ、同時に法的に許容できる枠組みでの紛争解決をめざすことが可能であるところに、その主たる社会的意義があるといえよう。ただたんに簡易かつ安価な紛争処理サービスを提供するだけでなく、裁判においては大幅に切り捨てられざるをえない紛争の人間関係的側面をも強く考慮しつつ、少なくとも当事者かぎりで納得のいく合意の形成を援助することが、弁護士会が独自に運営する紛争処理センターに期待されることであると思われる。

5 拡大するADR

わが国の裁判システムへの市民のアクセスが今後大幅に改善され、裁判の迅速化が飛躍的に促進されるということが当面予想しえないなかで、市民が自らの権利を実現するために用いることのできる実際的な手段として、あるいは人々が紛争を自主的に解決していくための手段として、裁判外の諸手続が今後ますます多用されるということは疑いえないであろう。製造物責任法の制定にともない、家電業界や自動車業界をはじめとする各業界の自主的紛争処理機構としてPLセンターが設立されたことにもあらわれているように、市民の権利を実効的に確保するためには、たんに実体法上の規定の整備にとどまらず、市民のアクセスが容易であるとともにそれぞれの紛争類型に適合的であるような、実効性のある紛争処理手続の整備が不可欠である。

ＡＤＲは、裁判所内外で主として法律専門家によって実施される準司法的な性格の強い紛争処理手続から、行政委員会に代表されるような法的権限が明確で独立性の高い紛争処理手続、さらには行政サービスの一環として提供される各種の苦情処理手続や、民間の事業者ないし事業者団体が提供する紛争処理サービスなど、多様な手続の混在として成立している。しかも、たとえば消費者紛争の解決援助のために消費生活センターの相談あっせんが準備されていると同時に、行政の設置する消費者苦情処理委員会などでの紛争解決あっせんも期待でき、さらに弁護士会仲裁センターでの和解あっせんや、民事調停ないし少額訴訟手続もまた利用が可能であるなど、各種の手続は重層的に関連しあって市民の紛争解決期待に応えている。したがって、各種の手続は、相互に連携ながら機能してこそ、当事者による主体的な紛争解決努力と手続選択とを通じて、それぞれ個性的に営まれる紛争の解決に効果的に寄与することができる。

わが国のＡＤＲの配置とその利用状況をみると、消費者苦情相談、公害苦情相談、交通事故相談など、手軽な相談あっせんサービスの利用が多いのに比して、行政委員会として整備された紛争処理手続の利用は大幅に減少し、弁護士会仲裁センターの利用もそれほど大幅には拡大していないという状況にある。ＡＤＲとして機能しているさまざまな手続が、たんに裁判の使いにくさを補うべき疑似裁判的手続として機能するだけではなく、市民の多元的な紛争解決期待を受け止めつつ利用者の具体的な紛争処理ニーズへの応答性を高めながら機能すべきであるとするならば、身近に設置され利用の容易な紛争処理手続と、公式の裁判手続および準公式の行政委員会等との間を機能的に接合するような、多様な中間的紛争処理手続がさまざま々な工夫をもって整備されるべきであろう。しかも、ADRの拡充とは、ただたんにわが国の司法システムが提供する紛争処理サービスの質の低下を意味するにすぎないとの批判を招くことがないように、種々のADRと裁判手続との役割分担と相互連携の強化こそが現在求められていると思われる。

【参考文献】


林屋礼二編著［一九九三］『データムック民事訴訟』（『ジュリスト』増刊）。

岩村正彦他編［一九九七］『現代社会と司法システム』（岩波講座現代の法5）岩波書店。

木川統一郎・石川 明編［一九九〇］「裁判外紛争処理機関の現状と展望」『判例タイムズ』七二八号。

小島武司・伊藤 眞編［一九九八］『裁判外紛争処理法』有斐閣。

守屋 明［一九九五］『紛争処理の法理論』悠々社。

棚瀬孝雄編著［一九九六］『紛争処理と合意』ミネルヴァ書房。

和田仁孝［一九九四］『民事紛争処理論』信山社。

…………［守屋 明］

第6章

裁判は何のためにあるか

●――裁判は、一連の手続からなるプロセスである。手続の最終局面でなんらかの結論・結果をまとめて裁判内プロセスを終了するが、これとても裁判内外でのつぎなるプロセスへつなげるためのプロセスである。たとえば、裁判の典型とみなされている訴訟手続にしても、提起前のさまざまな関係者のやりとりを経由して、訴訟当事者(誰を原告や被告にするのか)や訴訟物(どんな権利や利益を主張するのか)といった法的加工が施されて提訴にいたり、その後も、争点整理、和解の試み、証拠調べなどの一連の手続が裁判内外の関係者の環境をにらみながら進められる。訴訟手続の結果たる判決や和解も、それまでの手続のひとつの区切りであると同時に、以後の紛争の進行を当然のごとくにらんでいるし、紛争は判決や和解をいわばステップとしてつぎなる局面へ変容・展開していく。

このような結果をも含めた意味でのプロセスとしての裁判が、いったい何のためにおこなわれているのか、これが本章のテーマである。――●

1　プロセスとその利用

どんなプロセスか

まず最初に、裁判は何をするプロセスなのか、これについての理解をみてみよう。よく言及される四つのタイプを取り上げる。

(1)裁判は、事実に法を適用するプロセスである――これは、法律家のみならず、一般市民も含めて広く共有されている認識である。事実を認定し、それに法を適用して、事件に判断を下す作業は、裁判のごく基本的な作業として意識されている。しかし、この認識は一般的ではあるが、そのより具体的な作業として、何がおこなわれているのかについては、後述のように、かならずしも明確な認識がないことに留意する必要がある。

(2)裁判は、交渉過程である――人々は、好むと好まざるとにかかわらず、裁判を通じて交渉をしている。しかも、それは複数の交渉過程が複雑にからんでいる。弁護士と裁判官、原告と被告、弁護士と依頼人、当事者にならなかった紛争関係者と弁護士などなど、主体面からして複雑である。交渉の場所も、裁判内の和解手続である場合もあれば、裁判内プロセスをにらんだ裁判外での示談交渉である場合もあるし、そうした明示的な交渉プロセスをとらずに、裁判官をはさんで紛争の見通しを読みあっているという事態もありうる(＊)。

＊　裁判過程を交渉過程であるとの視角から明示的に検討するのは和田仁孝であるが、その最初のものとして、和田仁孝［一九八九］がある。

(3)裁判は、カウンセリングである――当事者の話を聞く、そして当事者自身の紛争への主体的地位の回復をめざす手続運営ということがいわれる場合、その手続は一種のカウンセリングをおこなっているとみることもできる。これは調停でよくみられることであるが(＊)、訴訟手続のなかでもみられない現象ではない。たとえば、依頼人の抱えている問題を法的側面だけを切り取って理解するのでなく、経済的・社会的・精神的な面をも含めて全人格的な理解をしようと法律家が努力する場合、そこではカウンセリングがおこなわれているとみることができる(＊＊)。弁護士が事件を受任する場合の法律相談だけにかぎられるものではない。

＊井垣康弘裁判官の同席調停が有名であるが、家事調停でカウンセリング的手法を明示的に取り入れようとする議論は多い。井垣調停については、井上治典・佐藤彰一編［一九九九］。

＊＊アメリカでBinder, A., Bergman, P., Price, S.C.［1991］の出現以降、こうした動きがあるようであるが、わが国でも徐々に浸透しつつある。たとえば最近のものとして、中村芳彦［一九九九］四六一頁以下、菅原郁夫・下山晴彦編［二〇〇二］などがある。もっともこれらの議論は、裁判そのもの、あるいはその全体が、カウンセリング過程であると主張するものではない。裁判内外のプロセスのひとコマを取り上げるものである。

(4)裁判は、議論の場である――民事裁判は、法的議論とよばれるものと密接に結びついている。この結びつきは歴史が深く、西欧文化のなかではギリシャ・ローマの昔まで遡ることになる。いわゆるレトリックの発達も裁判の歴史と無関係ではない(＊)。口頭弁論の形骸化が叫ばれ、その実質化をはかるために各種の準備手続や証拠収集手続の拡充が意図されるさいにも、公開の法廷で訴訟当事者が事件について対等に議論しあう風景が裁判プロセスの理想像としてイメージされている。わが国の場合、裁判と議論を結びつける見解は、平井宜雄に顕著であるが、裁判について総合的に展開するのは、田中成明である(＊＊)。

＊ 西欧社会における法的議論の現状についてまとまったものとしてノイマン［一九九七］がある。

＊＊ 田中成明［一九九六］では、民事裁判を議論・交渉フォーラムとして位置づけると同時に、議論は交渉には還元できない法的なるものの中核にあると主張されている。同書三六頁。平井宜雄［一九八九］、同［一九九一］。

以上、裁判のプロセスが何をおこなうプロセスであるのかにつき、現在の時点で比較的まとまった認識としての法適用、交渉、法的議論、カウンセリングを取り上げてみた。このいずれを強調するかで裁判の役割、あるいは裁判に求めるものが違ってくる。また現実の裁判で何がおこなわれているのか、その実証研究をおこなう場合も、この四つのどの側面に着目しておこなうのかで、研究結果が違ってくる。

裁判役割論――目的論

裁判外目的を達成するための手段――民事裁判の役割ないし機能を問うばあい、裁判をなんらかの目的を達成するための手段として措定する思考が一般的である。たとえば消費者被害や医療事故被害者の救済が裁判所に求められるとき、被害者の生命や財産といった「保護されるべき権利」が社会生活のなかで「侵害」されており、その回復・救済が裁判所に要請されているのである。また統治機構の側からみれば、同じ事態があるべき取引ルールや医療システムの秩序が混乱していると映るのであって、裁判はそうした秩序回復の手段であると意識されるのである。いずれにせよ、それが市民によるものであれ、法律家によるものであれ、こうした思考は裁判の制度設計のグランドデザインを与えるものと意識されやすく、制度設営者側によって動員される。

たとえば、民事訴訟法の分野では、制度目的論なる一連の領域が形成され、どの教科書にもメンションがあるが、それもこうした思考を反映するものである。すなわち、裁判外に「権利」ないし「法・正義」を措定し、裁判によるその実現を、訴訟制度の目的とする権利保護説、とよばれる考え方があるが、これは右にみた「被害者の権利救済」の考え方に対応するものである。また権利保護説の考え方では、真実の権利者が敗訴し、しかもその判決が二度と争いえない社会的通用力をもって裁判の世界で確定する（既判力とよぶ）事態の講学上の説明がつかないことをふまえて個別権利の実現ではなく、判決を下すことで裁判外の法秩序を維持する点に着目したのが、私法秩序維持説とよばれる考え方であるが、これはさきにみた統治機構側の目的意識に対応するものである。これらの考え方は、裁判外目的の達成のために裁判を手段化する議論とみてよいものである（民事訴訟法学における制度目的論の議論については、高橋宏志［一九九七］を参照されたい）。

しかし、手続の手段化には論理的に説明困難な問題がある。ある人に権利があるのかないのか、法秩序がある事件で守られなかったのかどうか、これらは裁判がすまないと第三者的には確認できない。場合によれば、裁判を通した法（権利や法秩序）形成がおこなわれることがある。権利保護説であれ私法秩序維持説であれ、裁判外の実体法秩序（実体権）の裁判による実現をストレートに目的視するのは、日常市民感覚に受け入れられやすい面があることはあるが、あまりにもナイーブな議論といわざるをえない。わが国の民事訴訟法研究者の間では、それゆえ裁判の目的を単純に紛争解決にあるとする紛争解決説が通説化し、右のような権利や法秩序と訴訟との結びつきが必然ではなくなった。しかし、紛争解決説も、裁判外の紛争を措定し、その解決を裁判によって志向する点では、裁判を手段視していることに変わりはない。また紛争解決説は、後述の社会機能論としての秩序維持説と近接する側面があるが、社会的機能としてみた場合、裁判プロセスは裁判外の紛争を解決する手段であると同時に、裁判プロセス自体が紛争であって、場合によっては裁判外の紛争もふくめて裁判プロセスによって紛争が激化することもあることについての認識は希薄である。

また、紛争解決説は、それ以前の民訴制度目的論が訴訟物（なにが訴訟の対象である権利や法的利益なのか）、既判力（どの権利や法的利益をめぐる判決が確定したのか）、訴えの利益（裁判所が扱うことが適切な紛争とそうでないものの区別）など民訴の個別法解釈に密接に関連していたのにたいして、個別法解釈から目的論の呪縛を解き放った側面があり、かえって目的論を意識しなくとも、個別法解釈は可能であるとの見解を生んでいる。制度目的論の「棚上げ」説である（高橋宏志［一九九七］）。加えて、紛争の解決は、裁判プロセスの専売特許ではなく、およそ紛争に関与する機関であれば、それが法的機関であってもなくても、多かれ少なかれ念頭におかなければならない役割である。かかる意味では、紛争解決は「裁判」が担わなければならない目的としては、もともと特色の薄い議論である。

結局、一個の制度目的論から個別解釈論点をすべて正当化しようという思考方法自体が、複雑な社会システムのなかでいくつかの機能を果たすことが期待されている民事訴訟の営為にはふさわしくないのであって、紛争解決説提唱以降の制度目的論の希薄化、「棚上げ説」は、支持されてよい見解である。本稿も、民事訴訟法上の制度目的論としては、棚上げ論に与したい。しかし、同時に、裁判が社会的にどのような機能を果たしているのか、あるいは果たすべきなのかという意味での「役割論」あるいは「機能論」には、それが個々の解釈論に社会的生命を与えるものとして目配りをしておくべきものと思う。

手続内在的な制度設計目標——右の目的思考とはやや局面を異にする制度設計が語られることがある。たとえば、平成民訴法改正にあたっては、「国民に利用しやすく、分かりやすいものとし、もって適正かつ迅速な裁判の実現を図る」との改正目的が掲げられていた（法務省民事局参事官室編［一九九六］五頁）。これはさきにみた裁判外の権利や法秩序の回復とは異なる制度改正の目的である。こうしたものが制度設計の目的として掲げられるのは、手段として目的設定だけでは、制度の設計にとって十分ではない側面があるからである。

手続保障という言葉が語られることがあるが、手段として語られる場合とそうではない場合がある。紛争当事者に裁判プロセスがなんらかの影響を与えるのであるならば、その紛争当事者をプロセスに参加させ、主張・立証などの機会をなんらかのかたちで保障すべきであるとの文脈で語られる場合には、手続保障はなんらかの目的の手段である。しかし、手続保障がことさら強調されるのは、手続を尽くすことに目的とは切り離された独自の価値を見いだすからである（井上治典［一九九三］。なお、その評価として高橋宏志［一九九三］）。もっとも、手続を尽くすことに、では、どのような独自の価値があるのか、これについては充分に解明されているとはいいがたい。カウンセリング・モデルを基調にして、当事者の主体的紛争解決能力の回復が主張されたり、裁判内外の交渉を整序したりすることに価値を見いだす見解があり、本稿も基本的にこの見解にコミットしているが、この見解といえども、個別権利や法秩序の回復という意味での目的とは切り離されているとはいえ、そうした手続的な独自の価値を維持・確保することで社会の人々の制度的安心感が達成される面に着目しているとすれば、広い意味で目的関連的である。

2　裁判機能論

秩序維持と交渉促進

民事裁判の社会的機能については、いくつかの問いかけがあるが、法社会学の分野では、秩序維持機能が指摘されると同時に交渉制御・促進機能が指摘されている（和田仁孝［一九八九］）。これは、民事訴訟法学における制度目的論以上に、裁判の役割をみていくうえで重要な議論領域をなしている。

秩序維持機能とは、社会的に生起する紛争（秩序の乱れ）を、事後的に事実を確定し、法を適用して解決することによって、同時に、社会成員の権利を保護するものである。さきにみた裁判プロセスの法適用モデルを基軸にした機能論である。この機能論では、個別紛争の解決ももちろん重要であるが、それは社会秩序の維持のためであって、秩序維持に影響しない紛争の解決のための努力は、低く評価される。むしろ紛争の解決を通じて、法規範の確認・定立機能がおこなわれることが重要であると考えられやすい。しかし、社会的にみた場合、裁判プロセス自体が一個の紛争であることをどう理解するのか、場合によれば裁判を契機に紛争が激化・長期化することもあることをどう理解するのか、また法規範との関連でいえば、法の多元的存在はもはや否定しがたい事実であるが、制度論ではなく社会的機能として規範の確認・定立機能を強調することがそれと矛盾しないか、など原理的な問題をもつものである。

交渉制御機能は、秩序維持機能とは異なり、秩序と紛争との二項対立を否定して、その連続のなかで人々が交渉を重ねており、その交渉過程に裁判プロセスがひとつの手続的影響を与えようとするものである。いうまでもなく裁判プロセスの交渉モデルを基軸にしている。交渉制御は、一見秩序維持と社会的機能が同じように映るが、秩序と紛争の二項対立を否定しているのであるから原理的にまったく異なるものである。以下に述べるように裁判プロセスの見方も異なってくる。

ところで前節で説明したように、裁判内外の目的を設定して、裁判プロセスの役割を考えるにしても、あるいは社会的機能のいずれかの側面を考察するにしても、第1節で取り上げた四つのプロセスのいずれを強調するのかについては人によって温度差がある。一般的に裁判プロセスと親和的と意識されやすいのが、法適用プロセスと法的議論のプロセスであろう。しかし、以下では、このふたつと裁判プロセスを親和的と考える思考が一面的なものであることを指摘し、同時に、交渉過程あるいはカウンセリング過程としての裁判プロセスの要素の重要性を強調したい。

法適用過程の実相

事実に法を適用して判決を下す裁判のイメージは古典的なものではあるが、今日でも法律家も含めた社会一般に広く浸透している。そこでは、具体的な個別事件に適用すべき法を一般的な「既存」の実定法規から解釈によって導くこと（法解釈）、および、対象となる事件の事実がどのようなもので「あったのか」を証拠にもとづいて認定するすること（事実認定）のふたつが基本的作業になる。しかし、その作業は、事実情報と法情報をインプットすれば自動的に答えが出るような機械的なものではないことも古くから繰り返し指摘されている。

まず法の解釈適用からみてみよう。ある事件に法を適用する。このことは、裁判の果たす機能が「個別事件の解決」であれ「社会秩序の維持」であれ、その役割追行の手段として当然に意識されている。そのさい、ここで意識される「法の適用」をもっとも単純素朴に考えると、個別事件を離れた一般社会に（それが国家制度としてであれ、生きた社会規範としてであれ）一般的な規範として法が存在しており、それを個別事件に適用するという考え方である（規範既存の観念）。

しかし、この考えかたは単純素朴にすぎるものである。

まず何が法であるのかが、現実の事件においては関係者に不分明である。これは、法解釈一般の問題としてもそうであるが、裁判所に係属した個別事案について妥当する法は何か、と問いを具体化するといっそう明瞭になる。個別事案に疑いなく適用できる法が裁判官をはじめとする関係者にはっきり共有されている事件はむしろあまりない。そんな事件はそもそも裁判所にはこないと考えてよい。そこで裁判所にくる事件では、法源（制定法や判例）をもとにしながらも、その事件で実際に適用できる規範をプロセスのなかで発見する作業が必要になる。

右の規範の発見のプロセスは、法適用モデルあるいは法的議論のモデルでも強調されるところであるが、たんに議論を尽くせば発見されるという構造をもっているものではない。それは「終わりのない合理化」のプロセスである（樫村志郎［一九八九］）。

たとえば棚瀬孝雄は、法適用における法解釈の側面、事実認定の側面の両面において、法の物語性という側面から解き明かしている（棚瀬孝雄［一九九五］）。証人が「AがBを殴った」と証言した場合、それはあたかも過去の一回的事実を法廷で再現しているかのように思われるが、実はそうではない。「Aの腕が空間を移動してBの顔面に衝突した」という表現でなく「殴った」という表現をとるところに、当該証人がAとBとの間に抱いている物語的人間関係があらわれている。違う例で説明するなら、禁止されている体罰を教師が実施したという抽象的規範の解釈においても、どのような教師の行動が、その規範で禁止されている体罰なのかを普遍性をもつ解釈として一義的に決定することはできない。教師の「愛の鞭」という物語のもとに解釈するのか、それとも当該教師の「サディズム」や「自己顕示欲」という物語のもとに解釈するか、おのおのの物語を背景にした「解釈をめぐる政治闘争」が不可避である。つまり、法適用というものは、既存の法規範を具体的事実にあてはめる機械的なものではなく、それぞれの人間的な物語を背景にした、きわめて人間臭い営みなのである（法解釈が政治的な闘争であることについては、和田仁孝［一九九六］も同旨）。

法適用モデルの限界

法律家の思考形態のなかに、事実に法を適用するという三段論法的思考があることそれ自体は、否定しようもない。加えて、そうした思考が、法律家の内部の世界では、会話を成立・促進させている側面があることも否めない事実である。しかし、右にみたように、それが「政治闘争」であれ「終わりなき合理化」であれ、法の解釈・適用は、けっして機械的なものではなく、状況に応じた人間的な営みである。それを忘れて法適用および法的議論プロセスのみを中心にすえた法的思考を強調することは、少なくとも法律家の外部の世界にたいしては、会話や語りを遮断・封殺する側面があるように思われる。たとえば、その裁判プロセスには、以下のような問題がある。

(1)法適用モデルは、交渉が決裂した場合の最終的裁断的処理が判決であるとの意識と結びつきやすい。そのため裁判の中心が判決におかれることになる。そしてプロセスの規律が判決への直線上におかれることになる。しかし、判決という結果から過程を規律するのは、和解などの多様なプロセスのありようを無視する。判決には判決のよさ、和解には和解のよさがあるのであるが、判決中心の発想は、その点で視野狭窄を起こすのである。このことは、全面勝訴の支払判決を勝ちえても、相手に資力のない場合の裁判プロセスを想像すれば明瞭である。結果が法適用プロセスでもたらされたとしても、それが一体何の意味をもつのか関係者にとっては、不明となる。

(2)時系列的にみても、判決は訴訟の中心ではない。それまでのプロセスのひとつのまとめである。しかもそれ自体、紛争のつぎのプロセスへのスタートラインをなすものである。これは利用者たる当事者からみれば当然の認識である。ところが、法適用プロセスを中心とした思考方法では、判決が、プロセスの連続のなかでの一プロセスであるという認識が欠落する。

(3)法適用モデルの判断は過去志向であるが、紛争処理の現実は、将来志向も入らざるをえない。その事件の処理が関係当事者のその後の行動におよぼす影響は、形式的には裁判対象になっていないにしても事実上無視しえない。

(4)法的思考以外の思考様式（政策的・調整的思考）を無視する。法適用型思考の特徴は、白か黒か、一〇〇%かゼロかという判断にある。しかし、実際には、そういう割切りができない事件も多い。状況依存であれば当然のことである。法適用中心型はこれにたいして何も答えない。

要するに、「政治闘争」であれ「終わりのない合理化」であれ、紛争の法的処理は状況に深く刻印されているものであるにもかかわらず、法適用モデルや法的議論のモデルにおいては、判決のために必要な要件に該当する事実をことさらに重要視する傾向があり、状況それ自体に視野を向けることができないのである。

法適用モデル、そしてそれに連動している法的議論のモデルは、このように問題が多く、裁判の役割を考えるうえで、少なくとも唯一のモデルとして措定できるものではない。法適用モデルのかかえる以上のような問題を念頭において、裁判、とりわけ訴訟に適合する事件は、(1)一〇〇%かゼロかという白黒をつける必要のある事件、(2)法令の新解釈が必要な事件、(3)先例的な規準をつくる事件、(4)執行力が必要な事件、(5)当事者が強く訴訟を望む事件、に限定し、ほかは、裁判内外のADRにゆだねようとする見解もある（廣田尚久［二〇〇一］一七三頁）。これは法適用モデルを前提とする裁判は特殊な紛争処理様式であり、扱う事件を限定して、社会システムのなかでのその機能・役割を縮小すべきだとの主張で、共感を覚える。しかし、同時に人々のニーズは多様であって、制度の入り口でレールを分けて敷くことにも躊躇を覚える。裁判のなかにもいろいろな利用形態をつくる努力があってよいのではないかと思うからである。

法援用モデルにおける裁判

さて、法適用モデルが問題を有するモデルであって、裁判役割論の中心におかれるべき存在ではないとすると、では何が中心であろうか。利用者の目からみた場合、中心的なものは見当たらないように思う。本稿は、カウンセリングや交渉の側面を強調し、当事者の語りを重視する主張に、基本的な共感を覚えるものであるが、それが裁判役割論の中心を占めるほどのものであるかどうかは、断言できない。法手続である以上、法を使用してプロセスが展開されることになろうから、いまかりにこれを「法援用型モデル」とよぶ。これは紛争当事者が、自己のおかれた状況を語るために法を援用している場が裁判プロセスであると考えるモデルである。そのなかでは、交渉モデル、カウンセリング・モデル的なものが表面に出てくることになる。交渉、自己表現の語りを表面的に様式化するものが法である。

このモデルでは、たとえば、和解か判決という裁判プロセスの結果的区分は、それほど重要ではない。終局にいたるまでの過程で、どこまで関係者の物語に配慮できるかがより重要である。また和解であれ判決であれ、裁判プロセスのなかで事件処理に結論が出た場合、その結論が裁判利用者のその後の紛争行動（物語展開）にどのように作用するのか、そこへの配慮も必要である。和田仁孝は、こうした裁判の役割を、水平的交渉関係を志向した交渉促進制度としての裁判として位置づけている（和田仁孝［一九九四］）。

法援用型裁判でも法適用をするし、判決もおこなう。判決における「法適用」は、訴訟終了時の裁判官の法援用である。そして、それは事実に法を適用するという三段論法の形式をとっていてもいいが、判決前の当事者の語りに配慮したものでなければならない。過去の事実の認定という形態をとっていてもいいが、その白黒決着が事前の十分な語りと対話を経過したものであるならば、それは利用者の将来にとって利用しやすい将来志向的な判断でもあるのである。

また、和解は一般に当事者の納得を得やすい紛争処理だといわれているが、それは当事者の語りに配慮しやすいからである。逆に裁断的判断を前提にした交互方式で合意を調達する処理、よりわかりやすくいえば、当事者のそれぞれを交互に片方ずつ和解室に呼び入れて、それぞれに「判決ではあなた方が不利だから譲歩した方が得だ」という「心証にもとづく恫喝」をしたうえで和解を成立させた場合、裁判所の事件処理としては一件落着になったとしても、著しい不満と不快感を利用者に残すことになり、二流の正義という評価が依然としてつづくことになろう。

3　全体システムのなかでの裁判の位置づけ

これまでの説明で、裁判の役割についての基本的な論点は述べたように思う。そこでつぎに現在まで出ている社会システムのなかでの裁判モデルを紹介し、コメントを加えてみよう。

ザ・ピラミッド

ピラミッド・モデルとは、最底辺に相対交渉をおき、その上に順次、法律相談、調停・仲裁、紛争処理制度を積み上げ、最上部に裁判をおくものである（図—）。この最上部もなかがさらにピラミッド構造をもっており、第一審、第二審、そして最高裁と構成される。結局、紛争処理の社会システムのもっとも頂点には最高裁があるということになる。このモデルは、世界的にみても、もっとも通俗的なモデルであり、法律家のみならず、一般市民のなかにも根強く浸透しているとみてよい。

このモデルでは、紛争事件は、下（交渉）から上に流れる。その間で事件がつぎつぎと解決をされ、最頂点の最高裁までいくのはごく少数である。そして、こうしたピラミッド構造のなかで事件を処理すると同時に（紛争解決機能）、法規準が形成されていくことになるのである（秩序維持機能）。

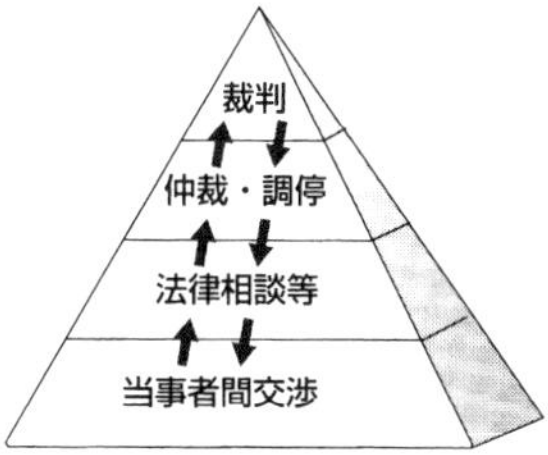

図1

この全体システムは広く浸透しているとはいえ、裁判プロセスとして法適用モデルのみを機軸においており、問題点も明瞭である。

まず第一に、交渉が最底辺に位置づけられていることからもわかるように、裁判プロセスの内外で交渉がおこなわれる現実が把握できていない。加えて底辺に位置づけられる交渉レベルから上に事件が上がったときには、交渉を考えるべきではないとの誤った議論を生じやすい。「交渉が決裂したから裁判所にきたのに和解、和解といわれるのは筋違いだ」との主張がそれである。今日では裁判所の制度運営者ですら、こうした考え方はとっていないと思われる。

第二に、事件が上に上がるほど、個別事件の解決という側面より秩序維持（法基準の定立）の側面が強調される傾向を生みやすく、逆にそのような側面のない事件、つまり法基準の定立に響かないような事件は、できるだけ裁判プロセスの下の段階で処理したいという制度側の意識を生み出しやすい。本来、どのプロセスを利用するのかは、基本的には利用者側の選択にゆだねられるべきであるが、ここでは制度の側が事件を選別する傾向を生むのである。

第三に、ピラミッド構造のなかで法規準を定立するのであるから、法規準は上から下に向けて、より下位のプロセスを拘束するような影響を与えると考えがちである。下向きの矢印は、事件の流れではなくて規範の波及の流れである。裁判制度のなかでは、この上から下への規範拘束は制度化されているといってよいが、それは制度の話であって、紛争当事者の視線でみた場合、法の援用は自己が現に利用している紛争処理プロセスのなかで使いやすい規範を主張しているだけのことであって、判例などの参照、引用は便宜的・機会主義的におこなわれるものである。逆に、交渉プロセスや、裁判外紛争処理プロセスのなかで開発された規範の作用が下から上に影響を与えることもある。この点も視野から欠落する。

第四に、事件そのものも、下から上だけなくさまざまな動きをする。最高裁のあとに調停が始まる場合や、裁判所の手続のあとに仲裁センターにいく事件などもある。事件はさまざまなルートを通る可能性がつねにあるが、ピラミッドではこの点が一直線であり、しかも最高裁のあとが視野から消える。紛争のプロセスの連続が考察できないのである。

このようにピラミッド・モデルは広く浸透しているとはいえ、(1)法適用モデルのみをベースにして、(2)紛争処理機関を序列化している点で、紛争プロセス、裁判プロセスの位置づけとして不十分な面があるのである。

同心円モデル

事件の流れの側面ではなく、規範の流れの側面から「正義の総合システム」を主張する小島武司のモデルは同心円構造をもつ（本書第3章、四八頁の図を参照）。個々の事件は、さまざまなプロセスを経由し、多様な処理がなされるべきであるが、使用される規範は、裁判を中心として外延の交渉から中心へ「汲み上げ」られ、中心から外延へ波及的に「浸透」していくものであると理解される（小島武司［二〇〇〇］、とくに第一章）。社会生活の変化などで既存の規範が使用できないときには、外部から中心へ向けて汲み上げ作用がはたらき、それがまた外部のプロセスに浸透していくという構造であろう。浸透の側面を交渉のレベルでみれば、裁判になったらどうなるか、あるいは判決が出たらどうなるかをつねに予測しながら和解や相対交渉をする「法の影」の議論に通じるものがある。

このモデルは、個別事件の流れではなく、規範のプロセス間の相互交流をえがき出した点に特色がある。裁判プロセスのなかで、判決をにらみながら和解交渉をするといった複線的なプロセスも視野に入っている。基本的にはさきのピラミッド・モデルを、規準定立の側面に絞ってより実態に合うように改良したモデルといってよい。それゆえ、さきのピラミッド・モデルで指摘した第一の問題点はクリアしている。だが、判決という法適用モデルを機軸にしつつ、規範レベルでの制度間の序列構造を維持しているので、ほかの問題点は依然として残っている。たとえば、判決を超える和解をどう位置づけるのか困難である。判決ではできないが、和解では当事者の利害や語りに配慮したよりよい事件対応ができることがある。規範の相互交流という側面においても、訴訟を中心に据える見方では、法規範の多元的存在の意味を十分に汲み取ることができず、現実の利用当事者の視線からはなお実相を描いているとは思えない側面があるのである。

八ヶ岳、コスモスそしてバイパス

ピラミッド・モデルや同心円モデルは、法適用モデルと制度序列を基礎におく社会システムモデルであるが、より柔軟な視点からのモデルも登場している。井上治典は、訴訟・裁判を頂点や中心に据える発想を批判して、交渉にしろ裁判にしろすべて同一のレベルに位置する八ヶ岳のようなものであり、各プロセスの間を紛争は自由に動き回ると主張している。また、廣田尚久は、当事者は紛争解決のためには、規範であれ制度であれ、使えるものは何でも使うという視角から、すべてのものを含んだ紛争コスモスのごとき図をえがいている。井上の八ヶ岳モデル（図2）は、紛争処理がプロセスであり、利用される制度は、そのプロセスのなかのひとコマにすぎないという利用者側の感覚をよくえがいている。また、廣田のコスモス・モデル（図3）も、構造化されたシステムの側から紛争をみるのではなく、紛争のなかにいる当事者の目から制度や規範をみた場合には、それは一見乱雑なコスモスのようなものでしかありえないという当事者（あるいは紛争処理の実践者）の実感をよくあらわしている。

ただ八ヶ岳モデルは、各制度がきれいに分離しており、それぞれの制度のなかを紛争が展開しつつも同時並行的に交渉がおこなわれる側面がえがけていない。また、コスモス・モデルは、利用者の目から見えたものをそのままえがいていて、プロセスが見えてこない面がある。

そこで和田仁孝は、紛争処理の交渉過程での流れが悪くなったときに当事者が既存の制度を取捨選択して利用するというバイパス・モデル（図4）を提案している。基本的には井上・廣

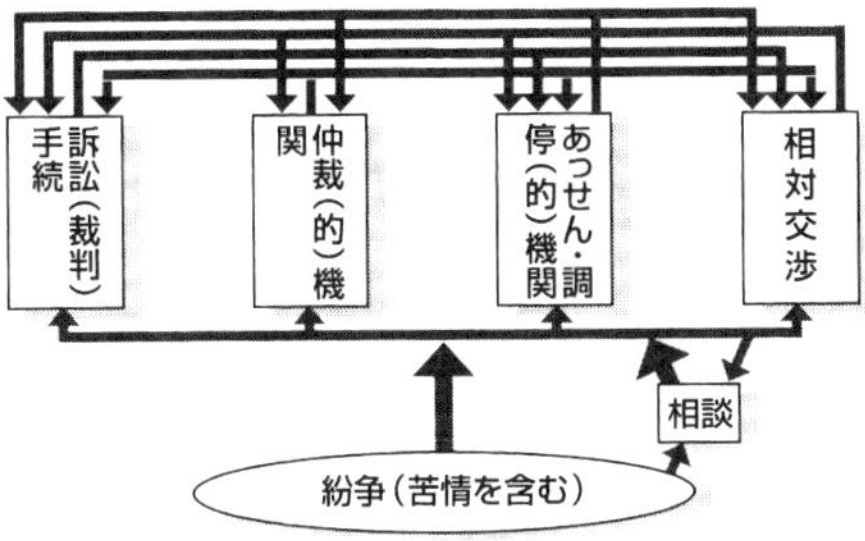

図 2
——井上治典［1993］『紛争と手続き』日本放送出版協会、p.84の図をもとに作成

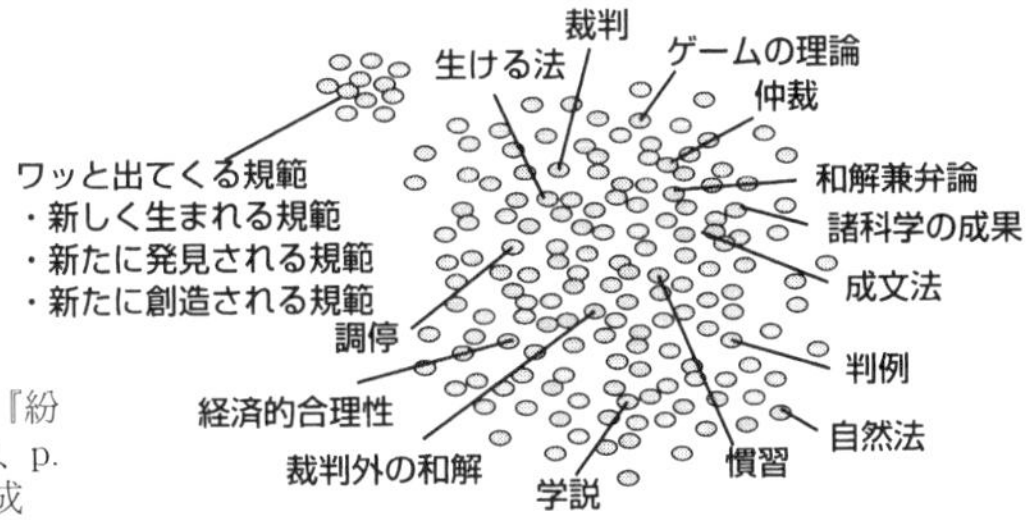

図 3
——廣田尚久［1993］『紛争解決学』信山社、p.64の図をもとに作成

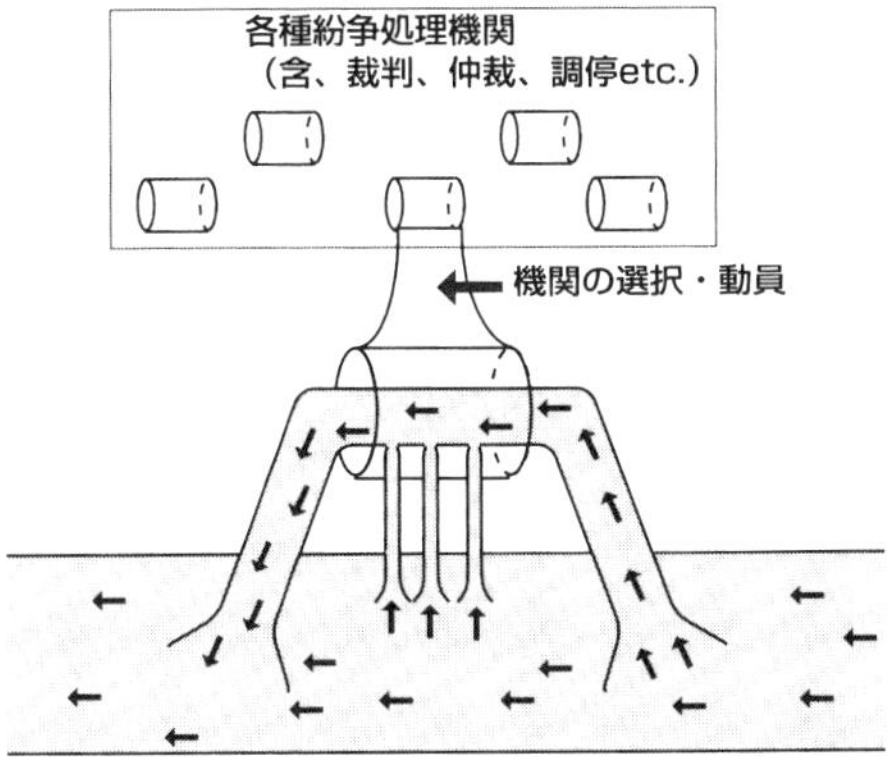

図 4
——和田仁孝［1994］p.101の図をもとに作成

田のモデルと同じ方向性をもつものであるが、その方向性をもっとも明確にえがけているものである。そこでは、紛争のプロセスが交渉の流れとしてえがかれており、紛争処理機関の制度序列も存在しない。処理機関（交渉のバイパス）の選択は、紛争当事者に委ねられている。ピラミッド・モデルのまさに対極にあるモデルといってよい。

当事者の視線

制度設営者がどのような制度目的を設定しようとも、利用者は、そこで何がおこなわれるのか、あるいは何ができるのかを読み込んで手続を利用する。たとえば、西田英一は、職場でのトラブルに遭遇した人々とのインタビューを通じて、紛争状態にある人々はさまざまな話法（基本的には四つに分類される）を駆使しながら、紛争を乗り越える「手がかり」を探索しているという。この探索のために必要とあれば、既存の制度の「誤った」利用もおこなわれるし、また人々のニーズは、そうした誤った利用に隠されているともいう（西田英一［一九九七］）。こうした探索活動で人々が駆使する話法、つまり語り行為を促進する場が必要であり、そのためには訴訟、調停、監督、相談といった制度的枠組みからいったん離れて、制度を見直すことが必要であると説く。また仁木恒夫は、不動産の工事をめぐる紛争の実態調査にもとづき、当事者は、訴訟の表の戦略とはべつに密漁的な行動をとっていると分析する（仁木恒夫［二〇〇〇］）。

こうした利用者の視線からは、裁判プロセスでは、語りの場が提供されていることが重要である。もっとも西田も強調するように人々の語りの手法は一様ではない。それぞれ巧拙はあるものの、自分の語りがある。それを発見し、側面支援するのが制度の側の役割だとすると、制度の側も一様なプロセスや手法では、成り立たない。制度と語りの出会いをうまく仲介するものが必要であるが、それが法専門家であるということになろう（＊）。

＊ところで、利用者の立場から裁判を見直す見解は、民事訴訟法学のなかにもなかったわけではない。たとえば、新堂幸司［一九九三］「裁判は誰のためにあるのか」、竜嵜喜助［一九八七］「市民のための民事訴訟」がそうである。しかし、これら民事訴訟法学の議論は、制度あるいは法律家の視線から「利用者」をみているのにたいして、西田および仁木の場合は「利用者の視線から制度」をみているといえる。

響きのある交渉過程の実現

さて、利用者の視線からすれば、制度目的論や機能論は、裁判所として何を売り物にするのか、その宣伝コピーを聞かされている側面がある。その場合、裁判プロセスにできることとできないことを冷徹に分析して、過剰宣伝や「上げ底販売」がないようにしなければならない。それが利用者の信頼を長期的には確保する手段である。「低廉、迅速」をうたい文句にしても、審理のほとんどを省略して「低廉・迅速」を実現したのでは、もちろん裁判プロセスの自殺行為となろう。

この点では、さまざまな宣伝コピーが今後も登場すると思われるし、それはそれで基本的に好ましいことと考えるが、これまで検討したもののなかでは、やはり交渉制御・促進機能への着目と、法援用型の裁判プロセス・モデルに長期的にみた場合の信頼感があるように思う。しかし、それはさまざまな紛争処理機関の利用者が今後増えるに従い、利用者自身の声としてもたらされるものである。法律家や制度の側には、むしろその声を敏感に感じ取るセンスが要求される時代を迎えているように思える。法律家と利用者、そして紛争当事者相互の間で声の響き合う交渉過程（「響渉」とよびたい）を実現していくことが、裁判の重要な役割であろう。

4　裁判と政策形成

これまで述べてきたことのいわば応用問題のような趣があるのが、裁判と政策形成の問題である。本稿の趣旨をより明確にするために、以下ではこの問題を取り上げ敷衍することにしたい。

裁判による政策形成をめぐっては、純粋な法解釈の問題に加えて（それ以上に）、政治・社会政策の問題を裁判所がどこまで取り込むのか、あるいは、どこまでかかわるのか、という問題が登場する。裁判所は、この点については消極的である。たしかに裁判所が社会政策に直接かかわることは、その基本的イメージ、とりわけ法適用モデルからみた場合には役割逸脱と映る。裁判官は選挙によって選ばれる政治家とは異なることが根拠としてあげられるし、過去の事実に法を適用して事件を処理する裁判所の手法は、将来的な社会像をえがきリードしようとする政治家や行政官とは異なるからである。たとえば、大気汚染問題などの環境政策を裁判官が決定・策定できるのか、単純・素朴に問われれば誰しも即答はできないはずである。

しかし、他方で消極的姿勢をとることが、裁判所がこの種の政策形成にまったくコミットしないということを意味しない。たとえば、環境問題に即して説明するならば、過去の損害賠償は認めるが、将来に向けての差止めは認めないという判決をわが国の裁判所は長らく繰り返してきた。この手法は、一見、伝統的な裁判所の役割に忠実で社会政策への関与に禁欲的なポーズとみえるかもしれないが、それは差止めという直接的な裁判所の介入を否定することで汚染物質の排出を将来へ向けて法的に容認することを意味しており、しかも同時に、金銭賠償が求められれば、汚染排出が違法であることを認めつづけるということであって、そのようなものとして政策形成にコミットしているのである。

ちなみに、このような政策形成への関与の仕方は、法律家以外には決して理解しやすいものではない。「被害の発生はとめることはできないが、お金は取れる」という構成、そして「それが政治ではなくて法なのだ」との主張は、一般の支持をえがたい論理であるからだけでなく、法に隠れて政策的配慮をしていることがみえてしまうからである。このように、社会政策に影響を与える一定の法律問題にたいして積極的な判断をしようが消極的な判断をしようが、いずれにしてもそれが社会的影響をもつことが避けられないのであるなら、問われるべきは裁判所の政策への「関与の是非」ではなく「関与のあり方」である。では、どのようなあり方が望まれるのか。

政策動員の制御された過程としての実在感

まず第一に裁判プロセスが社会的な実在感をもっていることが必要であろう。裁判所の政策関与は、裁判官の裁断によるものではない。さきにみたように、裁判官は政治家や行政官ではないのであるから、自己の政策目標を掲げて裁断をおこなうことはやはり不適切である。したがって「裁判官」による政策形成には問題があるというべきである。だが、裁判所がおこなう決定は、結論が積極であれ消極であれ、さきにみたように政策形成にかかわらざるをえないのであるのであり、かつそうした関与を不可避のものにするなんらかの政策の動員活動があるのである。その政策の動員手段に裁判プロセスが使われている側面が政策形成訴訟では決定的である。裁判内での主張・立証過程でさまざまな事実認識や見解の相違が登場し、それが裁判外プロセスへ波及する、またその逆に、訴訟外の政策動員活動が、裁判内の主張・立証過程へ波及する。このような裁判プロセスの内外での活動を通じて、政策の動員活動が当事者によっておこなわれているのである。多数決原理での決着装置をもたないがゆえに、独特の制御された政策動員が可能になるのが裁判プロセスであって、当事者はそれを狙って裁判を利用しているのである。

このように裁判プロセスを通じておこなわれる政策動員活動からみれば、結果として勝訴・敗訴の区別は、象徴的な意味を別にすれば、想像以上に流動的なのではないかと思われる。たとえば、最近に至るまで裁判所は下級審を含めて大規模公害訴訟においては差止めを認めなかったが、差止めの敗訴判決が長年にわたって繰り返されても、差止請求を求める提訴がなくならなかった。これは裁判所の消極的判断が社会的に受け入れられていなかったことを意味しており、逆にそれまでの裁判プロセスを通じた政策動員活動に、それを継続させるだけの社会的認知があったと理解できる。また最近になって下級審で差止めを認める判決があいついでいるが、これも裁判官の政策判断の変化が突如あったとみるよりも、これまでの裁判プロセスとの連続性に注目すべきである。

平たくいえば、裁判の政策関与は、裁判プロセス内外における当事者の政策動員活動を離れて、判定者たる裁判官が、自己の正義を断行しているとの側面で理解するのは適切ではなく、社会変革につながる判断を結果として裁判官が認めるのは、それまでの手続を反映したものとしての社会政策の形成状態、認める土壌が事前にあるからである。その土壌を認知する裁判官のスタンスあるいはセンスはもちろん重要であるが、同時に、政策形成である以上、訴訟当事者を含めた裁判内外の紛争関係者にとって、その判断が受入れ可能かどうかが重要である。この社会的実在感を裁判がもたない場合、判決が積極・消極いずれであっても画餅である。十分な政策動員をへた判断、いいかえれば当事者による政策の語りを尽くした判断は、裁判プロセスの無理のないひとコマとして、判決以後も紛争当事者によって紛争行動に利用されるが、社会的な実在感を欠く判断は、それが勝訴であれ敗訴であれ、心の通わない飾り言葉にすぎない。

交渉制御（ゆるやかな行為規範設定）

判決が裁判プロセスのひとコマであり、裁判プロセスが紛争プロセスのひとつの過程にすぎないのであれば、人々は判決以後に判決がどのような利用のされ方をするのか、事前に考慮せざるをえない。裁判プロセスの法適用モデルは、過去の一回的事実に法を適用するというその基本構造から、こうした考え方を視野の外におく。しかし、たとえば判決と強制執行の関連を例にあげれば、理念的に判決・執行の段階を分割し、相互に没交渉のプロセス理念をつくり上げる判断・執行二分論とよばれる思考が、裁判の役割を著しく矮小化するものであり、理念的にも妥当でないばかりか、司法の改革を阻むものとして批判されていることは周知のことである（その概要については、佐藤彰一［二〇〇〇］）。これに加えて、人々は、裁判外プロセスをも考慮に入れており、プロセスのひとコマひとコマが、裁判内外の全プロセスを視野において動いている（動かされている）とみるのが自然である。

そのさい、裁判プロセスからほかのプロセスへの作用には、判決を通じたものだけでなく裁判プロセスそれ自体が作用していることに留意する必要がある。よく指摘されるのは、裁判プロセスのなかで判明する資料や事実が裁判外で交渉や折衝に利用されることであるが、そうした判決や手続のもついわゆる事実効といわれるもの以上に重要な作用を果たしていると思われるのが、交渉のあり方である。

たとえば、環境汚染訴訟で、原告住民側の差止請求が不特定であって法的に却下されるべきであると主張されることがある。原告団の差止めが抽象的なかたちで立てられているのは、具体的な方策は、被告のほうで考えてほしいということである。これにたいする不特定という被告の対応は、「いったいどうせよというのか」という意味になる。これは、環境対策の方策立案の責任の押付けあいなのである。環境汚染そのものは、裁判所の判決で解消するようなものではない。関係者の継続的な対策が必要不可欠である。その対策を誰がどのようにイニシアティブをとるのか。この点は、裁判所が関与する重要な意味がある点である。環境対策そのものは、法律の技術者のフォーラムである裁判所では、十分に判断できないかもしれないが、その対策立案の責任分配は、まさに議論や交渉を整序をするという意味での裁判プロセスの面目が発揮される場面でなのである。また、ある事実を説明すべきなのかどうか、資料を提出するべきなのかどうか、裁判プロセスのなかでも弁論の進行のあり方自体が、紛争関係者の交渉のあり方を整序していく側面があるのである。こうした整序が社会的実在感をもたない場合、裁判外プロセスから反発を受ける、あるいは利用されないということがあるかもしれない。しかし、裁判プロセスのなかで紛争当事者同士が、手続（交渉）の進め方について法を援用しながら見解をぶつけあった結果としての法廷のあり方は、裁判がほかのプロセスとは違う特徴を示す重要な局面である（＊）。

＊　いわゆる大気汚染訴訟の最近の判決の傾向についてコメントを書いたことがあるが、不十分な考察に終始している。本稿では、趣旨をより明瞭にした部分がある。佐藤彰一［二〇〇二］。

【参考文献】


Binder, D.A., Bergman, P., Price, S.C.［1991］Lawyers as Counselors, West, 1991.

法務省民事局参事官室編［一九九六］『一問一答新民事訴訟法』商事法務研究会。

井上治典［一九九三］『民事手続論』有斐閣。

井上治典・佐藤彰一編［一九九九］『現代調停の技法――司法の未来』判例タイムズ社。

平井宜雄［一九八九］『法律学基礎論覚書』有斐閣。

――［一九九一］『続法律学基礎論覚書』有斐閣。

廣田尚久［二〇〇一］『民事調停制度改革論』信山社。

樫村志郎［一九八九］『もめごとの法社会学』弘文堂。

小島武司［二〇〇〇］『裁判外紛争処理と法の支配』有斐閣。

中村芳彦［一九九九］「声を聞く法専門家」井上治典・佐藤彰一編『現代調停の技法――司法の未来』判例タイムズ社、四六一頁以下。

仁木恒夫［二〇〇〇］「訴訟当事者の訴訟外活動」『立教法学』五四号、二四二頁。

西田英一［一九九七］「葛藤乗り越え過程における〝人々のやり方〟」『甲南法学』三八巻一・二号二五頁―五八頁。

ノイマン、ウルフリット［一九九七］『法的議論の理論』（亀本・山本他訳）法律文化社。

竜嵜喜助［一九八七］『証明責任論』有斐閣。

佐藤彰一［二〇〇〇］「民事執行の実効性」『判例タイムズ』一〇四三号、五頁以下。

――［二〇〇一］「差止論が動いた」『法律時報』九〇二号。

新堂幸司［一九九三］『民事訴訟法制度の役割』有斐閣。

菅原郁夫・下山晴彦編［二〇〇二］「二一世紀の法律相談――リーガルカウンセリングの試み」『現代のエスプリ』四一五号、至文堂。

高橋宏志［一九九三］「紛争と訴訟の機能」『岩波講座　社会科学の方法　4』岩波書店。

――［一九九七］『重点講義民事訴訟法』有斐閣。

田中成明［一九九六］『現代社会と裁判』弘文堂。

棚瀬孝雄［一九九五］「語りとしての法援用2」『民商法雑誌』一一一巻六号、一頁以下。

和田仁孝［一九八九］「裁判の社会的機能と現代的意義」黒木三郎編『現代法社会学』青林書院。

——［一九九四］『民事紛争処理論』信山社。

——［一九九六］『法社会学の解体と再生——ポストモダンを超えて』弘文堂。

…………［佐藤彰一］

第7章

裁判制度の構造的問題

――裁判制度の問題として一般にいわれるのは、「時間がかかる、費用がかかる、しかもわかりにくい」ということである。公害訴訟で訴え提起から何年もかかっているのにまだ終結せず、高齢化する被害者の救済のために裁判所が和解勧告をした、などという報道を聞くと、たしかに民事訴訟には時間がかかると実感する。クリーニングの仕上がりが悪いとか、購入した電気製品に欠陥があったといった日常的なトラブルを裁判で解決しようとすれば、費用倒れになるに違いない。自分で訴訟をするといっても、面倒な決まりや約束ごとがあることだろう。総じて、民事裁判は時間も費用もかかって、素人の手に負えない代物だというのが、一般的な印象ではないだろうか。

こうした印象はどこまで現実を反映しているか、裁判の現場でいま問題になっていることは何か、民事裁判を改善する方策はあるのか。以上が本章のテーマである。――

1 裁判にかかる時間

エイズウィルスに汚染されていた血液製剤が血友病の治療に用いられた結果、エイズウィルスに感染したとして、被害者が国と製薬会社を訴えた薬害エイズ第一次訴訟は、一九八九年五月に大阪地裁に、同年一〇月に東京地裁にそれぞれ提起された。東京地裁では一九九五年三月に、大阪地裁では同年七月に結審したのち、それぞれの裁判所による和解勧告がなされ、一九九六年三月に和解が成立して終結した。提訴からここまで六年以上が経過したことになる。

しかし、民事訴訟事件の多くがこれほどの長期間を審理に費やしているわけではない。たとえば、全国の地方裁判所に提起された民事訴訟事件にかんするデータ（これは、毎年、最高裁判所事務総局から刊行される『司法統計年報1（民事・行政編）』に掲載されている）によれば、薬害エイズ訴訟が終結した年である一九九六年の既済事件、すなわち一九九六年中に終結した事件一四万五九八二件の平均審理期間は、一〇・二カ月であった。訴え提起から終結までの期間別の内訳は、六カ月以内が八万五五九九件（五八・六%）、六カ月を超え一年以内が二万三三六二件（一六・〇%）、一年を超えるものが三万七〇二一件（二五・四%）であり、全体の四分の三が訴え提起から一年以内に終結している。薬害エイズ訴訟のように五年を超える事件は一八六五件で、全体の一・二%を占めるにすぎない。さらに、同じ年の簡易裁判所における既済事件二六万六六七三件についてみれば、平均審理期間は四・一カ月、全体の八三・三%が訴え提起から三カ月以内に終結し、九六・一%が六カ月以内に終結しているという状況である。

それではなぜ、薬害エイズ訴訟には六年以上もの期間を要したのか。

まず考えられるのは、提訴当時、エイズウィルスの感染源や発症にいたるメカニズムが十分には解明されていなかったことである。一般に薬害訴訟や公害訴訟においては、病気の原因や発症の予見可能性などをめぐってさまざまな専門家の意見が提出され、科学裁判の様相を呈することが多い。弁護団も裁判所も、専門的知識を必要とする困難な論点の解明を手さぐりで進めなければならない。この種の問題は、程度の差こそあるものの、医療過誤訴訟や特許訴訟、建築物の瑕疵《かし》をめぐる訴訟などにもみられる。

むろん、法はこうした問題への対応策を用意していないわけではない。たとえば、当事者の依頼にもとづく鑑定証人や鑑定書とは別に、裁判所の指定する鑑定人の制度（民事訴訟法二一三条）を設けて、公平な専門的知見が得られるようにしている。しかし、現実には鑑定人の選任に困難があり、十分機能していないといわれている。その原因としては、どのような分野の専門家を鑑定人に選任したらよいのか、あるいは特定の専門分野にどのような専門家がいるのかについての情報が裁判所に不足していることがあげられる。また、専門家の側も、多忙であるとか、鑑定書の作成が負担になるなどの理由で鑑定人を引き受けないことが多い。鑑定人の選任を容易にする方法としては、たとえば、専門家の団体がまえもって鑑定人の候補者名簿を裁判所に提出しておき、そのなかから裁判所が指名した専門家は特別な事情がないかぎり辞退することができない、という制度を確立することが考えられる。そのために不可欠な専門家の協力をどのようにして得るかが今後の課題である。

もっとも、鑑定人の確保は、薬害エイズ訴訟における中心的な問題ではなかった。重要だったのは、国および製薬会社の過失責任を証明するために必要な情報を原告弁護団がどのようにして入手するかであった。薬害訴訟や公害訴訟では、事実関係を解明するための情報が被告の側に偏在していることが多い。薬害エイズ訴訟もその例に洩れなかった。

2　証拠収集の困難

文書提出命令の意義

たとえば、厚生省が保管している薬品の安全性にかんする資料は、国および製薬会社の過失の有無をあきらかにするうえで重要な証拠となる。資料の記載から薬品の危険性を読み取ることができ、それが国の過失を証明するのに役立つ場合には、原告弁護団としてはぜひともその資料を法廷に提出したいと考えるであろう。しかし、資料の記載内容がどのようなものであるか、さらにはそもそもその種の資料が存在するのかどうかは、原告弁護団には知られていない。国がその資料は証拠としての価値に乏しいとか、そのような資料はもともと存在しないとか、存在したがすでに廃棄してしまったと主張して、任意に提出しないこともありうる。しかし、国の主張が真実であるという保証はない。現に薬害エイズにかんする資料にも、当初、厚生省は存在しないと主張していながら、後になって存在することが判明したものがあった。したがって、国の主張にもかかわらず、ある資料が確実に存在し、しかも、それを証拠として取り調べることによって事実関係が解明されると原告弁護団が考えているのであれば、あきらめずに、国に資料の提出を命ずる裁判所の決定を求めるべきである。この文書の提出を命ずる裁判所の決定を文書提出命令とよんでいる。

文書提出命令に違反して国が資料を提出しない場合には、裁判所は、資料の記載にかんする原告の主張を真実と認めることができる（民事訴訟法二二四条一項）。たとえば、当該資料には薬品の危険性を示すデータが記載されていたという原告の主張を認めることができるというわけである。また、資料にどのような内容が記載されていたかを原告が具体的に主張することが著しく困難であり、かつ、この資料以外の証拠から国の過失を証明することも著しく困難であるという事情があるときは、裁判所は、国の過失そのものを真実と認めることができる（民事訴訟法二二四条三項）。

しかし、薬害エイズ訴訟では原告弁護団が文書提出命令を申し立てることはなかった。その理由は、当時の民事訴訟法のもとでは文書提出命令の対象となる文書の範囲が狭かったこと（旧民事訴訟法三一一条参照）、そして、文書提出命令を申し立てるためには文書を特定しなければならなかったこと（旧民事訴訟法三一三条一号二号参照）にあるといわれている。薬害エイズ訴訟の原告弁護団は、わが国において文書提出命令を申し立てるよりも、アメリカで情報自由法（Freedom of Information Act）のもとで情報を収集することを選んだ。

それでは、当時の文書提出命令はどのような文書について命じられていたのだろうか。そして、その後、文書提出命令の対象は拡大されたのだろうか。

民事訴訟法改正と文書提出義務の拡大

旧法が施行されていた一九九七年末までは、文書提出命令の対象となる文書は、以下の範囲に限定されていた。すなわち、①当事者が訴訟において引用した文書（旧民事訴訟法三一二条一号）、②挙証者が文書の所持者に対して実体法上、引渡請求権または閲覧請求権を有する文書（旧民訴三一二条二号）、③挙証者の利益のために作成された文書（利益文書）または挙証者と文書の所持者との間の法律関係について作成された文書（法律関係文書）（旧民事訴訟法三一二条三号）である。

このように、旧法は所持者が民事訴訟において提出を命じられる文書（これを、所持者に「文書提出義務」のある文書という）を限定していた。しかし、それでは、薬害訴訟や公害訴訟のように証拠が被告側に偏在している訴訟においては、原告は十分な証明活動をすることができない。そこで、判例は、利益文書や法律関係文書の概念を拡張することによって、文書提出命令の対象となる文書、すなわち文書提出義務のある文書を拡大しようと試みていた。しかし、企業や行政機関の内部で作成された文書については、それが法令によって作成を義務づけられているものでないかぎり、当該組織の「自己使用文書」であるとして、文書提出義務を否定していた。

現行民事訴訟法は文書提出義務を拡充し、旧法のもとで文書提出義務が認められていた前記文書のほか、一定の除外事由に該当するもの以外の文書一般について、文書提出義務を認めた（民事訴訟法二二〇条四号）。除外事由に該当する文書は、イ　文書の所持者又は文書の所持者と民事訴訟法一九六条各号に掲げる関係を有する者について、刑事訴追を受け、若しくは有罪判決を受けるおそれがある事項又はこれらの者の名誉を害すべき事項が記載されている文書、ロ　公務員の職務上の秘密に関する文書でその提出により公共の利益を害し、又は公務の遂行に著しい支障を生ずるおそれがあるもの、ハ　医師その他の者の職務上知り得た事実で黙秘すべきもの又は技術若しくは職業の秘密に関する事項で、黙秘の義務が免除されていないものが記載されている文書、ニ　専ら文書の所持者の利用に供するための文書、ホ　刑事事件に係る訴訟に関する書類若しくは少年の保護事件の記録又はこれらの事件において押収されている文書である。

しかし、行政機関の保有する文書については、当初は民事訴訟法二二〇条四号の適用はないものとされていた。これには、さきに述べた薬害エイズにかんする厚生省の情報隠しが関係している。すなわち、一九九六年三月一二日に第一三六回国会に提出された民事訴訟法の政府原案では、「公務員の職務上の秘密に関する文書でその提出について当該監督官庁が承認をしないもの」は、二二〇条四号による文書提出義務の対象から除外されることになっていた。ところが、法案提出に先立つ一九九六年二月に、薬害エイズ関係資料を厚生省が隠していたことがあきらかになり、政府原案に対する批判が強まった。その結果、衆議院において政府原案に修正が加えられた。修正案は、「公務員又は公務員であった者がその職務に関し保管し、又は所持する文書」は、二二〇条四号の対象から除外すること、そして、このような文書を対象とする文書提出命令の制度については、行政機関の保有する情報を公開するための制度にかんしておこなわれている検討と並行して、総合的な検討を加え、その結果にもとづいて新法の公布後二年を目途として必要な処置を講ずることを内容とするものであった。

行政機関の保有する文書にも二二〇条四号を適用する民事訴訟法の改正法は、新法の公布後五年を経た二〇〇一年六月二七日に成立した。これによって、「公務員の職務上の秘密に関する文書でその提出により公共の利益を害し、又は公務の遂行に著しい支障を生ずるおそれがあるもの」（公務秘密文書）および「刑事事件に係る訴訟に関する書類若しくは少年の保護事件の記録又はこれらの事件において押収されている文書」（刑事裁判記録）を除き、行政機関の保有する文書にも一般的な文書提出義務が課されることとなった。問題になった文書が公務秘密文書に該当するか否かの判断権は裁判所にあり、その判断にあたっては、裁判所のみが当該文書を閲読することのできるイン・カメラ審理（民事訴訟法二二三条六項）をおこなうことができる。しかし、刑事裁判記録については、イン・カメラ審理の余地はなく、一律に文書提出命令の対象から除外されている。薬害エイズ訴訟がそうであったように、刑事裁判の対象となった事件にかんして民事訴訟が提起されることはしばしばある。刑事裁判記録にたいする文書提出命令が認められないことが、そのような訴訟における事案の解明に困難をきたさないか、慎重に検討する必要があろう。

3　裁判に要する費用の問題点

弁護士費用の算定

さて、薬害エイズ訴訟のように終結までに多くの時間を費やした事件では、弁護士費用も高額にのぼったであろうと、読者は想像されるかもしれない。たしかに、弁護士費用が訴訟の準備や法廷での弁論に要した時間に応じて加算されていくならば、事件が長期化するほど、費用もかかるということになる。しかし、実際にはかならずしもそうではない。わが国では、弁護士費用は日弁連の内規（「報酬等基準規程」という）で決められており、それによれば、弁護士費用を事件処理にかかった時間に応じて請求する方式（「時間制」または「タイム・チャージ」という）も認められている。しかし、時間制は一般に普及しているわけではない。

通常の民事訴訟においては、弁護士費用は勝訴した場合に得られる経済的利益を基準として算定される。たとえば、三〇〇万円の損害賠償を求める事件であれば、三〇〇万円の八％にあたる二四万円を、事件を依頼するときにまず支払う（これを「着手金」という）。そして、勝訴して三〇〇万円の損害賠償が得られた場合には、その一六％にあたる四八万円を支払う（これを「報酬金」という）。一部勝訴あるいは和解により一五〇万円の損害賠償が得られた場合には、報酬金の額は一五〇万円の一六％にあたる二四万円である。敗訴して損害賠償を得られなかった場合には、報酬金は支払わなくてもよいから、最初に支払った着手金の二四万円が弁護士費用のすべてということになる。

以上は、経済的利益を目的とする民事訴訟事件にかんする弁護士費用の算定方法である。離婚事件で、財産分与や慰謝料の請求をせず、離婚の可否と子どもの親権のみが問題になる場合には、勝訴しても経済的利益は得られないから、別の算定方法が必要となる。日弁連の報酬等基準規程によれば、訴訟にならない離婚事件では、着手金、報酬金とも、それぞれ二〇万円から五〇万円の範囲内の額、合計で四〇万円から一〇〇万円の範囲内の額ということになっている。離婚訴訟では、着手金、報酬金とも、それぞれ三〇万円から六〇万円の範囲内の額、合計で六〇万円から一二〇万円の範囲内の額である。

もっとも、事件の複雑さや事件処理にかかった時間を考慮し、弁護士費用を増額または減額することは可能である。たとえば、一〇〇〇万円の経済的利益が得られた事件では、着手金として五九万円、報酬金として一一八万円、合計で一七七万円を支払う計算になる。三〇〇万円の経済的利益が得られた場合の七二万円と比較すれば、約二・五倍ということになるが、この差が事件処理の労力の違いを反映しているとはかぎらない。三〇〇万円の事件でも、複雑で多くの時間がかかることもあるし、一〇〇〇万円の事件でも、被告が請求を争わず、早期に解決することもありうる。そこで、日弁連の報酬等基準規程は、事件の内容によって着手金、報酬金とも、それぞれ三〇%まで増額または減額することを認めている。一〇〇〇万円の事件については、総額一二三万九〇〇〇円まで減額できるし、三〇〇万円の事件については、総額九三万六〇〇〇円まで増額できるというわけである。それでも、労力に見合わない弁護士費用が請求されたと感じられる場合もあるであろう。しかし、少額事件を別にすれば、訴訟の結果、得られる経済的利益を上回るような弁護士費用が請求されることはありえないことになる。

法律扶助制度と適正な弁護士費用

弁護士費用が事件の経済的利益を超えてしまうことは、時間制のもとではありうる問題である。現に、イギリスのように時間制が一般的な国では、弁護士費用が高騰して、民事訴訟を利用することが不経済であると考えられるほどになっている。また、時間制の他の問題としては、事件を依頼するときには弁護士費用の総額を予測することができないことも指摘されている。弁護士費用にたいする不安が、一般市民を民事訴訟から遠ざける原因のひとつになるというわけである。イギリスは、資力のない人の裁判に必要な費用を国が援助する法律扶助制度が完備している国として知られているが、その背景には、法律扶助制度がなければ、一般市民が民事訴訟を利用することは不可能であるという事情があったことに注意すべきである。

しかし、イギリスにおいても法律扶助制度の拡充には限界のあることが認識されるようになってきた。国家予算には全体としての制約がある以上、法律扶助の支出を突出させるわけにはいかない。また、時間制のもとで弁護士が意図的に訴訟を引き延ばそうとするために弁護士費用の高額化が生じているとすれば、法律扶助制度にたいする国民の支持を得ることはむずかしくなる。弁護士費用を適正なものにするための規制を欠いては、法律扶助制度の健全な発展はありえない。このことは、わが国にとっての教訓でもある。

わが国の法律扶助制度は、日本弁護士連合会などが設立した財団法人法律扶助協会によって一九五二年に開始された。国は一九五八年から補助金を交付してきたが、その額は一九八九年までは一億円に満たなかった。対象者は国民所得層の下から二割程度とされていたが、資金不足から実際の利用者はその一部に限られ、しかも、扶助された費用は全額返還することが原則とされていた。しかし、民事法律扶助法が成立した二〇〇〇年には、補助金の額が約二一億円に増額され（前年は約九億円、前々年は約四億円であった）、また、翌年に発表された司法制度改革審議会の意見書でも民事法律扶助のいっそうの充実が提案された。発足から五〇年近い歳月を経て、法律扶助制度はようやく発展の段階を迎えたことになる。法律扶助制度のもとでより多くの一般市民が民事訴訟制度を利用できるようにするためには、予算の増額とならんで弁護士費用を適正な水準に維持することも必要である。適正な弁護士費用はどのように算定されるかについては、今後も検討をつづけるべきであろう。

提訴手数料の問題点

弁護士費用にくらべれば少額であるが、訴えの提起にさいして裁判所に納める手数料（提訴手数料）も、民事訴訟に必要な費用として考慮に入れておかなければならない。提訴手数料は、原告が勝訴すれば被告から取り立てることができるが、訴えを提起するときには、原告が訴状に印紙を貼って納めなければならない。原告に資力がなく、提訴手数料を納めることができない場合には、訴訟救助という制度を利用することができる。これは、提訴手数料の支払いを猶予するものである。その結果、原告は訴状に印紙を貼らなくても、訴状を受け付けてもらうことができる。原告が勝訴すれば、提訴手数料は被告から直接、取り立てられる。訴訟救助は、法律扶助と同様に、資力のない者にも裁判を受ける権利を保障することを目的としている。

提訴手数料は、原則として原告が訴えで主張する経済的利益（これを「訴額」という）を基準として算定される。訴額が高くなるにしたがって、提訴手数料も増額される。ただし、増額の割合は逓減するので、訴額にたいする提訴手数料の比率は訴額が低いほうが高い。たとえば、訴額が三〇万円の請求であれば、提訴手数料はその一％にあたる三〇〇〇円であるのにたいして、訴額が一〇〇〇万円の請求であれば、提訴手数料はその約〇・六パーセントにあたる五万七六〇〇円である。

このように、現行法は提訴手数料を訴額に応じて増減させる仕組み（これを「訴額スライド制」とよんでいる）を採用しているが、立法論としては、提訴手数料を訴額にかかわらず一定の額とする定額制も考えられる。

4　裁判のわかりやすさ

口頭主義の形骸化

わが国においては、弁護士に事件を依頼しなければ民事訴訟を提起できないことにはなっていない。法律の建前としては、弁護士に依頼せずに本人だけで訴訟をすることもできる。実際にもこうした本人訴訟は多い。一方または双方の当事者に弁護士がついていない事件の割合は、地方裁判所では五〇％を上回っており、簡易裁判所では九〇％を超えている。

しかし、このことは、民事訴訟が法律の専門家でない一般市民にもわかりやすいかどうかとは別の問題である。本人訴訟の当事者が弁護士に事件を依頼しないのは、弁護士に依頼しなくても十分な訴訟追行をする自信があるからではなく、弁護士に依頼したくても身近に弁護士がいなかったり、弁護士費用を支払う資力がなかったりするためであることが多い。法律の知識の不十分な当事者本人が独力で訴訟を追行することは困難であり、裁判官や裁判所書記官の援助を必要とする。

一般市民が当事者としてではなく、傍聴人として裁判を経験した場合にも、わかりにくいと感じることはある。それは、法廷で交わされる専門用語が難しいためばかりではない。

民事訴訟においては口頭主義の原則が採用されていて、当事者が法廷において口頭で主張した事実にもとづいて裁判がおこなわれることになっている。事前に裁判所に書面を提出していても、口頭弁論期日で十分な主張をすることができなければ、敗訴してしまうという建前である。それならば、いずれの当事者も熱のこもった議論を展開すると思われるかもしれない。しかし、実際の法廷の状況はそうではない。弁護士も裁判官も、事前に提出されている訴状や準備書面を持参していて、「訴状のとおり陳述します」「準備書面のとおり陳述します」などと言っている。これでは、書面を見ることのできない傍聴人には、何が話題になっているのかさえわからないであろう。

裁判をわかりやすくするために

訴状や準備書面の内容を朗読することさえしないのは、関係者は前もってそれらの書面を読んで準備してきているという前提があるためであろう。しかし、書かれたものを朗読することによって、また、朗読を聞くことによって、新しい発見をしたり、曖昧な論点があきらかになったりすることは、日常生活でもしばしば経験する。全員が事前に書面を精読している場合でも（そうでない場合はなおさら）、法廷であらためて書面を朗読することには意義があるように思われる。

むろん、書面の内容を抑揚のない調子で読み上げているだけでは退屈なばかりで逆効果だが、傍聴人にも鮮やかな印象を与えるような朗読が増えれば、法廷は活気あるものになり、真の争点を解明することにも役立ち、審理の充実と裁判の適正をはかるうえで有益であろう。それにもかかわらず、「訴状（準備書面）のとおり陳述します」で済ませているのはなぜか。法廷の使用時間や裁判官・裁判所書記官の労働時間の制約から、一件あたりの審理に十分な時間を割くことのできない裁判所の事情によるものではないだろうか。そうなると、現在の法廷の数が少なすぎはしないか、裁判官や裁判所書記官の数も不足しているのではないかが問題となろう。当事者が納得できる裁判、傍聴にやってきた一般市民にもわかりやすい裁判を実現するためには、裁判所の物的・人的資源の適正規模も検討する必要がある。

5　利用しやすい裁判制度をめざして

少額訴訟手続

現行民事訴訟法は、一般市民の利用しやすい民事裁判を実現するためにどのような工夫をしているだろうか。

この点については、少額訴訟（民事訴訟法三六八条以下）の創設をあげることができる。少額訴訟とは、簡易裁判所において、訴訟の目的の価額が三〇万円以下の金銭の支払いの請求を目的とする訴えについて認められる特別な訴訟手続である。一般市民が弁護士に依頼しなくても訴訟を追行できるように、手続は簡易かつ迅速なものになっている。手続の特徴は、特別な事情がないかぎり、一回の審理で終了し、判決が言い渡されること（民事訴訟法三七〇条、三七四条）、証拠調べの対象が、同行した証人や持参した文書のように法廷でただちに取り調べることができる証拠に限定されていること（民事訴訟法三七一条）、判決では三年を超えない期間内の分割払いを命ずることができること（民事訴訟法三七五条）、判決に対しては、控訴を提起することができないこと（民事訴訟法三七七条）などにあらわれている。

少額訴訟の利用は、現行民事訴訟法施行後のマス・メディアのキャンペーンの効果もあって、好調であった。しかし、立法過程では、少額訴訟が貸金業者による簡易な取立て手続にならないかが問題とされ、年一〇回以内という利用回数の制限が設けられた（民事訴訟法三六八条一項但書、民事訴訟規則二二三条）。これが適当であったかどうかを含めて、少額訴訟の利用しやすさについて今後も検討をつづけるべきであろう。

民事訴訟の検討課題

このほか、民事訴訟にかんする今後の検討課題としては、弁護士費用の敗訴者負担の是非がある。現在では、敗訴した当事者が負担すべき費用は裁判所に納める手数料などに限定されており、弁護士費用は各自が負担することになっている。これでは、相手方に義務の不履行があったために訴えを提起せざるをえなかった者や、相手方の誤解のために訴えられた者にとって不公平ではないか、が問題となる。

これにたいしては、弁護士費用の敗訴者負担は、勝訴できるかどうか見通しのたたない事件については提訴を抑制する要因になるとの指摘もある。また、敗訴者負担制度の導入は、法律扶助制度のあり方にも影響を及ぼすであろう。現在は、法律扶助を受けた者は原則として費用を償還しなければならないことになっている。償還によって新たな扶助事件の財源を確保せざるをえないためだが、敗訴者から費用を回収することができるとすれば、資力の乏しい者が費用を償還する必要は減少するであろう。他方で、扶助を受けた者が敗訴した場合には、国が相手方の費用を負担しなければならないとすると、扶助決定の基準を厳格にせざるをえないのではないかという問題も考えられる。裁判に要する費用の問題は、総合的な検討を要するというべきであろう。

【参考文献】

◆薬害エイズ訴訟における証拠収集について、
岸本佳浩［一九九七］「ＨＩＶ訴訟における証拠収集」『自由と正義』四八巻二号三五頁。
◆口頭主義の形骸化について、
竜嵜喜助［一九八一］「市民のための民事訴訟（上）（下）」『判例タイムズ』四五〇号六頁、四五二号一三頁。
◆日本およびイギリスの法律扶助制度について、

長谷部由起子［一九九八］『変革の中の民事裁判』東京大学出版会、四五頁以下。
◆提訴手数料について、
和田仁孝［一九九二］「訴訟手数料システムの問題点」『ジュリスト』九八五号八八頁。

【付記】

本章の記述は、二〇〇二年五月の時点の法律をもとにしている。その後、「司法制度改革のための裁判所法等の一部を改正する法律」（二〇〇三年法律一二八号。二〇〇四年四月施行）によって、弁護士法・民事訴訟費用等に関する法律が改正された。その結果、本章「3 裁判に要する費用の問題点」に掲げた日弁連の報酬等基準規定はなくなり、提訴手数料も、訴額が一〇〇〇万円の請求については、五万円となった。法律扶助制度についても、「総合法律支援法」（二〇〇四年法律七四号。二〇〇四年六月施行）による改革がおこなわれている。この法律により、民事法律扶助法は廃止され、財団法人法律扶助協会がおこなってきた民事法律扶助事業は、新たに設立される日本司法支援センターに引き継がれることとなった。

…………［長谷部由起子］

第8章

裁判過程の現実

●——裁判官が事実を認定し、法を解釈適用する。裁判過程の課題はこれをいかに迅速かつ効率的におこなうかということだと通常考えられ、新民事訴訟法もこの方向で改正された。

しかし、改正前夜の判決手続・執行手続の実態は、単に速さや効率だけの問題ではない現代の裁判のあり方そのものの問題点を露呈していたのではないだろうか。

本章では、民事裁判・執行過程の現実やさまざまな実務の工夫をみることにより、裁判制度の問題点をあきらかにし、今後の裁判のあり方を考える。——●

1　統計にみる紛争解決の実態

民事訴訟は、一般に紛争を解決するための手続であると考えられている。「紛争」とはいっても、訴訟においては法の適用により決着をつけることになっていることから、ナマの紛争そのものではなく、当事者の抱く感情やヒストリーなどを排除して法的に加工された「訴訟物」

が対象となる。この訴訟物たる権利義務の存否をめぐって両当事者が口頭弁論において主張・立証し、それらをもとに裁判所は事実関係を認定する。さらにその事実に法を適用して最終的には判決というかたちでどちらの言い分が妥当であるかを示すのである。ここでは判決というかたちで裁判所が権利義務の有無につき判断を示し、既判力によって同一紛争の再燃をふせぐことが、「紛争の解決」であると考えられているのである。

もし、このような判決手続において確定された権利が任意に実現されない場合があったとしても、強制執行手続（＊）を通じて任意の履行と同じ状態をつくり出すというしくみによって判決の実効性は担保されている。国家は自力救済を禁止するかわりに、このような裁判・執行制度という紛争解決システムをおいたのだと説明されている。

＊たとえば判決によって確定された金銭の支払いを債務者が任意に履行しない場合、債権者の申立てにもとづいて、執行の対象となる債務者の財産の処分権を奪い（差押え）、対象財産を金銭に換え（換価。多くは競売による）、その金銭を債権者に与える（満足。債権者が複数いるときは、その権利にしたがって、その金銭を分配する。これを配当という。これをもって執行手続は終了する）。これによってあたかも任意の履行があったのと同じ状態をつくり出すことができる。執行機関（執行裁判所・執行官。民事執行法二条）とよばれる国家機関が担当し、その手続は民事執行法に規定されている。

さて、それではその実態はどのようなものであろうか。ここでは新民事訴訟法施行直前の統計を参考に検討してみよう（以下、『平成十一年司法統計年報1（民事・行政編）』（法曹会、二〇〇〇）による）。

はじめに、民事第一審通常事件がどのような終わり方をしているかをみてみよう。まず、判決で終了するケースは全体の約五〇％であり、残りは和解が三〇％、取下げが一四％、請求の放棄・認諾（原告が、自己の主張した請求が存在せず正当でないことを裁判所にたいして認めること＝請求の放棄。被告が、原告の主張する請求が存在しその理由のあることを裁判所にたいして認めること＝請求の認諾）が一、二％ほどである。つまり裁判所の判決により訴訟が終了するのと、両当事者の合意を含めた当事者の意思による終了（和解、取下げ、請求の放棄・認諾）の割合は半々である。

つぎに、判決で終了した五〇％の内訳をみてみると、約三〇％が対席で争われた後、判決へといたったケースであり、残りの二〇％は欠席判決である（＊）。

＊原被告双方が口頭弁論期日において主張したうえでなされる判決が対席判決である。これにたいして欠席判決とは被告が適式に呼出しを受けたにもかかわらず第一回口頭弁論期日に欠席した場合に、ただちに弁論を終結し原告の主張が首尾一貫したものであれば（＝有理性があれば）、原告勝訴の判決を言い渡すことをさす（欠席したこと自体を理由に不利な判決をするいわゆる「欠席判決主義」は採用されていない）。

以上のことから、両当事者が主張・立証を尽くしたうえで裁判所の判断で訴訟が終了するという通常想定されるプロセスを経て処理されたケースは、全体の三〇％にすぎないということがわかる。

同様に、強制執行の場合においても、債権者が執行を申し立てた後、換価、満足の段階まで進んで終結するのは、不動産執行・債権執行などの場合でも一六％にすぎず、取り下げられる割合が四三％を占めている。とくに動産執行では、執行不能（債権者が申し立てた場所に差し押さえるべき動産がない場合のこと）が約七〇％を占めており、完了するのは一二％である（不動産・債権執行については一九九九年の統計。動産執行については、執行官雑誌二九号（一九九八年）参照）（＊）。

＊　強制執行は、債権者が判決など執行を申し立てることが認められている文書（債務名義という。民事執行法二二条参照）を執行機関に提出することによって開始される。そのさい、執行を申し立てる者が相手方債務者のどの財産を売却して自分の金銭債権を満たすか選択し、その財産の種類によって執行は分類される。すなわち、債務者の不動産を売却するのであれば不動産執行、債務者の家財道具などの動産を対象とする場合は動産執行、また、債務者が第三者にたいしてもつ債権（たとえば銀行預金など）を対象とする場合は債権執行という。これらはいずれも民事執行法に規定があり、それぞれ手続が異なるのであるが、差押え→換価→満足という基本的な進行は変わらない。

これらのことから、われわれが通常想定しているかたちで判決手続・執行手続が進行し紛争が解決するのは、どちらかといえば例外的な場合であると考えられる。ましてや社会に存在する民事紛争の多くは裁判にいたることなく、相手方との関係の切断（紛争回避、avoidance）や紛争状態継続のまま放置されている場合もあること、さらに今日さまざまなかたちで存在するADR（本書第4章・第5章を参照）等の利用によって処理されていることを考えあわせれば、判決・執行というパターンでの紛争解決は民事訴訟法学においては中心に据えられているものの、紛争処理の実態からみればかなり特殊なケースであるといえよう。

2　裁判過程では何がおこなわれているのか？

それでは、右でみたように統計上はむしろ例外的にみえる対席判決のケースにおいて実際の裁判過程ではどのようなことがおこなわれているのか、とくに口頭弁論はどのようにおこなわれているのかを検討しよう。

一九九六年の民事訴訟法改正以前の実務状況は、しばしばつぎのように描写されていた。週に二回の開廷日。午前中の同一時刻に何件もの事件の予定が入れられている。堅苦しく身構えた雰囲気の法廷では、原告被告双方の弁護士とも法律上の主張を具体的に口頭で述べることはなく、「準備書面記載のとおり陳述いたします」と言って書面の内容を援用する。その後、裁判官が「それでは次回期日は何日でいかがでしょう」と一、二カ月先の日を指定すると、原告被告双方の弁護士がそれぞれ自分の手帳を見ながら「結構です」とか「差し支えます」などと応えつぎの期日の予定をたてる。ここまでふくめてほんの数分で一回の「口頭弁論」が終了するので、「三分弁論」とよばれていた。

また、公開であるはずの法廷に来て傍聴しているのは、同一時刻に指定され順番待ちをしている他の事件の弁護士のみということが多い。事件の当事者や関係者が傍聴したとしても、この「三分弁論」を傍聴しただけでは、何がおこなわれたのか、自分のかかわる紛争がいま現在どうなっているのかさっぱりわからない。

それでも双方の主張が尽きたと思われるころ証拠調べに入るのだが、これも一〜二カ月かに一度の期日で人証を一人ずつ調べるなどの「五月雨《さみだれ》型審理」である。そうこうするうちに証拠調べの途中で新しい主張や証拠が出たりすることも珍しくはなく、むしろこの段階で両当事者の言い分がだんだんとはっきりしてくる。また、ときにはこの間に裁判官が転勤で交代してしまうこともある。

「証拠調べ」とはいっても、日本においては契約で書面が作成されない場合などもあり、書証よりは証人や当事者という人証の方が重要な意味をもつことが多い。結局、本来ならば証拠としては補充的な意味しかもたないとされていた当事者本人尋問が、重要な役割をもつことになる。尋問方式としても、交互尋問制をとっているが、事前の情報収集の手段が不十分なため、反対尋問が有効になされることは少ない。

さらに、この「五月雨型審理」の後、ようやく弁論が終結し裁判官が判決を書く段になるのだが、この判決書きにもまた相当の時間を要し弁論終結後、二カ月ほどで判決言渡しとなる。結局、全体で平均二年ほどかかり、事件によっては上訴によりさらに長引くこともある。

以上が民事訴訟の審理方式にかんする原則といわれる「口頭主義」「公開主義」「直接主義」などのおおよその実態であった。このような現代社会のスピードに合わない裁判は、当然、批判の対象となり、「訴訟の促進・迅速化」の必要性が民事訴訟法改正の大きな理由となったのである。また、従来の「五月雨型審理」における形骸化された口頭弁論では、当事者は自分の紛争がどのように扱われているのか、どのような点が問題とされているのかわからないまま判決が出ることになり、敗訴当事者だけではなく勝訴当事者にとっても不満を残す結果となっていた。このようなことから「わかりやすい裁判」も改正のポイントとなったのである。

3　法廷のウラ側で——弁論兼和解と陳述書

実務が生んだ弁論兼和解

しかしながら実は、当時、この形骸化された口頭弁論だけによって、裁判所における紛争解決がおこなわれていたわけではない。法廷でおこなわれる「三分弁論」の裏側では「弁論兼和解」という実務上の工夫が存在していた。

弁論兼和解とは、裁判官、当事者本人および訴訟代理人（場合によってはその他の関係者も関与することがある）が、法廷ではなく準備室または和解室等において、いわゆるラウンドテーブル（円卓）を囲んでおこなう審理方式であった。口頭による質疑応答、討論によって、主張と証拠資料を対照しながら争点の整理をおこなうとともに、これと並行して和解の機が熟した場合には、和解がおこなわれるのである。

この弁論兼和解はもっぱら実務の工夫のなかで出てきたものであるが、実定法上の根拠や裁判の公開の原則との関係はかならずしもあきらかではなかった。にもかかわらず、なぜまたたく間に実務を席巻したのかを考えることは、現代の裁判の問題点をあきらかにするのに有効であると思われる。

まず、裁判所側の理由としては、口頭弁論をおこなうための法廷の数や時間、書記官の数がかぎられているなど、裁判所の資源の問題があげられる。弁論兼和解であれば、法廷外の開いた部屋で比較的時間の余裕をもってのぞむことができる。また、たとえ弁論兼和解期日においてて和解を試みたが成立しなかったという場合でも、この期日は弁論期日でもあるのだからそのまま事件を結審でき次回は判決言渡しをするというように、結審するためだけに形式的に弁論期日を開くという手続をふむ必要もない。裁判所側としては、このように柔軟に運用できる点が大きなメリットであったといえよう。

もちろん、柔軟に運用できることに対する批判は多かった。たとえば和解や調停において利用されることの多い「交互面接方式」が、弁論兼和解期日に和解をするさいに利用されるおそれもあった。交互面接方式は、原告側、被告側それぞれ別々に裁判官が質疑をおこなうという方式であり、相手方当事者がいないところで裁判官と話すというかたちをとる。相手方がいないため、当事者が相手の前では言いにくいことや本音を語ることができる。その反面、相手方当事者が裁判官に何を言っているのかまったくわからないうえに反論の機会もないのであり、また、場合によっては「このままでは判決になりますよ」と言われ、自分に不利な判決が出る可能性をほのめかされることによって強制的に和解をのまされることも考えられる。

とくに、弁論兼和解で交互面接方式が使われたにもかかわらず和解がまとまらなかった場合には、弁論に戻り判決で決着をつけなければならないことになり、裁判官が交互面接方式でとった心証をそのまま判決に使うのではないかというおそれもある。最近では和解や調停の場でのこの方式の有効性も疑問視されているが、とくに弁論兼和解という玉虫色の手続のなかでこの交互面接方式がおこなわれることについては、弁護士をはじめとしてかなり批判が多かったようである。

ところで、交互面接方式や弁論兼和解においては法廷の場よりも活発に当事者が意見を述べる傾向にあるということについて、公の場での議論が苦手であるという日本人の国民性をあげる立場もある。国民性といえるかどうかは別としても、法廷における手続とは異なり、弁論兼和解においては、裁判官も法服を脱ぎ、壇上から降りて当事者と同じ目線で語り、書証などを膝つきあわせて検討するといった比較的穏やかなムードのなかで実態に即した率直な討議ができるというのはたしかであろう。これにより、裁判所と当事者との間や当事者相互の間にコミュニケーションが成り立ち、本人も事案そのものや審理の状況について理解と認識を深めることができるし、相手方の立場を加味して自らの行動を再度振り返るといったことも可能になり、当事者間に協調的気運が出て最終的には和解へいたりやすいことも想像に難くない。

このように、もっぱら口頭弁論というオモテ側ではなく、ウラの弁論兼和解で活発なやりとり、実質的な紛争解決がおこなわれていたのである。

陳述書

つぎに、弁論兼和解と同様に、実務のなかで近年さかんに利用されているのが陳述書である。陳述書についても明確な定義や実定法上の根拠もあきらかではない。陳述書の内容としては、事件にかんして当事者や関係人の経験を時系列的に述べたもの、つまり人証の供述を書面にしたようなものが多いとのことである。

当事者の主張を記載しているという点では準備書面に近い性質をもつにもかかわらず、手続上は書証として取り扱われるという、いわば「準備書面兼書証」といったヌエ的性格にたいして賛否両論があるが、裁判所としては、当事者自身の考える事件のストーリーや、準備書面には記載されていないような事情を知ることができ、争点整理に役立つ資料になるとして各種の審理充実方策で奨励されている。

弁論兼和解のほうは、当初もっていたさまざまな機能がしだいに争点整理手続としての機能に矮小化されていった一方で、陳述書の取扱いについては今後の議論によるところが大きいが、やはり審理の迅速化に資するための道具として実務では使われていくと考えられる。

弁論兼和解・陳述書のメリットが物語るもの

このような実務による弁論兼和解や陳述書の隆盛が示していたものは、何であったのだろうか。両者に共通するのは、裁判所にとってはそれを使うことにより間接事実や事情などの情報を得やすいという点である。たとえば裁判官側からみた弁論兼和解のメリットとして、法廷外の和解室等で実施することにより裁判官も当事者から形式張らずに間接事実・背景事情を聴取でき、書証や図面の理解も容易にできる、実質的な討論を通じて早期に紛争の全体像・争点の把握や見通しをつけやすくなる、といったものがある。これらは最終的には判断者という立場である裁判官が、要件事実論（＊）にそった主張立証ではなかなか得ることのできない紛争のストーリーや背景を当事者から手っ取りばやく獲得する手段として弁論兼和解を位置づけていることがわかる。他方、陳述書についてもまったく同様であり、裁判官が早期に事件のストーリーを知り、主張や争点の整理をするのに役立つのである。

＊法律効果を生じさせる法律要件に該当する具体的事実。たとえば原告が被告にたいし貸金債権を請求するさいに、この貸金債権の発生（消費貸借契約）が認められるには原告と被告の間において返還約束があったことと金銭の授受があったことのふたつの事実の存在があきらかにならねばならない。これによって民法五八七条の適用が可能となる。この「返還約束」と「金銭授受」が要件事実であり、実際の訴訟ではこれに該当する事実を主張立証しなければ法的効果を導くことができない。司法研修所においては何が要件事実であり、原告被告のどちらが主張しなければならないかという観点から訴状、答弁書、判決の書き方について実践的訓練を受ける。

他方、当事者側も自らの言葉で裁判官に事件の顚末や心境を語ったり、自分の話したストーリーが書面になって裁判所に提出されることについては、「三分弁論」や「五月雨型審理」よりも満足度が高いと考えられよう。蛇足ながら、弁護士としても当事者に満足感を与え、ガス抜き的作用があるため都合のよいものとして多用されていると思われる。

結局、弁論兼和解や陳述書といった実務の動きから考えられることは、要件事実論にしたがった主張・立証をおこない、争点をしぼって証拠調べをするといった権利義務を志向する裁判過程のあり方自体に当事者のみならず裁判官も限界を感じているということではないだろうか。

もちろん、当事者と裁判官では、それらに感じている魅力のポイントは異なっている。たとえば、陳述書作成にあたって当事者は自分の言葉で語ることに満足を見いだすかもしれないが、裁判官としては一方では本人からのナマの情報がほしいという気持ちがありながら、しかしまったくのナマの主観的な事実や感情をもち出されるとかえって困るようであり、弁護士によってある程度整理され法的なスクリーニングを受けた、要件事実論的ストーリーの作成に資する情報のみを望んでいるようである。

このように、裁判過程の現実においては裁判官の考える法的な紛争イメージと当事者が抱える紛争イメージのギャップや、要件事実にしぼった主張立証、判決のあり方自体を再検討しないかぎり、「迅速な裁判」のために、裁判所側はいつまでも、要件事実にしたがった主張立証では得ることはできないが、しかし要件事実論的ストーリーの作成には役立つ背景事情の獲得のための手段を講じるであろう。そのなかで当事者は、たとえ自分の考える真の争点や訴訟で解決を求めたい内容がかならずしも訴訟物そのものではなく、むしろ訴訟物以外、要件事実に該当する事実以外の点についての争いが真の紛争のポイントであるとしても、裁判手続においてはそれを直接に解決する手だてをもたず、判断者としての裁判官に裁判官の必要とする情報を提供する脇役としてのみ扱われつづけるのである。

そしてこのような裁判のあり方は、裁判所内だけで当事者が不満に思うだけではなく、判決を手に当事者が裁判所を出た瞬間から、当事者につぎなる問題を課すことになるのである。

4　執行手続の現実

取下げの多い執行過程

判決手続につづく執行手続は、すでに確定された権利を迅速かつ効率的に実現する手続として位置づけられている。つまり当事者間の紛争にはすでに決着がついているのであるから、後は任意に履行しない債務者に執行機関が公権力による強制を加えて履行があったのと同じ事実的・法的状態をつくり出すだけだというものである。債権者がいったん執行を申し立てるともはや問題は債権者と債務者という当事者の水平関係ではなく、執行機関と債務者の間の垂直関係での問題に移行し、執行機関がいかに迅速かつ効率的に手続を進めうるかが問題となる。

しかし、これもさきにみたように、統計のうえでは例外的なものにすぎず、ほとんどが法の予定する道筋をたどることなく終了する。

たとえば終局区分として多いのは取下げであるが、これは債権者が執行を申し立てたものの執行手続外で分割弁済などについての交渉が成立したり、執行を通じて債務者側の資産状況がわかることにより、これ以上執行手続を進行させても無駄であることがわかるなどの理由によるものと考えられる。

このように判決の実効性を担保するという法システムの要として位置づけられるはずの執行の場がモデルどおりに進行せず、むしろ本来的な機能が例外として捉えられるという現実をどのように解すればよいのであろうか。

この問題を考えるカギは執行の前段階である裁判をはじめとする債務名義成立過程にあると考えられる。

たとえば、判決が債務名義である場合、その主文には「被告は原告に一〇〇万円を支払え」というように記載されており、ここでは、当事者にとっては重要な問題である「いつ、どこで、どのように支払うのか」という点については何も決められていない。さきにみたように、裁判は訴訟物という原告被告間の法的紛争、権利関係の有無についての判断を示せばよいのであるからこのことは当然であるし、さらにいうならば、被告が現実に支払うだけの資力があるかどうかという点についても配慮する必要はないのである。このような履行をめぐる問題は法の問題ではなく、もっぱら事実の問題として判決後に、裁判外で、当事者間で交渉されるべき問題であるとして最初から除外されて考えられているのである。

当事者間コミュニケーションの成立しない裁判・執行過程

しかし、前述のような裁判過程の現実をみた場合、ほとんどのケースでは欠席判決をはじめとして当事者間に現実にコミュニケーションが成立していないため、裁判外で履行につき交渉しがたいという問題がある。債務名義のなかでももっとも執行において利用されることの多い支払督促のような場合はとくにこの問題が大きい。また、たとえ裁判において、両当事者が対峙したとしても、判決過程における「争点」が「訴訟物」へと向かうための法専門家による過去の要件事実論的ストーリーづくりに終始する場合、結局のところ、その後将来的にどうするのかといった観点からのコミュニケーションはおこなわれず、裁判外で新たに交渉するしかないのである。

このような交渉がうまく進展しない場合に執行過程に紛争がもち込まれるのであるが、執行手続においてももはや当事者間が履行について交渉する場はなく、ここでも執行過程外にそのような場をもつしかないのである。要するに過去の事実関係を明確にするという判決手続とそれを実現する執行手続という伝統的な考え方には、その後の当事者の将来的関係や法的関係だけではなく社会的関係をも含めた当事者間の関係づけという観点が存在せず、当事者は自らそのような関係づけをおこなう負担を負わなければならないのである。

最近の執行事情

さらに近時では、いわゆるバブル経済崩壊後の不良債権問題に関連して、不動産執行における執行妨害対策が社会経済レベルの関心事となっている。九六年、九八年というように頻繁に民事執行法などの改正がおこなわれ、実務のほうでも東京地裁を中心として妨害排除と執行の迅速化のための活発な動きが目立つ。ここで妨害の対象となっているのは、いままで述べたような判決をはじめとする債務名義によっておこなわれる強制執行ではなく、もっぱら担保権実行としての競売(*)の場面であることが多い。強制執行も担保権実行も、その開始要件、開始の法的根拠は異なるものの、いったん執行に着手されればできるだけ高い価額でしかも迅速に売却をおこない、債権者に配当することが制度の目的と考えられている。

＊　担保権者が担保権の目的物を金銭に換えて、被担保債権の満足をはかる手続。強制執行と同様に私権の強制的実現をはかるものであるため、民事執行法において両者は統合的に規定さ

——れた。

執行の場面では、少しでも多額の債権回収をしたい債権者側と、できるだけ目的物を手放したくない、長く住みつづけその間に金策を尽くしたい、手放すとしても高額で売却したいと考える債務者や担保権の目的物を所有者、あるいは執行手続を通じてできるだけ安く物件を手に入れ、高く転売したいと考える者など、さまざまな利害、思惑がぶつかる。それゆえに、一見、差押え→換価→満足と一直線でシンプルな手続進行がおこなわれるようにみえるが、実のところそうは簡単にいかない。執行を長引かせる、買受けの申し出が誰からもなされないようにする、売却価額を引き下げる、物件を買い受けた者に立退き料を請求するなど、多様な目的をもって多様な手段を講じる「占有屋」「抗告屋（執行抗告という異議申立て手続を利用して執行を事実上長引かせる）」「競売屋」などとよばれる者も執行手続には登場する。これらは債権者や債務者が自らの利益のために利用する場合もあれば、その者自身が利益を追求して参入してくることもある。

これらを「執行妨害」として、執行の場面から排除し迅速に手続を進めるための方策が出されるが、これを受けてすぐにまた他の妨害態様が生じるというようなイタチゴッコがつづいている。このような執行妨害は、一面ではたしかに法の実現をさまたげる排除すべきものであるといえよう。しかし、「迅速かつ効率的に売る」という制度の目的だけが一人歩きをはじめているようにもみえる。もともと債権者と債務者の関係であったものが、執行にいたれば執行機関と債務者の関係になり、権利の実現、債権の回収のための方策がもっぱら「財産を売る」というかたちだけであることにも問題の一端があるとはいえないだろうか。

5　これからの課題

以上、裁判過程の現実として、裁判過程とそれにつづく執行過程を当事者間の関係づけという視点から概観してきた。

現行民事訴訟法によって判決手続は、争点を早期に絞り込み、争点をめぐる証拠調べを集中的におこなう、そしてそれにたいする判断を下すといった紛争や争点を客観的なモノとして固定的に把握する手続へとますます純化されたようにみえる。たしかにこの方法によって民事第一審事件の審理期間の平均は一二・二カ月（一九九一年）から九・三カ月（一九九九年）と短縮している。

しかし、この迅速化の背後で、当事者が訴訟手続終了後に負っていかなければならない負担がますます重いものとして残されるのであれば、訴訟は迅速化したものの、その分、実は当事者が訴訟手続外でさらなる負担を負うことになっただけだということになりかねない。むろん、このような負担を負うとしても、訴訟外の紛争解決をルーティン・ワークとしておこなうことができたり、そのコストを他に転化する方策をもつ企業のような組織当事者であれば、現行民事訴訟法の方向性は一定の評価を得ることができるであろう。同様の理由で、執行過程を迅速化する現在の方策は、執行手続をくり返し利用することの多い金融機関などの組織債権者にはメリットが多いと思われる。

しかし、そうでない一般個人の当事者の場合はどうであろうか。たとえば、少額訴訟の利用により一日で勝訴判決が出たとしてもその後の履行がなされなければ結局執行手続にいくほかはない、執行手続を利用しても相手と相対交渉することはなく、資力のない相手からは何も獲得できない、結局は骨折り損に終わる、というようなことが生じる可能性は高いのである。

これらの問題にたいするひとつの方向性は、弁論兼和解や陳述書の利用と同様に実務のなかから出てきた「Nコート」方式(＊)のなかにもすでにあったと思われる。もっぱら集中審理の試みとして捉えられがちなNコートであるが、その集中審理の前に、あるいは集中審理においておこなわれていた裁判官、書記官、弁護士、当事者、さらには証人、法律外専門家などの第三者の間の法廷内外でのコミュニケーションを活性化させる工夫が随所に盛り込まれていた。このコミュニケーションの動態や、このような審理方式自体が当事者双方の関係にたいしてもっていた影響のほうにこそ目を向けていかねばならない。

＊ 民事訴訟法改正前、実務家側から集中審理にかんする工夫が数多く報告されている(後掲文献参照)。なかでもNコートは「人間の顔の見える裁判」、当事者本人にわかりやすい開かれた裁判をめざして、裁判官と書記官がチームワークにより訴訟運営をおこなうという試みである。そこでは書記官の役割も、調書作成事務だけではなく争点整理等に参加し当事者や裁判官と共通の認識をもちつつ訴訟運営に活躍する「コート・マネジャー」へと変化する。「争点整理ワークブック」を利用した充実しかつ合理化された争点整理、対質型の証人尋問(同時に複数の証人、当事者を在廷させ、同一の事項について尋問したり他の者の供述につ

きその真偽をたずねる方式）を利用しながらの集中審理、専門家（たとえば医療過誤訴訟などの科学的技術に関するもの）の巻き込みなど、随所に斬新な工夫が見られた。なお、Nコートの「N」は無理のない自然で（natural）公平な（neutral）審理をめざしたことに由来する（後掲判例タイムズ八四八号文献）。

ここでは単に要件事実論や権利志向の判断に向かうための効率性だけではなく、当事者自身がいかに自分の抱えている紛争を裁判所や専門家を使って効率的に処理していくのか、また、討論型弁論や集中審理によって当事者間、当事者と他の第三者との間に生じたコミュニケーションが裁判外・裁判後にどのように利用されていくのか、さらには当事者自身がどのように変化していくのかといった観点からの検討が必要であろう。

あるいは今後も多用されるであろう陳述書にしても、その裁判上の位置づけや機能だけをみるのではなく、裁判外における陳述書作成過程での当事者と弁護士、法律事務所の事務員等とのコミュニケーションなどをみることにより再検討されねばなるまい。

「真実」や「権利」「正しいこと」を迅速に見いだすことによる解決の限界を認識し、従来の紛争解決方法に代わるような「解決」観や審理方式を模索するためには、制度自体や法そのものに着目するのではなく、制度や法を動かし利用する「人」やその動かし方、コミュニケーションの動態に着目する必要があると考えられるのである。

【参考文献】


井垣敏生［一九九三］「民事集中審理について――体験的レポート」判例タイムズ七九八号六頁。

井上治典［一九九三］「弁論の条件――和解兼弁論の位置と評価」『民事手続論』有斐閣。

井上正三・高橋宏志・井上治典編［一九九六］『対話型審理』信山社。

加藤新太郎［一九九六］『手続裁量論』弘文堂。

高木新二郎監修・民事執行保全処分研究会編［一九九七］『執行妨害対策の実務（新版）』金融財政事情研究会。

高橋宏志［一九九八］『新民事訴訟法論考』信山社。

和田仁孝［一九九四］『民事紛争処理論』信山社。

集中審理に関する文献
「シンポジウム・民事訴訟の促進について」『民事訴訟雑誌』三〇巻［一九八四］。

「特集：争点整理及び集中証拠調べをめぐる諸問題」［一九九四］判例タイムズ八四八号四頁以下。

「座談会：民事集中審理について」［一九九四］判例タイムズ八二八号六頁。

「特集：民事集中審理の実際――東京地裁・大阪地裁における試み」［一九九五］判例タイムズ八八六号。

……………［西川佳代］

第9章 現代型訴訟のインパクト

●——現代型訴訟とは、日本における社会的・経済的・政治的諸構造の変化にともない一九六〇年代後半以降提起されるようになってきた一定の訴訟類型の呼称であるが、その出現が日本の法システムにおよぼしたインパクトは広範にわたり、かつ深甚なものであった。本章では、現代型訴訟とよばれる訴訟類型のさまざまな特徴と、その出現が法システムにたいして提示した諸問題とについて、実例に即しながら法社会学的な観点から検討を加えるとともに、法システムをめぐる大きな構想・展望との関係で現代型訴訟という現象がどのような意味をもつのかを説明する。——●

1 大阪国際空港騒音訴訟

まず本節では、現代型訴訟とよばれるものについての具体的なイメージをもってもらうために、その典型例のひとつである大阪国際空港騒音訴訟（以下、「大阪空港訴訟」とよぶ）について概観しよう。

大阪国際空港では一九六四年のジェット機就航以来、航空機の離着陸にともなう空港周辺の騒音問題が深刻化していった。騒音対策を求める住民運動は盛り上がり、国への要求をつづけたが、さしたる改善がもたらされなかったため、六九年一二月に川西市の住民二八名が、大阪国際空港に離発着する航空機の騒音・振動等に起因する精神的・肉体的被害、生活環境破壊(具体的には、騒音・墜落への不安からくる不快感、騒音による難聴・睡眠不足、家庭での会話妨害等)を理由として、国に(1)人格権ないし環境権にもとづき午後九時から翌朝七時までの空港供用停止、(2)提訴時までの非財産的損害にたいする賠償、(3)被告らの居住する地域における騒音が六五ホン以下になるまでの間の損害にたいする賠償、を求め提訴した(七一年六月・一一月に同様の請求をおこなう第二・三次訴訟が提起され第一次訴訟と併合、第一審判決の時点での原告は計二六〇名を超えた)。

訴訟の提起以降、騒音対策はようやく進展をみせる。すなわち、七一年一二月に当時の環境庁長官は運輸大臣にたいし、大阪国際空港における午後一〇時から翌朝七時までの全面飛行禁止等を指示し、運輸省は翌年四月に同時間帯の夜間便規制等を実施、また七三年一二月には環境庁が空港周辺地域での騒音基準値を設定する。

七四年二月に低騒音機の乗入れが決定されたその直後に出された第一審判決は、すでに実施されていた午後一〇時以降の飛行差止めと過去の損害についてのみの賠償とを認めるもので、原・被告はともに控訴する。その翌月には航空機騒音防止法の改正と運輸省による減便指示がなされ、同年五月に減便が実施される。第二審判決が出されたのは七五年一一月二七日で、その内容は、人格権にもとづき午後九時から翌朝七時までの空港供用停止請求を認め、また過去分のみならず将来原・被告間で航空機運航規制にかんして交渉が成立するまでの間の賠償をも命じる、原告住民の要求を全面的に容れるものであった。国は上告するが、その上告同日、自主的行政措置として減便と午後九時以降の国内線ダイヤの制限とを国内各航空会社に指示し、それはただちに実現、また国際線にかんしても各航空会社の自主的措置により七六年七月に午後九時以降のダイヤは姿を消し、差止めにかんする原告の要求はここに事実上達成されることとなる。

大法廷への回付等を経て八一年一二月一六日に下された最高裁の判決内容は第二審判決と大きく異なり、夜間の飛行差止請求にかんしては〈航空行政権行使の取消変更・発動を不可避的に求めることとなり、民事上の請求としては不適法〉として却下、損害賠償請求についても将来分にかんしては却下し、過去分の損害賠償についてのみ原審の判断を維持するものであった。ただし、最高裁判決後も午後九時以降の運行ダイヤは組まれぬまま、今日にいたっている（大阪空港訴訟をめぐる包括的な資料集として、大阪空港公害訴訟弁護団編［一九八六］参照）。

2　現代型訴訟の特徴

従来型訴訟モデルとの相違点

「現代型訴訟」とは、一九六〇年代後半以降に日本においてあらわれはじめた、一定の特徴を備えた訴訟の呼称である。大阪空港訴訟のほかいわゆる四大公害訴訟等の公害・環境訴訟、スモン訴訟・HIV訴訟等の薬害訴訟、ジュース表示訴訟等の消費者訴訟、伊方原発訴訟等の大規模公共施設訴訟、議員定数配分規定違憲訴訟等が、その典型例としてあげられる（以上の事件の概略については、本文中に掲げる文献のほか、さしあたり『法律事件百選』ジュリスト九〇〇号［一九八八］、高橋利明・塚原英治編［一九九六］参照）。

法学的観点からは、こうした訴訟は、近代法システムが想定する訴訟モデル（これを「従来型訴訟モデル」とよぶことにする）と異なる性格を有しているという意味で「現代的」であると考えられる。以下に、現代型訴訟の特徴を、従来型訴訟モデルと対比しながら説明しよう（ただし、現代型訴訟がつねに、以下に挙げる特徴のすべてを備えているわけではない。従来型訴訟モデルについては田中成明［一九七九］第一章、現代型訴訟の特徴については田中成明［一九九六］第四章、新堂幸司［一九九三］およびアメリカ合衆国における法制度の状況を前提としたものとしてシェイズ［一九七八］参照）。

(1)当事者・被害の性質――従来型訴訟モデルにおいては、訴訟の両当事者は、西洋近代的な意味での「個人」を範型とする、立場の互換性がある二者である。それにたいし現代型訴訟においては、原告は、同一の事柄を原因として発生した被害を受けた／発生する可能性のある被害を将来受ける、と主張する者であって、しばしば多人数にのぼり、他方被告は国・公共団体・大企業であることが多い。また原告が、政治過程・立法過程への効果的なアクセスを果たしえない政治的・社会的意味での「弱者」であることも少なくない。原・被告とも「個人」のアナロジーとして扱うことが困難であるという点でも、原・被告間が操作しうる諸資源の格差がはなはだしく、当事者の互換性が失われているという点でも、従来型訴訟モデルとの隔たりは大きい。

また、主張される被害の面では、四大公害訴訟や薬害訴訟におけるように甚大なものである場合もあるが、全体的な傾向としては、消費者訴訟に典型的にみられるように、被害者一人一人についてみればむしろ従来型訴訟モデルにおいて想定される被害よりも微細なものとなってきている。

(2)請求内容——従来型訴訟モデルにおいては、当事者間で生じた過去の事実に起因する損害を事後的・個別的に金銭によって賠償せよ、という請求を扱うことが想定されているが、現代型訴訟においては、将来にかんする請求がしばしばなされ、とりわけ将来の被害の発生を防止するために事業・活動の差止めが請求されることが多い。

また、被告が国・地方公共団体である場合には、大阪空港訴訟において国際線をも含めた航空機の運行状況が問題とされ、その意味で国の運輸政策の当否が問われたように、原告が意図しようとしまいと、その要求が政策のあり方の当否を問うという意味を往々にしてもち、また、私企業を相手とする場合でも、一定規模の社会的有用性をもつ活動・事業の当否を問うということが社会的・政治的におよぼす影響はしばしばきわめて大きい(以上の点に着目して、現代型訴訟を「政策志向型訴訟」あるいは「政策形成訴訟」とよぶこともある)。この点に関連して、既存の政策・活動のあり方にたいして異議をとなえることの正当性を高めるために、大阪空港訴訟における環境権の主張のように、原告の要求が新たな権利の承認を求めるというかたちをとることもしばしばである。

「現代型」とは?

以上のような特徴を備えた訴訟は、(法) 社会学的には、その出現が社会的・経済的・政治的構造における現代的諸変化に起因すると考えられるという意味で「現代型」といえる。

現代型訴訟の出現の背景には、高度経済成長と軌を一にして生じた社会構造上の変化、すなわち消費水準の向上やさまざまな社会的需要(交通需要・電力需要等)の増大という現象が存在する。それに呼応する大量生産・大量消費の進展が被害の広範化、当事者の多数化を招くことは容易に理解できよう。また、そうした社会的需要の充足が、大規模開発プロジェクトの遂行というかたちで図られた場合には、当該事業からの受益者の範囲はしばしば飛躍的に拡大するが、そのような事業が一定の被害を生み出し、かつ被害者の範囲が一定範囲内にとどまる狭いものであるならば、そうした被害は事業者および受益者にとっては受益の大きさに隠れてしまい認知・実感するのが困難なため、当該事業を自ら中止する、あるいは事業からの受益を辞退するという動機が生まれにくく、結局その事業は継続されやすい。その結果、被害の継続的発生を予想する(可能的)被害者の請求は、当該事業の差止めを含むものになっていこう(梶田孝道 [一九八八] 第一章、第二章、参照)。

また、現代型訴訟を、こうした社会的な構造変動のもとで既存のさまざまな(実定法体系にかぎられぬ)規範構造が社会とのズレを生じた結果として、それらの規範構造を変化した社会状況に整合的なものへ転換させることを要求して提起されるものと捉えるならば、そこで変更を要求される規範構造が、それまでは当然視されていた、公共政策や大企業による事業活動のあり方を支える基本的な価値体系である場合には、そのような要求・訴訟は政策志向的な意味をもつことになる（現代型訴訟をこのような角度から把握する六本佳平は、公共政策や企業活動を支える公式の規範構造のみならず、津隣人訴訟などのミクロな人間関係レベルでの非公式的な規範構造の変更を要求する訴訟をも現代型訴訟の範疇に含める。六本佳平［一九九一］参照）。

以上に加えて、科学技術の発展は、被害の広範化を招く要因になる（大阪空港騒音事件におけるジェット機就航はその一例である）とともに、訴訟の場においても、当該科学技術を知悉する当事者としない当事者との間での力の格差を生み、かつ、審理対象に備わる不確定性を増大させる（村上淳一［一九九六］参照）こと等を通じて、従来型訴訟モデルの想定を超える紛争を増加させている。

こうした社会・経済・政治的構造という客観的条件の変化と並んで、訴訟提起主体の意識・観念における訴訟利用への障壁・抵抗感がしだいに少なくなるという、主観的条件の面での現代的変化もおそらく現代型訴訟の出現を支えるひとつの要因であろう（逆に現代型訴訟の提起という現象が日本人の意識・観念の変化を促すという側面もあると考えられる）。ただし他方で、現代型訴訟の提起を、伝統的な訴訟提起行動の延長線上に位置づけたり、社会構造上の変化にともない訴訟以外の有効な紛争処理方式が失われたという社会の側の客観的な条件の変化の所産として理解したりする方が、むしろ適切な場合もあることに注意すべきである（＊）。

＊この点に関連して、現代型訴訟の政策志向性という特徴に着目しつつ、そうした訴訟が提起される機序を説明しようとする平井宜雄の理論が、〈訴訟提起行動が「現代的」なものへと変化した〉というのではなく、むしろ訴訟選択行動の面での変化を前提とせずに、〈現代において提起される訴訟の一類型は政策志向的なものたらざるをえない〉と主張する点にも注意されたい（平井宜雄［一九八〇］第二章、同［一九九一］参照）。一般に日本人の法意識・法観念とそれに対応する訴訟選択行動との変化を説得的に提示する実証的研究は未だ多くなく、現代型訴訟の出現との関係でも、それは今後いっそう論じられるべき主題である（「法意識」論を含む「日本の法文化」論の概観として六本佳平［一九九三］参照）。

以上を要するに、現代型訴訟とは、社会的・経済的・政治的な諸構造において生じた変化に呼応して提起された訴訟という性格をもつものであり、また、その結果、近代法を支える社会構造に対応するものとして形成されてきた従来型訴訟モデルにたいして、多かれ少なかれその基本構造の変革を迫るものであるといえる。つづいて、現代型訴訟の出現によってそのような問題を突きつけられた日本の法システムの対応と、現代型訴訟がひろく日本の社会に与えたインパクトを概観しよう。

3　現代型訴訟のインパクト

まずは、現代型訴訟の諸特徴のなかでもとくに政策志向的性質にかんして裁判所がみせた対応について説明しよう（＊）。訴訟での判決が政策と関係をもちうるケースにはいくつかの類型が考えられるが、ここでは、第一次的には個別被害の救済を求める請求内容を実現することが不可避的に訴訟外の多くの利害関係者、ひいては政策のあり方に影響を及ぼすケース（公害・薬害紛争はその典型である）について考えてみたい（その他の類型については内田貴［一九九七］とくに一五九―一六〇頁を参照）。

＊ 現代型訴訟の諸特徴への裁判所の対応は、具体的には、過失や因果関係の認定、当事者適格、請求の特定といった論点をめぐる法解釈論的問題としてあらわれることが多いが、それらについての個別的な説明は本稿の範囲を超える。さしあたり淡路剛久ほか［一九九三］、太田勝造［一九九一］参照。

こうしたケースに訴訟が正面から対応し、適切に処理しようとするならば、その思考様式を根本的に変化させる必要が生じる。従来型訴訟モデルにおいて想定されている、あらかじめ定められた内容の明確な実体的基準を二当事者間で生じた具体的な事実に当てはめるという思考様式に依拠するかぎり、多数の利害関係者について考慮することも将来にかかわる適切な措置を定めることも原理的に困難だからである（平井宜雄［一九八〇］七三―七五頁参照）。そのような思考様式の転回をおこなわない場合には、司法制度としては、そうした請求は審理しても認められない（棄却）あるいはそもそも審理できない（却下）という対応をとることになる。日本の裁判所（とりわけ最高裁）がとっているのは、時期によって多少の揺れはあったものの、基本的には従来型の法思考の維持という対応である。そうした姿勢は上述の大阪空港訴訟最高裁判決以降に顕著となり、それ以後の例としては、抽象的差止請求を不適法とした西淀川公害第一次訴訟第一審判決、従前どおりの立証責任を消費者に課した結果、損害の立証不充分として請求を棄却した鶴岡灯油訴訟最高裁判決など、枚挙にいとまがない（ただし、公害差止めをめぐる裁判所の判断については、近時変化の兆しがみえる。「特集・大気汚染公害訴訟の到達点と成果」『法律時報』七三巻三号［二〇〇一］参照）。

ただし、現代型訴訟においては、判決レベルでの政策形成・変更に日本の裁判所が消極的であるのと対照的に、訴訟の提起とその後の審理過程が実際上、政策の変更をもたらしたとみなしうる場合が少なくない点も重要である。大阪空港訴訟の提起およびその判決（とくに第二審）が、法整備を含む周辺騒音対策と航空機運航時間帯の変更とにきわめて大きな影響を与えたと考えられるのはその一例である（ほかにもたとえば、スモン訴訟の提起と進行は国の薬害防止対策を促進させたと考えられる。淡路剛久［一九八一］、とくに一五八―一六二頁参照）。また、国鉄にたいし全客車の半数以上を禁煙車とすること等を求めた嫌煙権訴訟の提起は、マスコミ報道を通じて「嫌煙権」という主張に一定の社会的正当性が付与されたこととあいまって、結果的には原告が敗訴したにもかかわらず、国鉄による禁煙車両の設置促進に大きな影響があったと考えられている（嫌煙権訴訟については、法学的観点から概観するものとして大沢秀介［一九九四］を、また法社会学的観点から多角的に検討を加えるものとして棚瀬孝雄編［二〇〇〇］を、それぞれ参照）。こうした事実上のインパクトは、訴訟とは公開原則のもとで両当事者が論拠を提示しながら自己の要求の正当性の主張を試みる紛争処理方式であるとする従来型モデルにもとづき訴訟が運営されることを通じて、問題の所在と論点とが社会に向かって広く開示されることのひとつの結果であるといえる。近時では、事実的インパクトの発生を意図し、いわば戦略的に訴訟が提起される場合もある（嫌煙権訴訟はその典型である）。ただし、事実的インパクトという面では、原告の主張を退ける判決の提示が、既存の政策を肯認するという影響を事実上与え、また、新たな規範秩序の定立をめざす運動からその正当性を奪う可能性があることも無視しえない。

4　現代型訴訟と調停・和解

判決手続以外の紛争処理制度

現代型訴訟という現象に法社会学的関心からアプローチする場合、さきに試みたようにその出現の背景を社会学的に検討したり、日本の裁判所が政策形成に消極的であることの原因を探ったり（宮澤節生［一九九四］第一〇・一七講、参照）と、さまざまな問題設定をおこなうことが可能であるが、つづいては、そうしたアプローチのひとつの例として、訴訟による紛争処理の有効性と限界の検討という問題関心から、訴訟と政策との関係について考えてみたい。

上述のように、従来型訴訟モデルに遵うかぎりは、利害関係が複雑に関係しあい、将来にかかわる措置の適切なデザインを必要とする問題・紛争を訴訟、とりわけ判決を通じて処理することは原理的に困難である。そこで、従来型訴訟モデルからの脱却をはかるべきである、と考えるのはひとつの選択肢であるが、他方で、現代型訴訟の出現が提示した問題にたいし日本の法システムが、訴訟上の和解や訴訟外の紛争処理制度といった、判決手続以外の方法の活用を通じて対応しているという現実があることも看過してはならない。もし判決以外の方法によって、現代型訴訟が提起する諸問題が適切に処理されているのならば、あえて判決を通じてそうした問題に対処する必要はない、ということにもなりえよう。本章では、両者のあるべき役割分担についての議論をおこなうことはできないが、その予備的作業として、調停および訴訟上の和解が現代型訴訟の提起する問題にどのような対応をしているか、実例に即して検討してみたい（訴訟・和解・調停の得失一般にかんしては、六本佳平［一九八六］第二章第四節・第九章、田中成明［一九九〇］第六章、とくに現代型訴訟との関連では守屋 明［一九九五］第三章第一節、を参照されたい）。

まず調停についてであるが、本章冒頭で説明した訴訟と並行して、総務省公害等調整委員会（以下、「公調委」とよぶ。なお、二〇〇一年に実施された中央省庁再編以前は、総理府の外局であった）による調停がおこなわれた大阪空港騒音事件をふたたび例にとろう。その最初の調停申請は七三年二月で、その後七六年までに計約二万名の住民が調停申請に加わった。この調停は、国を相手として、夜間の供用停止にとどまらず八一年以降の大阪国際空港の廃止を求めた点に、きわだった特色がある（そのほかに、空港廃止までの間、航空機騒音を一定程度以下とすることと、申請時および騒音低減ないし空港廃止が実施されるまでの間の各損害にたいする賠償とを求めている）。調停の最初の成果として、騒音発生源対策・空港周辺対策について七五年一〇・一一月になされた申請住民と国との間の合意があるが、その内容は、国が当時すでに示していた数値を確認する、あるいは即効性の少ないものにとどまっており、その直後の、原告請求をほぼ全面的に認めた第二審判決と対照的である。

その後は空港撤去申請にかんする調停手続が進められ、八〇年六月に、〈大阪国際空港の社会的・文化的役割、関西国際空港開港が与える影響等について国がおこなう調査の結果を申請住民に開示し、その意見を充分聴取した上で、関西国際空港開港時までに、国の責任において大阪国際空港の存廃を決定する〉との合意が成立する。八一年に最高裁判決が出されるのを待って開始された賠償請求にかんする調停について最終的な合意が成立したのは八六年一二月のことであった。その間、上述の合意にもとづき、国は八三年から空港存続にかんする調査を開始し、申請住民からの意見聴取を経て、九〇年に調停団と運輸省との間で「大阪国際空港の今後の運用及び環境対策に関する協定」を公調委事務局立会いのもとで結んだ後、大阪国際空港の存続を決定した。申請住民と運輸省との間では、その後も必要に応じて空港運営・環境対策等にかんして協議の場を設けている。

公調委による調停の機能

現代型訴訟が社会・経済・政治的な諸構造の変化によって惹起される性格をもつことを考えるならば、そうした構造変化に適切に対応するべく調停が機能しているか、という視点から、その実態を検討・分析することが必要となろう。まず、手続の柔軟性と費用の低廉さとにより二万人以上におよぶ調停申請者が大きな脱落もなく八六年の最終的な合意にまで到達できたことは、調停の利点を発揮したものといえる。また、空港の存廃という、政策的性質のきわめて強い問題について継続的な交渉の場を提供したことも訴訟と比較してのメリットといえよう。

他方、訴訟手続の終了を待って進行した調停手続は訴訟以上の期間を終了までに要しており、その合意内容も、損害賠償額では、最高裁判決が原告一人あたり一〇〇万円前後であるのにたいし調停では申請者一人あたり約一六万円、騒音・減便対策の面でも、調停での合意内容は国がすでに示していた数字を追認する性質のものにすぎなかった。実際におこなわれた騒音対策・減便措置も、訴訟の経過と照らし合わせれば、調停の進行よりは訴訟の提起と進行によってもたらされた感が強い。また、調停手続において交渉の場が成立した空港撤去の問題にかんしても、合意内容は、国の主導で空港の存廃について決定するというものであり、しかも大阪国際空港は結局存続したのであって、調停申請者の要求は実現していない。ただしその一方で、訴訟原告団と国との間では訴訟終結後には騒音問題にかんする協議・交渉の場が失われたのにたいして、調停団と国との間では調停手続の終結後も公調委の仲介でそうした協議の場が設けられているということは、訴訟関係者・調停関係者双方が、本調停のメリットとしてあげている点である。

以上をまとめるならば、公調委の調停は、多数当事者性という点など当事者の互換性の喪失という問題に、柔軟な手続をもって適切に対応した部分もあるが、調停の利点としてあげられることの多い迅速な手続というのはまったく実現されておらず、そして何よりも、空港騒音問題がとりわけ激甚であった七五年前後時点で騒音問題への唯一の実効的対応であった運行時間の短縮・減便（ひいては空港の撤去）といった点にかんしては、並行した訴訟がそれに果たした役割に遠くおよばなかった。その意味ではこの調停は本事件において、変動する社会状況に即応することができなかったというべきであろう。しかし他方、公調委の関与のもとで九〇年代以降も調停申請者と国との間で協議の場が設けられているということは、当事者間での継続的・将来的な関係・秩序の自律的な形成を法制度が支援する、そのためのひとつの方向性を示唆していると考えることも可能かもしれない（なお、公調委の調停があらゆる事件において社会変化に対応できぬということではない。以上にかんして高橋 裕［一九九四］第四章、第五章、参照。また、公調委における調停のプロセスをヴィヴィッドにえがき出すものとして、大川真郎［二〇〇一］がある）。

和解による紛争処理

つづいて、裁判所が従来型訴訟モデルの限界に訴訟上の和解の活用を通じて対応したケースとしてスモン訴訟に簡単にふれておこう。そこでの訴訟上の和解は、治療方法等にかんする被告製薬会社と国との間の継続的な協議・検討の実施、定期金の給付等をその内容としたが、国の薬事政策におよぶそれらの将来的な措置を判決により実現することは困難であるという意味で、既存の実定法を越えて正義を実現する役割を果たしたと評価されており、また、当事者が多数でしかも係属裁判所が分散したという状況において迅速かつ被害者間での公平な解決をもたらすことにも役立ったとされる（淡路剛久［一九八一］第四章参照）。

しかし他方、このケースにおいて和解を促進するひとつの要因に、迅速な現実的救済の切実な必要性という被害者側の事情があることを看過してはならない。健康被害が問題となるケース等では、自己の要求の規範性の宣言・確認を獲得することを断念してでも、合意内容の早期実現の可能性が高い和解というかたちでの現実的救済の獲得が必要な場合があるのであって（これは、法システムが規範の宣言をその第一次的な任務とするものであって、宣言内容の実現は第二次的機能に属するという点に係わる。六本佳平［一九八六］一二八―一二九頁参照）、その意味で、スモン事件における和解による紛争処理は、被害者側当事者にとっては余儀ない選択であったという側面ももつといえるのである（宮澤節生［一九九四］第四講、参照。また、近時の同様の例と理解できるHIV訴訟にかんして淡路剛久［一九九七］、公害訴訟における和解一般にかんして淡路剛久［一九九六］九三―九四頁、参照。なお、HIV訴訟をめぐっては、さきにふれた日本人の訴訟選択行動という論点と関連させつつ法社会学的検討をおこなう研究もあらわれている。フェルドマン［二〇〇一］および仲尾唯治・櫻井潤［二〇〇一］参照）。

以上の説明から、判決・調停・和解それぞれのメリット・デメリットが、実際の紛争処理の場面において、非常に錯綜したかたちであらわれてくることを理解してもらえたものと思う。現代型訴訟に法システムがどのように対応していくべきかにつきいかなる構想を立てるにせよ、原理論のみにもとづきそれらのあるべき役割分担を論じるばかりではまったく充分でなく、現実に生起しているこうした複雑な相互関係にたいする理解と洞察とをともなうことが不可欠である。

5　法システムをめぐる構想と現代型訴訟

現代型訴訟が、社会の諸構造の現代的な変化によって引き起こされるものであるとするならば、それはこれからも提起されつづけることであろう。したがって現代型訴訟について考察するさいには、そうした変化にこれから法・訴訟がどのように対応していくべきか、ひいては、これからの法システムがどうあるべきかについての構想が、同時に問われることになる。最後に、日本の法システムのあり方にかんする構想・展望について、現代型訴訟と関係するかぎりで簡単に整理しておこう（以下にかんして、山本克己［一九九七］、田中成明［一九九六］、六本佳平［二〇〇〇］三八五―三九〇頁、内田 貴［一九九七］、村上淳一［一九九六］、石川健治［一九九七］、参照）。

現代型訴訟の出現は法律学へもさまざまなかたちで大きな影響をおよぼしたが、なかでも重要なのは、民事訴訟法学および法社会学への影響である。訴訟の提起とその過程とが当該紛争の処理全体にとってもつ意義を現代型訴訟が提示したことを大きく受けとめて、そうした機能を現代型訴訟のみならず民事訴訟全体にとって枢要な地位を占めるものとして構想する論者があらわれてきたのである。その考え方によれば、訴訟の機能のうちで重要なのは、訴訟のプロセスが当事者間で問題について話し合う場を創出するという「フォーラム・セッティング機能」「交渉整序・促進機能」であり、訴訟は当事者間の紛争処理過程の、重要ではあるがひとつの場面にすぎない。そして、個々の紛争はそれぞれまったく異なる様相をもつ以上、個々の訴訟も当該紛争当事者にとってのみ意義を有するものであり、訴訟の場においても当事者自身がそれぞれの紛争に応じて具体的・個別的な規範を形成していくことが重要である、とされる（和田仁孝［一九九四］、とくに一六五―一七六頁、井上治典［一九九三］、参照）。

この考え方は、明確で画一的な（実体的）ルールの意義をきわめて小さく見積もるという方向性を包含しているという意味で、近代法（学）の基本思想に正面から対立するものであって、それだけにその方向性が前面に出る場合には、実務からも学界からも拒否反応にあっているといえる。すなわち、従来型訴訟モデルを固持している裁判実務の大勢も、日本の裁判の政策形成機能を現在以上には積極的・能動的なものにする余地があると考えている法学者の大勢も、いずれも、普遍主義的な法規範による規律の意義の肯定を基調とするものである。しかし、大阪空港騒音調停に関連して当事者間での継続的な協議の場が一定の積極的な意義を有しているととりわけ当事者によって考えられていることや、現代型訴訟において和解がある意味では有効に機能しているといった状況が、訴訟が今後果たしていく役割は実体的ルールの権威的宣言ではなく、当事者間での局所的な交渉を支えるための場を設けることであるという「プロセス重視」の発想を、現実の面から基礎づけるとみなすことも不可能ではない。

おそらく今後は、当事者の自己決定にもとづく自律的な秩序形成の重要性がいっそう叫ばれることになろう。そして、それを支え、可能にするために法システムがどのような役割を果たしうるのか、という問題設定が、法システムの構想において重要な位置を占めるようになると思われる。そこでは、価値観の多元化と社会変化の速度・振幅のいっそうの増大が予想される状況において、しかも、将来の不確定的な事柄を扱うことが要求される現代型訴訟の処理にあって、普遍主義的な法規範とそれを支える普遍主義的な価値意識・態度が自律的な秩序形成にとってしだいに有効性を失っていくと考えるか、むしろそうした状況であるからこそ、普遍主義的なルールを中核とする近代法システムが個人の自律と社会統合を支えるための制度的枠組みとして有効に作動すると考えるかが、問われているのである。

この問題に答えを出すことはむろん困難であるが、法現象をめぐる実証的な研究がそれに重要な手がかりを提供する可能性は十分にある。法社会学としては、それを果たすために、現代型訴訟を含むさまざまな法現象にかんして、実証研究をいっそう積み重ねていくことが最重要の課題であるということになるのではないか。

【参考文献】

現代型訴訟についていっそうの検討・考察をおこなうさいに手がかりとなる先行研究は数多いが、ここでは参考文献として、参照が比較的容易だと思われる単行書のなかから田中成明［一九七九］、田中成明［一九九六］、平井宜雄［一九八〇］（以上の三冊は、現代型訴訟をめぐる原理的・理論的な研究として）および淡路剛久［一九八一］、船橋晴俊ほか［一九八五］（以上の二冊は、具体的事例に即した優れたケース・スタディとして）をあげるにとどめる。

◆本章で言及した文献は以下のとおり。

淡路剛久［一九八一］『スモン事件と法』有斐閣。

――［一九九六］「公害・環境紛争」『法社会学』四八号。

――［一九九七］「繰り返された薬害事件」『自由と正義』四八巻二号。

淡路剛久・大塚直・北村喜宣・森島昭夫［一九九三］「〈研究会〉公害・環境判例の軌跡と展望」『ジュリスト』一〇一五号。

シェイズ、エイブラム（柿嶋美子訳）［一九七八］「公共的訴訟における裁判官の役割」『アメリカ法』一九七八―Ⅰ。

フェルドマン、エリック・A（仲尾唯治・櫻井潤訳）［二〇〇二］「日本とアメリカにおける訴訟と社会紛争――HIV汚染血液をめぐって」渋谷博史・丸山真人・伊藤修編『市場化とアメリカのインパクト――戦後日本経済社会の分析視角』東京大学出版会。

船橋晴俊・長谷川公一・畠中宗一・勝田晴美［一九八五］『新幹線公害――高速度文明の社会問題』有斐閣。

平井宜雄［一九八〇］『現代不法行為理論の一展望』一粒社。

――［一九九二］「『現代型訴訟』をめぐる断想」『時の法令』一四一〇号。

井上治典［一九九三］『民事手続論』有斐閣。

石川健治［一九九七］「承認と自己拘束」岩村正彦他編『現代国家と法』（岩波講座　現代の法1）岩波書店。

梶田孝道［一九八八］『テクノクラシーと社会運動』東京大学出版会。

宮澤節生［一九九四］『法過程のリアリティ』信山社。

守屋　明［一九九五］『紛争処理の法理論』悠々社。

村上淳一［一九九六］「科学技術の水準と裁判」同『現代法の透視図』東京大学出版会。

仲尾唯治・櫻井潤［二〇〇二］「資本の論理と人間社会――薬害エイズをめぐって」渋谷博史・丸山真人・伊藤修編『市場化とアメリカのインパクト――戦後日本経済社会の分析視角』東京大学出版会。

大川真郎［二〇〇一］『豊島産業廃棄物不法投棄事件――巨大な壁に挑んだ二五年のたたかい』日本評論社。

大阪空港公害訴訟弁護団編［一九八六］『大阪空港公害裁判記録』全六巻、第一法規出版。

大沢秀介［一九九四］「嫌煙権訴訟」『ジュリスト』一〇三七号。

太田勝造［一九九一］「新しいタイプの訴訟の出現と民事訴訟制度」『ジュリスト』九七一号。

六本佳平［一九八六］『法社会学』有斐閣。

――［一九九一］「『現代型訴訟』とその機能」『法社会学』四三号。

――［一九九三］「日本の社会と法」新堂幸司編『社会人のための法学入門』有斐閣。

――［二〇〇〇］『日本の法システム』放送大学教育振興会。

新堂幸司［一九九三］「現代型訴訟とその役割」同『民事訴訟制度の役割』有斐閣。

高橋利明・塚原英治編［一九九六］『ドキュメント現代訴訟』日本評論社。

高橋　裕［一九九四］『現代日本における調停制度の機能』東京大学都市行政研究会研究叢書９。

田中成明［一九七九］『裁判をめぐる法と政治』有斐閣。

――［一九九〇］『法の考え方と用い方』大蔵省印刷局。

――［一九九六］『現代社会と裁判』弘文堂。

棚瀬孝雄編［二〇〇〇］『たばこ訴訟の法社会学——現代の法と裁判の解読に向けて』世界思想社。

内田　貴［一九九七］「法の解釈と政策」岩村正彦他編『政策と法』（岩波講座　現代の法4）岩波書店。

山本克己［一九九七］「民事訴訟の現在」岩村正彦他編『現代社会と司法システム』（岩波講座　現代の法5）岩波書店。

和田仁孝［一九九四］『民事紛争処理論』信山社。

……………［高橋　裕］

第10章 小さなトラブルと裁判
——少額事件と紛争処理

●——一概に小さなトラブルとはいっても、その種類は多種多様であり、紛争当事者の受け止め方にも、さまざまなものがみられる。その法的な処理は、かならずしも簡単なものばかりとはいえないが、多くの場合に、弁護士に依頼しては費用倒れになるので、紛争当事者自らが紛争処理活動をおこなわざるをえない。しかし、紛争当事者が自己の紛争をその主体的な処理活動を通じて解決に導くことができれば、それはそれで、現代社会における望ましい紛争処理のあり方に近づくことになる。価値観の複雑化し多元化した現代社会において、法・制度が、紛争当事者の多様なニーズを柔軟に吸収でき、当事者にとって使い勝手の良いものになっているかどうかを判断するための試金石となるのが、まさに「小さなトラブル」の法的な処理手続である。

本章では、まず、小さなトラブルとは何かについて述べ、つぎに、裁判外紛争処理と訴訟との制度比較を簡潔におこなった後に、現行民事訴訟法で新たに設けられた少額訴訟手続を中心として、この種の紛争にたいするさまざまな処理手続を概説してゆきたい。そして最後に、小さなトラブルの紛争処理にかんする今後の課題について言及したい。——●

1　小さなトラブルと本人訴訟

小さなトラブルとは何か

小さなトラブルとは何かという問題は、決して小さな問題ではない。たとえば、大規模な公害・環境訴訟事件といった大きなトラブルと比較して、近隣の住宅からの騒音被害などの生活妨害事件は、相対的に小さなトラブルということができる。また、銀行の不良債権処理といった大きなトラブルと比較して、友人間の食事代の貸し借りをめぐる争いなどは、小さなトラブルということもできる。しかしながら、生活妨害事件にしても、貸金事件にしても、紛争当事者にとっては、かならずしも小さなトラブルとして粗略に扱うことを許さない要因がある。紛争というものは、人の心や生活の平安を乱す性格をも有しており、そこには、つねに抜き差しならない大きなトラブルに発展しかねない萌芽もまた存在するからである。

しかし、現代の紛争処理制度の多くは、紛争の背景や紛争当事者の思いあるいは精神生活などとは関係なく、ある手続で求める経済的な利益の大小により、トラブルの大小を決定し、その大小に応じた手続を用意する傾向にある。概して、大きなトラブルには慎重で重装備な手続があてがわれ、小さなトラブルには簡略化された手続があてがわれる。たとえば、民事訴訟という紛争処理制度ひとつをとってみても、訴訟で求める経済的利益の大小によって、その紛争を審理する裁判所やそこでの手続内容が変わるのである。

このような訴額(＊)に見合った手続保障という考え方は、一定の合理性を有している。大きなトラブルが簡略な手続で処理され、小さなトラブルが重々しい正式な手続で処理されるのは、不合理だからである。しかし、紛争の実相としては、小さなトラブルの形式をまとった大きなトラブルも少なからず存在することが、問題を複雑にする。紛争当事者が訴訟で真に求めるものが、訴状に書かれた訴訟上の請求の背後に大きく横たわる場合もある。たとえば、損害賠償請求の金額はたとえ名目的な金額（たとえば、一円）でも、被告企業の違法性を裁判所で認めてもらうことを目的とする場合や、訴訟上の和解による恒久的な救済措置（恒久救済対策）を求める場合などが、それにあたる。また、広範囲にわたる消費者被害（少額多数被害）のように、個々の被害者の被害金額は少額でも、全体的には相当額に達する場合も考えられ、社会全体としては大きなトラブルと考えられる場合もあるのである。

＊ 原告が訴えによって被告に主張する訴訟上の請求（訴訟物）の価額を訴額といい、どの訴訟手続を利用できるか（少額訴訟手続を利用できるか否か）、どの裁判所に提訴できるか（簡易裁判所か地方裁判所か）、提訴にさいして裁判所に納付すべき手数料はいくらか（訴状にいくらの収入印紙を貼付すればいいか）、弁護士にいくら支払えばいいかなどを決めるさいの基準になる。

小さなトラブルとそれを処理する制度

このように、小さなトラブルとは何かの解明自体、決して小さくない問題であり、かならずしも一筋縄ではいかない面はある。しかし、本章では、現行民事訴訟法（一九九八年一月一日施行〔二〇〇三年改正〕）により新たに「少額」の紛争処理手続として創設された少額訴訟手続が対象とする事件、すなわち「六〇万円以下の金銭請求事件」を、小さなトラブルの典型例とみなして、その処理手続を概観していくことにしたい。

ところで、小さなトラブルをこのように限定しても、それは多様である。たとえば、貸金返還請求、売買代金請求、損害賠償請求、敷金返還請求または賃金支払請求などにかんする事件など、バラエティに富んでいる。小さなトラブルにはそれなりの特色があるが、たとえば、クリーニングに出した衣服の汚損を理由とする損害賠償請求などからあきらかなように、その顕著な特色として、裁判制度に訴えて紛争を処理するには、費用対効果（コスト・パフォーマンス）の関係で難点があり、しかも、事件によっては、その証明が難しく、被害者が泣き寝入りを余儀なくされ事件自体が潜在化することも少なからず存在する。訴訟手続をはじめとする紛争処理手続にとっては、このような事件をどのように掘り起こすことができるかがひとつの課題となる（川嶋四郎［二〇〇一a］）。また、弁護士などの法専門家が、小さなトラブルにどのようにかかわっていくべきかも問題となる。ただ、その前提として、紛争当事者が、自己の紛争処理にふさわしい手続をどのように選択し利用していくことができ、どのようなかたちで救済を形成していけるか、そして、そのための手続環境の整備をどのようにおこなうべきかも、重要な課題となる。

権利を腐らせないためには、法的になんらかの手当てがなされなければならない。小さなトラブルの処理のためにも、裁判を受ける権利（憲法三二条）は保障されねばならない。ところが現実には、人はよく、泣き寝入りを「社会勉強」などと称して、「自己反省」の道具とする。

また、紛争処理制度がしっかりしていない場合には、ときに「はやく安くうまく」をかたって、暴力団などの事件屋や示談屋が市民の生活紛争に介入し、それを食い物にする。このような民事介入暴力は根絶しなければならない。平安な日常生活を送ることができる社会は、紛争が生じ当事者間での処理がにっちもさっちもいかなくなった場合に、公正な処理をおこなうことができる法的な手続が準備され活用されてはじめて現実化するともいえる。

不幸の種は、社会のいたるところに潜んでいる。しかし、紛争処理にかんしても、不運という事態をできるだけ極小化できるシステムを準備しておくことが、現代社会の差し迫った要請なのである。不幸は、対処しだいでは、幸福の契機ともなりえる。その意味で、小さなトラブルがどのように法的に処理されるか、そして、そのプロセスの現場から紛争当事者がどのような満足を得ることができるかは、現代における紛争処理制度の試金石ともなるのである。

本人訴訟

ところで、小さなトラブルを抱えた市民は、通常まず紛争当事者間で話合い（交渉）をおこなう。そこで処理しきれない場合には、法専門家に相談したり、後述のような裁判以外の紛争処理機関に駆け込むことになる。そして、それでも事態が改善されない場合は、訴訟などの裁判制度が利用されるが、その場合には、紛争当事者自身が訴訟を追行するという本人訴訟の形態をとることが多い。これは、事件を弁護士に依頼することが、紛争のサイズに見合わないからである。

一般に、わが国の民事訴訟法は、どの審級の裁判所でも、本人で訴訟ができる原則を採用している（本人訴訟主義。なお、民事訴訟法一五五条二項参照）。ただ、地方裁判所以上では、訴訟代理人を選任する場合には、それは弁護士に限られるという弁護士代理の原則（民事訴訟法五四条一項本文）がとられている。これにたいして、簡易裁判所では、裁判所の許可があれば、弁護士でない者を訴訟代理人とすることもできる（民事訴訟法五四条一項但書。司法書士法第三条一項六号・七号および同条二項も参照。なお、民事第一審訴訟を、地方裁判所に提起するか簡易裁判所に提起するかは、基本的には訴えで求める経済的な利益を金銭で換算した金額の多寡により区別され、一四〇万円以下の請求は簡易裁判所に属し（裁判所法三三条一項一号）、これ以外の請求や不動産にかんする訴訟は地方裁判所に属する（裁判所法二四条一項）。本章でいう小さなトラブルは、原則として簡易裁判所が扱うことになる）。

一概に本人訴訟とはいっても、その形態は多様である。紛争当事者本人がまったく独力で訴状を書き上げ訴訟をおこなうケースもあれば、裁判所の窓口で裁判所書記官の中立的かつ後見的な関与のもとで苦心して訴状を作成するケースもあり、司法書士に訴状を書いてもらったり、弁護士が訴状の作成をサポートしたりする場合、さらには、簡易裁判所で許可を得て弁護士等でない者（たとえば、配偶者や友人）に代理人となってもらい訴訟をおこなう場合などもある。紛争当事者の双方が本人で訴訟をおこなう場合もあれば、一方の当事者のみが本人で訴訟をおこなう場合もある。このような本人訴訟をどのように位置づけるかによって、制度設計のあり方が変わってくる。

本人訴訟の評価として、一方の極に否定的な考え方があり、他方の極に肯定的な考え方がある。前者は、法の素人は法の専門家により代理されるのが望ましく、裁判手続で裁判官の権力から素人を護りつつ法技術を駆使して勝訴を導き紛争解決の質を高めるためには、弁護士の代理が不可欠であるとの考えにもとづく。これによれば、訴訟手続も、法専門家にさえ理解できればそれでいいとの方向性を示すことになる。これにたいして、本人訴訟を肯定的に捉える後者の立場は、たんに裁判官の専横だけではなく弁護士の専横も考慮し、あくまで紛争自体は本人の問題であり、訴訟過程を出た後でさえ紛争当事者は自分自身で生活を営み、事にあたらなければならない点を重視する。手続過程の意味内容としても、あくまで自分の手で自分自身が納得するように進めていくことに意味があるとするのである。この立場では、たとえ弁護士がかかわる場合でも、あくまで当事者間のやりとりを支援するという意味に捉え、その種の弁護士による訴訟を、本人訴訟の一亜種と考えるのである。そこでは、訴訟手続の制度設計にさいしても、本人訴訟こそが訴訟の原型であり、基本的に手続は紛争主体自身が十分理解でき自由に使いこなせるものでなければならないという方向性を示すことになる。

私見としては、当事者自身が自ら救済内容を形成できるフォーラムとして訴訟手続がかたちづくられ機能すべきであると考えるので、基本的に本人訴訟を肯定的に解する視角から、以下でさまざまな法的な処理手続を概観してゆきたい。

2　小さなトラブルにおけるＡＤＲと訴訟

ＡＤＲの利点・欠点

ＡＤＲ（裁判外紛争処理機関）については、すでに説明されているが（本書第4章、第5章を参照）、一般に、小さなトラブルの処理のために、ＡＤＲは一定のふさわしい紛争処理のプロセスを提供すると考えられる。わが国において、ＡＤＲは、民事紛争処理のさまざまな領域でさかんに利用されているが、このようなＡＤＲの活用は世界的な傾向ともなっている。そのこと自体、裁判所の訴訟手続だけでは紛争当事者の多様なニーズをかならずしも全面的に汲み上げ満たすことができないことを示しているとみることもできる。ＡＤＲの場合には、訴訟にくらべて、一般に費用が安くあがり、簡易な手続で迅速に結論が得られると考えられているからである。また、紛争当事者にとっても、インフォーマルなかたちでじっくりと話ができ、しかも柔軟な処理が可能になるという利点があると考えられるからである。

しかし逆に、ＡＤＲだけで、あらゆる紛争当事者のニーズをつねに全面的に満足できるとはかぎらない。手軽な救済手続は、ときとしてラフ・ジャスティスとかセカンド・ジャスティスと蔑まれることもある。また、小さなトラブルだからといって、簡易で迅速な問題処理がつねにかならずしも望ましいとはかぎらず、手続利用者の満足が安あがりで迅速な効率的処理に尽きるとはかぎらないことも、問題自体をいっそう複雑化する。一般に、ＡＤＲといっても、そのなかに含まれる手続は多様であり、また小さなトラブルとはいっても、事件内容だけでなく紛争主体の考え方や感じ方も多様である。したがって、小さなトラブルにおいてどのＡＤＲがふさわしいかを一般的に論じることは不可能である。また、近年、訴訟手続の側でも多様化や手続分化が進み、一概に訴訟といってもその内実はバラエティに富んでいる。それゆえ、ＡＤＲと訴訟との比較さえ困難を極める。ただ、ここで一応訴訟とＡＤＲとを比較し、後にさまざまな法的な紛争処理手続を述べるさいの一助にしたい。

訴訟とＡＤＲの比較

まず、訴訟は、必要的口頭弁論（民事訴訟法八七条一項）という原則的な審理方式をもち、そこには、公開主義（憲法八二条一項）、双方審尋主義（憲法三二条〔当事者対席主義ともいう〕）、口頭主義（民事訴訟法八七条一項）、直接主義（民事訴訟法二四九条一項）が妥当する。厳格な証拠調手続（民事訴訟法一七九条以下）が存在し、控訴や上告等の不服申立手続（民事訴訟法二八一条以下）等も整備されている（＊）。相手方が話合いに応じない場合でも、訴えの提起により応訴が強制され、救済のあり方を論じるために整序された議論のフォーラムが形成できる。訴訟は、法的な紛争処理手続として、もっとも公正かつ可視的で慎重な強制手続であり、当事者の手続保障がもっとも充実しているのである。

＊　必要的口頭弁論――民事訴訟においては、原則として、判決をおこなうためにはかならず口頭弁論という審理を実施しなければならない（民事訴訟八七条。例外として、同法七八条、一四〇条など）が、そのさいに開かれる口頭弁論を、必要的口頭弁論という。口頭弁論を開くかどうかが、裁判所の裁量に委ねられている場合、すなわち、決定・命令をおこなうさい

に開かれる口頭弁論を、任意的口頭弁論という。
公開主義——訴訟の審理（口頭弁論）および判決を、一般人が傍聴できる機会を保障してお
こなう手続原則（憲法八二条）をいう。例外として、人事訴訟法二二条が新設された。
双方審尋主義——判決をおこなうさいには、当事者双方に主張・立証をおこなう機会を平等
に与えなければならないという手続原則（憲法三一条、三二条）を、双方審尋主義といい、
当事者対等の原則のあらわれでもある。裏からいえば、相手方に出廷の機会が与えられずに、
一方当事者が主張・立証をおこなうことを許さない原則をいう。
口頭主義——民事訴訟の審理のあり方として、当事者および裁判所の訴訟行為、とりわけ弁
論や証拠調べを、原則として口頭でおこなわなければならない（民事訴訟法八七条一項本
文）とする手続原則をいう。現行法では、口頭主義も、書面主義によって補完されている。
直接主義——民事訴訟において、判決をおこなう裁判官が自ら審理を担当しなければならな
い（民事訴訟法二四九条一項）という手続原則。
控訴、上告——通常、第一審の終局判決にたいして第二審へ不服申立てをおこなうことを、
控訴といい、第二審から第三審への不服申立てを、上告という。

しかし他面で、訴訟は、法的三段論法を基礎とする争点中心審理主義を採用し、要件効果論からはずれる争点以外のものを切り捨てる傾向にあり、判決では一刀両断的に黒白がつけられることにより人間の気持ちにまで配慮したデリケートな救済内容を形成しにくいうらみがある。
これにたいして、ADRは、訴訟がうち捨てるものを拾い上げることができ、人間関係の再

調整さえ可能にする。訴訟とくらべて手続が多様、柔軟かつ機動的であり、紛争当事者はより手軽に手続を利用でき、簡易、迅速かつ低廉な紛争処理が可能となる。また、非公開手続であるのでプライバシーや企業秘密も保護される。専門技術的な紛争において、専門家が判断主体に加わりやすい。何よりも、当事者本人の積極的な関与も可能であり、実体法にとらわれず事案に即した柔軟な救済内容の形成が可能となり、勝ち負けを超えた将来関係の調整をも救済内容に盛り込むことができる。

一般にＡＤＲは、紛争当事者が自主的に救済を形成しようとする姿勢を支援する。しかし、ＡＤＲの利点の裏返しが、ほぼそのまま欠点になる。たとえば、手続保障の充実度の点では訴訟に劣り、また、ほとんどのＡＤＲには手続強制がないので当事者に話合いに応じる意思がなければ手続を開始し進めることすらできない。ＡＤＲの救済形成手続は、対話と合意を基本とするが、その理想と現実との食い違いも少なからずみられる。たとえば、交互面接方式の手続や合意の強制等に、その問題の一端があらわれている。

しかしながら、手続保障の内実は、形式的な手続完備の度合いのみではかられるべきではなく、個別事件での具体的な手続運用のあり方や当事者の手続利用の実質的な満足度によってもはかられるべきであろう。また、手続強制はないが、逆に当事者本人の出席確保等のためのさまざまな工夫が可能となる点にも注意すべきである。

ＡＤＲは、ラフ・ジャスティスでありセカンド・ジャスティスであるとの批判もささやかれるが、手続形式をみた一般論ではなく、具体的事件における個別当事者の手続にたいする満足度からも、精査されなければならない。ADRの活性化は、当事者の十分な主張立証の欠如や厳格な法的判断の回避という点から、法の不確実性につながるとの指摘もみられるが、しかしながら、そもそも現代社会において法というものがどれだけ確実なものかや、また訴訟が現実に法の確実性を保障できているかも問われなければならない。訴訟による判決は、強制的要素がもっとも強いが、しかし、もっとも権力的なものがもっとも首尾よい成果を得られるともかぎらない。一般には、紛争が自主的に処理されたほうが、その後の当事者間の生活関係を円滑に進められ、形成された救済内容の任意の履行率も高まり、しかも、その後の事情の変更による救済内容の修正もおこないやすくなるのである。

しかし、一般的な比較が、小さなトラブルの個別事例で、そのまま妥当するとはかぎらない。紛争処理実務の現場では、個別事件の手続担当主体や紛争主体によるさまざまな努力を通じて、個別事件にふさわしい手続形成がなされていることも、また事実である。結論的には、個々の小さなトラブルに巻き込まれた紛争主体が、自己の紛争処理にとって望ましい手続を選択できるシステムが社会的にでき上がっていること、たとえいったん選択してもその後に手続移行の道が開かれていることなどが重要であると、さしあたりいうことができるにすぎない。

そこでつぎに、個々の紛争処理手続に言及したい。

3　小さなトラブルの法的な処理手続

現在わが国に存在するADRは多様である。裁判所でおこなわれる場合もあれば、そうでない場合もあり、担当主体も、裁判官や弁護士といった法の専門家が関与する場合もあれば、そうでない場合もある。小さなトラブルが、事件の種類に応じて、たとえば、交通事故紛争処理センター、弁護士会の仲裁センター、各種のPLセンターなどの民間団体で処理される場合もあれば、たとえば、国民生活センター、消費生活センター、建築工事紛争審査会、公害等調整委員会、地方労働委員会等の行政機関で処理される場合もある。そこでは、相談、苦情処理、あっせん(斡旋)、調停、仲裁などの手続がおこなわれている。また、小さなトラブルが、簡易裁判所や家庭裁判所等における裁判上の和解や調停などで処理されることもある。

そこで、ADRの個別手続として、和解、調停、仲裁について簡潔にみておきたい。

和　解

まず、民事紛争を処理するための和解は、一般に、裁判外の和解(私法上の和解)と裁判上の和解に分類される。

私法上の和解(民法六九五条)は、紛争当事者が互いに譲歩して争いを止めることを約する合意である。これは、たんなる契約にすぎず、その内容どおり履行されない場合には、新たに訴訟等の手段をとる必要が生じる(ただし、公証人役場の公証人により、その契約内容を公正証書〔執行証書〕(＊)で公証してもらっておけば、債務不履行があった場合に、即座に強制執行をすることができる)。なお、示談とよばれるものは、民事紛争を裁判によらずに当事者間で解決する合意一般をさし、そこに互譲が含まれていれば和解である。

＊ 当事者などの嘱託により、法律行為などにかんする事実について公正証書を作成するなどの—

権限をもつ者（公証人法一条）を、公証人という。
また、金銭の一定額の支払いなどについて公証人が作成した公正証書で、債務者が直ちに強制執行に服する旨の陳述を記載したもの（民事執行法二二条五号）を、執行証書という。

これにたいして、裁判上の和解とよばれるものは、訴え提起前の和解と訴訟上の和解に分けられる。いずれも和解であるので、紛争当事者間の合意が前提となっている。起訴前の和解（民事訴訟法二七五条一項）は、即決和解ともよばれるが、民事紛争について、紛争当事者の双方が、提訴前に簡易裁判所に出向いておこなう和解であり、訴訟の予防を意味する。これにたいして、訴訟上の和解（民事訴訟法八九条）は、訴えが提起された後の訴訟手続中で、原告被告双方が和解をして争いを終結するものであり、判決に代わる制度である。

比較的小さなトラブルの処理を担当する簡易裁判所の手続では、和解の成立について民間人である司法委員が補助する場合もある（民事訴訟法二七九条一項前段）。起訴前の和解でも、訴訟上の和解でも、裁判所書記官によって和解内容が調書に記載されるが、それは、確定判決と同一の効力をもつことになる（民事訴訟法二六七条）。つまり、債務名義（＊）（民事執行法二二条七号）となるのであり、和解内容が履行されない場合には、それにもとづいて強制執行することができることになる。その点で、訴訟上の和解は、起訴前の和解とともに簡易に債務名義を形成するものではあるが、この手続のねらいは、それとどまらず、裁判所における当事者関係の再調整をも含む簡易かつ自主的な法的救済の形成にあると考えられる。

なお、ごく最近、簡易裁判所の手続において、「和解に代わる決定（民事訴訟法二七五条の二）の制度が新設された。

＊強制執行により実現されるべき請求権の存在およびその内容を公証する文書のことを、債務名義といい、具体的には、民事執行法二二条に列記されている。

調　停

つぎに、裁判所でおこなわれる調停には、民事調停と家事調停とがある。民事調停（民事調停法、参照）は、民事にかんする紛争について、当事者の互譲により条理にかない実情に即した紛争処理をはかることを目的とする。小さなトラブルも、調停で処理されることが多い。和解の場合と同様に、権利者とされる者からだけでなく義務者とされる者（たとえば、事故の加害者とされる者、貸金の債務者とされる者など）からも、調停を申し立てることができる。原則として、裁判官である調停主任と民間人である調停委員によって構成される調停委員会によりおこなわれる。

調停は、つぎに述べる仲裁のように第三者の判断が当事者を拘束するのではなく、調停案が示されてもたんなる勧告にすぎず、当事者の受入れが必要となる。この意味で、当事者の自主的な救済内容を形成できる紛争処理手続である。

なお、家庭にかんする事件については、家庭裁判所の家事調停制度があり、家事事件にふさわしいさまざまな手続的な工夫が施されている（家事審判法一七条以下参照）。当事者間の合意にもとづいて調停が成立した場合には、合意調書に確定判決と同様の効力が生じる（民事調停法一六条、家事審判法二一条）。

近時、いわゆるパート・タイム裁判官的な制度として、民事調停官（民事調停法二三条の二以下）および家事調停官（家事審判法二六条の三以下）の制度が新設された。

仲　裁

また、仲裁は、両当事者がすでに生じた紛争または将来生じるおそれのある紛争について、裁判官以外の第三者（仲裁人）に処理を委ねる合意（仲裁契約）をし、これにもとづいて仲裁人がおこなう手続である（ごく最近、新たに制定された仲裁法を参照）。

仲裁は、民事訴訟による紛争処理を排除する効力をもつので、当該事件について訴えが提起されても、被告が仲裁契約の抗弁を提出すれば、原則として訴えの利益が否定され訴えが却下されることになる（仲裁法一四条）。欧米では広く仲裁が利用されているが、わが国では、特定の専門分野（たとえば、建築紛争、国際取引紛争など）を除いて、和解・調停にくらべわずかしか利用されていない。なお、各地の弁護士会が仲裁センターを設立して活発な活動をおこなっているが、この手続でも、仲裁の合意を手続の初期の段階から得ることは困難であり、現実には調停型の手続をおこない、内容についての合意を得てから仲裁の合意を獲得していることなどが報告されている。このような仲裁制度の現状は、裁判制度（民事訴訟制度）が比較的よく機能してきたこと、裁判官に匹敵するだけの信頼できる仲裁人が十分に育たなかったこと、および日本人の、プロセス以上に結果を重要視する基本姿勢のあらわれとして興味深い。

督促手続

なお、小さなトラブルの簡易裁判所による処理手続としてよく利用されている督促手続についても付言しておきたい。督促手続（民事訴訟法三八二条以下）は、金銭などの給付を目的とする請求権について、債権者の申立てにもとづき、債務者に異議のない場合に、書面審査により簡易迅速に債務名義（民事執行法二二条四号・七号）を得るための特別の手続である（東京簡易裁判所と大阪簡易裁判所では、電子情報処理組織（コンピュータを用いた支払督促〔ＥＤＰ支払督促と呼ばれる〕）を用いた大量かつ迅速な事件処理がおこなわれている。民事訴訟法三九七条参照）。異議があれば、簡易裁判所の通常の訴訟手続（または手形・小切手訴訟手続〔民事訴訟法三五〇条以下〕）に移行する（現行法上、後述の少額訴訟手続〔民事訴訟法三六八条以下〕に移行できる道が開かれていないが、問題である）。それゆえ、督促手続は、給付訴訟の先駆手続と位置づけられている。小さなトラブルで、相手方から異議が出る蓋然性が少ない場合には、この支払督促で簡易迅速な救済を得ることが可能になる。ただ、督促手続のなかでは相手方と話合いをおこなう機会は十分に保障されているとはいえないので、両当事者が話合いにより新たな関係を形成するための手続としては、かならずしも十分ではないと考えられる。

督促手続における異議申立てにより、小さなトラブルをめぐる事件が、簡易裁判所の通常訴訟に移行する場合もあるが、この種の事件が、最初から簡易裁判所の通常訴訟手続にもちこまれる場合もある。簡易裁判所の訴訟手続自体、地方裁判所の訴訟手続と比較して一般に簡略化されている。市民の身近な裁判所として、少額で軽微な事件について市民が容易に利用できることを目的とするからである。

この手続の特色としては、書面ではなく口頭で訴えの提起ができ（民事訴訟法二七一条）、提訴時には請求の原因に代えて紛争の要点をあきらかにすれば足りる（民事訴訟法二七二条）。主張のやりとりである弁論も簡易化され原則として準備書面は要求されない（民事訴訟法二七六条一項）。また、判決書も簡略化されている（民事訴訟法二八〇条）。さらに、一般市民の良識を裁判に反映させるために、民間人である司法委員が手続に関与し、訴訟上の和解にさいして裁判官を補助したり審理に立ち会い意見を述べたりすることもある（民事訴訟法二七九条）。

このような簡易裁判所の訴訟手続の特則のさらに特則をなすのが、今回の民事訴訟法改正で新設された少額訴訟手続である。

なお、小さなトラブルが手形・小切手による金銭請求の場合には、手形・小切手訴訟の特則（民事訴訟法三五〇条以下）を利用することもできる。

4　少額訴訟手続

意義と背景

少額訴訟手続は、一九九六年の民事訴訟法全面改正の主要な柱のひとつであり、民事訴訟を国民に利用しやすくわかりやすいものとするための切り札でもある。日常生活に密着した身近な金銭紛争について、一回の期日で審理を終え、判決の言渡しまで終えてしまうことを意図して設けられたものである。

これは、戦後、小規模紛争の簡易・迅速な処理を目的のひとつに掲げて創設された簡易裁判所が、かならずしも十分にその役割を果たせなかったことに起因した改革である。旧法下では、一方で、簡易裁判所は地方裁判所と同一の訴訟手続が適用されることが前提とされていたので、訴額が引き上げられたこととあいまって、小型の地方裁判所化といった様相を呈してしまい、市民に身近な裁判所となることができなかった。また、他方で、一般に簡易裁判所の民事事件は、貸金業者や信販業者等から市民が被告として訴えられるいわゆる業者事件によって占拠されていた。このような事情を背景として、国民の裁判離れを阻止すべき要請、ADRの台頭にともなう多様な事件類型に即した紛争処理手続の創造の要請、および、手続制限的な要素を数多く含んだ新法に新たな救済手続を設けてバランスを保つべき要請などともあいまって、少額訴訟手続が創設されたのである。この手続は、アメリカにおける少額裁判を参考にしたものであるが、そこにおける手続や審理の実際については、すでに優れた業績（たとえば、小島武司［一九八七］、棚瀬孝雄［一九八八］、生活紛争処理研究会編［一九八六］など）が、数多く公刊されていた。

この手続は、とくに小さなトラブルについて、一般市民が裁判所において訴訟の目的の価額（訴額）に見合った経済的な負担で迅速かつ効果的な紛争処理を可能にすることを目的として設けられたものであり、弁護士等の法専門家の手を借りることなく、市民の手による手軽な救済を達成できるフォーラムとなることが期待されている。新しい少額訴訟手続では、大幅な訴訟原則の見直しがなされているので、以下では、簡単にその内容をみていくことにしたい。

手続の具体的内容

少額訴訟手続を利用できるのは、訴額が三〇万円以下の金銭の支払請求を目的とする訴えにかぎられる（民事訴訟法三六八条一項本文）。この額は、元本を基準に定められ、元本とともに利息や遅延損害金等の附帯請求をする場合には、それらの価額は訴額に算入されない（民事訴訟法九条）。同一の原告は、同一の簡易裁判所で同一の年に一〇回を超えて少額訴訟による審理および裁判を求めることができない（民事訴訟法三六八条一項但書）。これは、少額訴訟手続が、消費者金融会社や信販会社等の特定の者に独占され、一般市民が利用しにくくなることを防止する趣旨である。この利用回数を確認できるように、原告は、提訴のさいに年間の利用回数を届け出る義務を課されている（民事訴訟法三六八条二項・三項。虚偽の届出にたいする制裁として、民事訴訟法三八一条参照）。

ところで、当事者が適切な紛争処理のために少額訴訟手続を選択できるには、他の手続との関係および手続内容や特質等にかんする情報を事前に入手しておく必要がある。とくに当事者が、手続過程を通観して理解でき、その手続選択の誤りをなくし、期日の準備を十分におこない、期日で集中した審理を可能とするために、二段階の手続教示（手続説明）の制度（民事訴訟規則二二二条）が設けられた。

まず第一段階として、裁判所書記官は、当事者にたいし、少額訴訟における最初にすべき口頭弁論期日の呼出しのさいに、少額訴訟による審理および裁判の手続内容を説明した書面を交付しなければならない。つぎに第二段階として、裁判官が、最初にすべき口頭弁論期日の冒頭で、少なくとも、証拠制限、被告の通常訴訟への移行申述権および判決にたいする異議申立権について、口頭で説明しなければならない。ただ、現実には、市民が少額訴訟手続の内容を知るためやその提訴のために裁判所に来庁したさいに、裁判所書記官による手続説明がなされている。一般に現行民事訴訟法は、裁判所書記官の役割を拡大させたが、少額訴訟手続の分野でもその精力的な活動が期待されているのである。裁判所の相談窓口として、公正中立の立場から手続の助言や説明をおこない、一期日審理に向けた当事者の準備を促し、当事者の主体的な救済形成活動を裏方として支援する活動が望まれる。

少額訴訟手続は、特別に簡略化された手続であるので、紛争当事者等が簡易裁判所の通常の手続との間で手続の選択をおこなうことができる工夫が施された。まず、原告は、提訴にさいして、少額訴訟手続と簡易裁判所の通常手続のいずれかを選択することができる（民事訴訟法三六八条二項参照）。しかし、原告が少額訴訟を選択しても、被告は、訴訟を通常の手続に移行させる旨の申述をすることができる（民事訴訟法三七三条一項本文）。この申述のなされたときに、訴訟は通常手続に移行し、その後は通常の三審制の訴訟手続がおこなわれることになる。これは、原告と被告との間の公平の観点から認められたものであり、被告も少額訴訟手続に納得しなければかならずしも好ましい救済の成果を生み出すことができないと考えられたことによる。なお、裁判所が、職権で訴訟を通常の手続により審理・裁判する旨の移行決定をしなければならない場合も規定されている（民事訴訟法三七三条三項一号から四号参照）。

少額訴訟の審理は口頭弁論でおこなわれるが、特別の事情がある場合を除き、現実に弁論がなされる最初の口頭弁論の期日において審理は完了されなければならない（民事訴訟法三七〇条一項）。このために、その期日前またはその期日において、すべての攻撃防御方法を提出しなければならない（同条二項本文）。このような審理のあり方を一期日審理の原則という。当事者は、しっかり準備したうえで裁判所に足を運び、一回の正式な審理で議論を尽くすだけで救済を得られることを原則とすることにより、市民のニーズに応えつつも、市民が緊張感をもちながら主体的関与にもとづく魅力的な手続となることが意図されたのである。代理人が選任されていても、裁判所は、当事者本人の出廷を要求することができる（民事訴訟規則二二四条）ので、当事者本人間の話合いによる自発的な救済形成がめざされた手続であるとも考えられる。この審理の場としては、法壇をもつ通常の法廷よりも、当事者が膝を突き合わせて自由闊達な議論をおこなうことができるラウンドテーブル法廷のほうが望ましい。なお、少額訴訟の審理を簡易化するために、たとえば、反訴（＊）の禁止（民事訴訟法三六九条）、証拠方法（＊＊）の限定（民事訴訟法三七一条）、証人等の尋問における方式性や形式性の緩和（民事訴訟法三七二条、民事訴訟規則二二五条、民事訴訟規則二二七条一項）など、通常の訴訟手続と比較していくつかの手続上の制約や簡易化もみられる。

＊　訴訟が係属しているときに、被告（反訴原告）が原告（反訴被告）にたいして、係属中の本訴と一緒に審理することを求めて提起する訴え（民事訴訟法一四六条一項）のことを、反訴という。

＊＊　裁判官が事実認定のための資料として、五官により取り調べることができる有形物を、一般

に、証拠方法という。人的証拠（証人、鑑定人、当事者本人）と物的証拠（文書、検証物）がある。

少額訴訟の判決言渡しは、裁判所が相当でないと認める場合を除き、口頭弁論の終結後ただちにおこなわれる（民事訴訟法三七四条一項）。わかりやすい迅速な裁判を徹底する趣旨である。ただ、ただちにとはいっても、口頭弁論の終結後多少の時間をおいて言い渡すことは許される。また、相当でないと認める場合とは、審理終結後ある程度の時間をおいて言渡しをしたほうが、当事者が判決を冷静に受け止めることができる場合や、被告の任意履行を促しやすい事情があるような場合、さらには審理の終了後和解を試みるのが妥当な場合などが、これにあたる。この即日判決の言渡しを可能とするために、判決の言渡しは判決原本にもとづかないですることができる旨が規定された（調書判決の制度。民事訴訟法三七四条二項）。

また、少額訴訟手続では、裁判所が判決内容を工夫することも可能になった。一般に、金銭支払請求訴訟の認容判決は、特に原告の申立てがない以上、一括払判決が原則である。しかし、被告に十分な資力がない場合（手許不如意の場合）などには、一括払判決は画餅に帰してしまう。そこで、裁判所が、請求の全部または一部を認容する判決をする場合には、被告の資力その他の事情を考慮してとくに必要があると認めるときは、判決の言渡しの日から三年を超えない範囲内で認容額の支払いの猶予をおこなうことができる旨の規定（民事訴訟法三七五条一項）がおかれた（「支払猶予判決（和解的判決）」）。裁判所は、当事者の口頭弁論でのやりとりをもとに、被告の資力だけでなく、原告側の事情、被告の健康状態や就業状態、被告の家族や同居者の事情、時効の抗弁を知らずに援用しないことなどを考慮してこの種の判決を言い渡すことになるが、個別具体的な事件の文脈で和解的判決を可能にし正当化する根拠も探求されるべきである（このような判決の正当化根拠については、川嶋四郎［一九九六］を参照）。なお、主たる債務者と保証人にたいする請求が併合提起された場合に、期日に出席した主債務者と債権者との間に分割払判決が言い渡されたり分割弁済を内容とする和解が成立したりした場合に、裁判所が、その内容に見合ったかたちで保証人にたいする分割払判決を言い渡すことも考えられる。いずれにしても即日判決の制度は、一期日審理の原則とあいまって、裁判所と当事者に適度な緊張関係を醸成し、充実した審理に導く可能性を有している。また、和解的判決にかんする明文規定の存在は、当事者間の交渉と和解を促進させる契機ともなりえるのである。なお、強制執行の局面でも、判決内容に見合った負担で迅速に処理できるための若干の工夫がなされている（民事訴訟法三七六条、民事執行法二五条但書）。

少額訴訟の終局判決にたいする不服申立てとしては、控訴が禁止され（民事訴訟法三七七条）、その判決をした簡易裁判所に対する異議申立てのみを認めている（民事訴訟法三七八条一項）。異議とは、一般に同一審級内での不服申立ての方法であり、証拠制限のない通常の手続に事件を移行させ、原告の請求の当否について再審理を求めるものである。異議審では、同一の簡易裁判所判事が改めて事件を担当することは、特に明文では禁じられていない。一名しか簡裁判事がいない裁判所では、必然的に同一判事が異議審をも担当することとなる。やむをえない措置ともいえるが、判断の公正という観点からはかなり疑問がある。このように、少額訴訟は、一審かぎりの集中審理手続といえるが、憲法違反が問題となる場合には、最高裁判所への特別上告が認められている（民事訴訟法三八〇条二項・三二七条）。この点で、少額裁判は制度上最高裁にいちばん近い第一審訴訟手続ともいえる。

現行民事訴訟法の施行後、少額訴訟制度は、さまざまなメディアを通じて一般に紹介された。また、簡易裁判所では、この手続の利用を促進するために、恒常的に少額訴訟手続にかんするビデオ放映をおこなったり、裁判所に提出する訴状や答弁書を簡易に作成できるように定型訴状用紙や定型答弁書用紙が置かれたりして、肌目細かなサービスがおこなわれている。ただ、今後とも、不断に制度が紹介され、しかも、簡易裁判所や弁護士会館等だけでなく、一般に市役所や公民館等市民が集まりやすい場所に、この手続にかんするリーフレット等が恒常的に用意されていることなどが望まれる。

利用者像・裁判官像

わが国の少額訴訟手続は、最近徐々にその利用実態があきらかにされてきたものの、まだかならずしも全国的に詳しく少額裁判の利用実態があきらかにされているとはいえないが、アメリカには、この領域では数多くの優れた研究がある。

たとえば、少額訴訟の利用者像の解明がなされ、日常的な小さなトラブルの解決にさいして用いるアプローチの違いがあきらかにされている。たとえば、ある研究によれば、ルール志向型の当事者と関係志向型の当事者の存在が解明されている（Conley & O'Barr［1990］）。前者は、法原則にもとづいて問題を評価するタイプの当事者であり、裁判所へ問題をもちこむさいに、自分たちの個人的なニーズまたは社会的な価値という争点よりも、法原則を強調する。法システムは、通常このルールを共有しやすく、このタイプの人々は、裁判官により容易に審理し理解してもらえるとされる。これにたいして、後者は、広範囲にわたる人的・社会的な不正からの救済を求めて、法システムを利用するタイプの当事者であり、権利や責任という問題をルールの適用というよりむしろ、社会的な相互依存という広い概念にもとづかせて考える。しばしば、裁判所はそれを理解しないので、係争人はフラストレーションにさいなまれ、疎外感を味わうことになるとされるのである。

また、裁判官像についても、ある研究では、能動的な裁判官像（できるかぎり積極的に当事者から主張や証拠を引き出そうとするタイプの裁判官〔職権探知主義型(＊)の裁判官〕）と受動的な裁判官像（事実や証拠の提出を当事者に委ねるタイプの裁判官〔弁論主義尊重型(＊)の裁判官〕）とに二分した場合に、少額裁判では、前者のタイプの裁判官が圧倒的に多いことが報告されている（川嶋四郎［一九九六ａ］を参照）。

さらに、より詳細な研究によれば、裁判官像には多様性がみられ、おおむね五類型に分けられるとされる。法固執型（厳格に法原則を適用するために受動的な導き役を演じるタイプ）、法創造型（法原則を曲げることや新たな法原則を創造することなど、公正な帰結に至れることならば何でもおこなう権限があると考えるタイプ）、調停者型（判決の言渡しを回避しようとし、少額訴訟を和解実現のための手段とするタイプ）、権威主義型（即座に最終決定的な判断を下すが、法の命令によるというよりもむしろ裁判官の個人的な意見にもとづいておこなうタイプ）、手続信奉型（事件の実態から離れても手続を簡易化することに関心をもつタイプ）が、それである（Conley & O'Barr［1987］）。

＊民事訴訟において、裁判所が、当事者の主張がなくても事実を探知し、また、職権で証拠調べをおこなうという基本的な考え方を、職権探知主義という。弁論主義と対になる概念。弁論主義は、判決の基礎となる事実にかんする資料の収集を、当事者の責任と権能とするという基本的な考え方をいう。

アメリカ合衆国では、少額訴訟手続の領域は、各州が競って手続上の工夫をこらしている法分野でもある。法曹資格を有する裁判官により担当される場合もあれば、素人裁判官により担当される場合もある。また、同じ州内でも、各裁判官によって、さまざまな手続運営がみられることもあきらかにされている。わが国では、既存の制度スタッフのもとで、少額訴訟手続は出発したが、アメリカ法の制度実践などを参考に、今後この分野における研究の進展とその成果の裁判実務への反映が期待される。

5　小さなトラブルからの救済過程の課題

これまで小さなトラブルとその処理手続を概観してきたが、上述した以外に、少額訴訟手続を中心としつつ、概括的に救済過程の課題をあげてゆきたい。

まず第一に、情報提供の問題である。小さなトラブルの法的処理手続にはさまざまなものがあり、紛争当事者は、自己の責任でそのいずれが自己の紛争処理にとって適切な手続であるかを考え選択しなければならないことも多い。そこで、そのための情報を簡単に入手できる道が開かれなければならない。この点に関しては、「司法ネット構想」の具体的な展開に期待したい（総合法律支援法を参照）。

第二に、たとえば、訴訟救助（民事訴訟法八二条以下）、法律扶助（＊）および消費者保護条例による訴訟費用の支援などの制度の拡充により、紛争処理の支援システムの確立がはかられなければならない。

＊ 民事訴訟において、訴訟の準備や追行に必要な費用を支払う資力のない者、またはその支払により生活に著しい支障を生じる者で、勝訴の見込みがないとはいえないものに、裁判費用の支払いを猶予する制度（民事訴訟法八二条以下）を、訴訟救助という。また、一般に、法律上の問題について、資力等が不足する者を援助する制度を、法律扶助といい、現在わが国では、財団法人日本法律扶助協会が、訴訟等にたいする援助や法律相談などをおこなっている。最近、法律扶助法が制定され、国庫からの補助金の額も増加したが、まだ、先進国の水準にはおよばない。

第三に、小さなトラブルには多様な事件類型があるので、実体法上および手続法上の手当てが望まれる。とくに手続的には、ＡＤＲと訴訟との相互連携システムを整備すること、少額の金銭請求以外の紛争類型にたいしてもなんらかの手当てがなされるべきこと、少額訴訟制度にたいする弁護士会・司法書士会等の支援、被告が多重債務者の場合の継続的なカウンセリングや倒産関係法制度の整備、少額多数被害からの救済手続としてクラス・アクションや団体訴訟

（＊）などの制度の導入の検討などの課題もある。小さなトラブルにおける権利が腐らされてはならないからである。

＊　クラス・アクションとは、たとえば、多数の消費者などが少額の損害賠償請求権をもっている場合に、そのなかの代表者であると称する者が、多数の消費者全員（クラス総員）のために（その同意を得ることなく）、損害賠償請求訴訟を提起し、総損害額を勝訴判決により確保し分配したり、また、クラス総員に判決効のおよぶ原因関係（たとえば賠償責任の確認）について判決（原因判決）を取得し、各構成員に損害額の主張・立証の機会をつくったりして、多数の被害者の救済に役立つ紛争処理手続である。アメリカ合衆国で発展し、わが国でも採用するための議論が高まった時期もあったが、未だ導入されていない。
また、団体訴訟とは、ドイツなどに存在する制度であり、消費者保護団体等の団体に、団体構成員の利益を保護するために、特定の約款の無効を主張する訴えの提起を許したり、その約款の使用禁止（差止め）や不正な宣伝の差止めを求める訴えの提起を許すために、普通取引約款法や不正競争防止法などが認めた紛争処理手続をいう。わが国では、たとえば、現行民事訴訟法や消費者契約法の制定のさいに、その導入が議論されたが、立法化されるにはいたらなかった。ただ、団体訴訟制度の導入については、現在も議論が続いている。

第四に、迅速かつ効率的な処理の名のもとで、事件がそつなく機械的に処理されることにより当事者の手続保障が粗略になってはならない。当事者の手続参加と救済形成に裏打ちされ、当事者に満足をもたらす実質的な手続保障が確保されるべきである。基礎的な問題であるが、紛争当事者の満足が何に由来するかを見極め、その点を押さえた手続運営がなされなければならない（この点については、川嶋四郎［一九九六b］を参照）。たとえば、少額訴訟は、当事者からみれば手続が可視的になっただけに、当事者からの手続にかんする具体的な要求が提言されることもあると予想される。市民の日常生活の感覚が手続改善に生かされるべきであろう。

第五に、少額訴訟手続はかなり大胆な手続の簡易化をおこなっており、市民が自らの手で救済を形成するための過程となることが期待されているが、少額訴訟と通常訴訟との差別化（前者は本人訴訟、後者は弁護士訴訟という方向性）はかならずしも好ましくない。制度改善のために互いに刺激し交流しあえる手続環境がつくられなければならない。手続のインフォーマル化は、同時に裁判官の裁量権限を拡大させるが、その統制のあり方も今後詰めなければならない課題である。「自分でできる納得裁判」こそが、目指されるべきである（川嶋四郎［二〇〇四］）。

第六に、少額訴訟手続における積極的な事前準備の促しと一期日審理の要請、さらには裁判官の期日前の心証形成の可能性などは、手続を書面中心審理化するおそれがあるが、期日における当事者の積極的な口頭でのやりとりを活性化させ自己の手で救済を形成できるような手続環境が整備されるべきである。

第七に、仕事をもつ一般市民にとって平日の昼間に裁判所に出かけることは相当の負担となるので、休日（民事訴訟法九三条二項参照）や夜間にも少額訴訟手続等の裁判所の手続を利用できるようにし、事件の掘り起こしにも努めるべきであろう。この点で、巡回裁判所の設置も望まれる（なお、裁判所法六九条二項参照）。さらに、少額裁判の裁判官に民間人を登用することや、一方当事者にのみ弁護士のついた訴訟における裁判官の姿勢のあり方、裁判官の言葉遣いから一挙手一投足にいたるまで、さらに検討が重ねられることが望まれる。

このような課題に応えながら、小さなトラブルを抱える紛争当事者が、その処理のためのさまざまなフォーラムを自在に選択でき、そこで「手づくりの救済(handmade remedy)」を獲得できるために、さまざまな手続環境の整備が不断におこなわれなければならないであろう(川嶋四郎［二〇〇一b］)。


【参考文献】

◆本文に記したもののほか、以下をあげておく。
和田仁孝［一九九四］『民事紛争処理論』信山社、一八四頁以下。

守屋明［一九九五］『紛争処理の法理論』悠々社、二六六頁以下。

最高裁判所事務総局民事局監修［一九九七］『簡易裁判所における新しい民事訴訟の実務』法曹会。

小島武司［一九九八］「少額訴訟手続の意義」伊藤眞・徳田和幸編『講座・新民事訴訟法Ⅲ』弘文堂、一九五頁。

池田辰夫［一九九八］「少額訴訟の手続構造」『民事訴訟法の争点（第三版）』三一〇頁。

太田勝造［一九九二］「裁判外紛争処理制度のシステム設計と運用」『木川古稀記念・民事裁判の充実と促進（上）』判例タイムズ社、五四頁。

東京簡裁少額訴訟手続等研究委員会［一九九八］「東京簡裁における少額訴訟事件の概況」『判

例タイムズ』九八三号、四頁。

「シンポジウム・新民事訴訟の審理について」『法政研究』六五巻三・四合併号、八四九頁、八八六頁以下［一九九九］。
◆本文に記したものは、以下のとおり。
Conley & O'Barr［1987］Fundamentals of Jurisprudence：An Ethnography of Judicial Decision Making in Informal Courts, 66 North Carorina Law Review, 467.

――［1990］Rules versus Relationships, University of Chicago Press.

川嶋四郎［一九九六a］「アメリカ合衆国ノース・カロライナ州における少額裁判制度についての覚書」『熊本法学』八八号、一頁、七二頁。

――［一九九六b］「少額裁判制度と普通の人々」井上正三・高橋宏志・井上治典編『対話型審理』信山社、三一八頁。

――［一九九六c］「少額訴訟手続の基礎的課題と展望」『ジュリスト』一〇九八号、九三頁。

川嶋四郎［二〇〇一a］「より利用しやすい司法制度」『ジュリスト』一一九八号、一一九頁。

――［二〇〇一b］「民事司法改革」『法律時報』七三巻七号、四九頁。

――［二〇〇四］「民事訴訟の展望と指針」民事訴訟雑誌五〇号一頁。

小島武司［一九八七］『迅速な裁判』中央大学出版部。

生活紛争研究会編［一九八六］『米英における小規模紛争処理実態調査報告書』有斐閣。

棚瀬孝雄［一九八八］『本人訴訟の審理構造』弘文堂。

……………［川嶋四郎］

第3部

紛争処理と法専門家の役割

第11章 裁判官の役割とは

●——裁判官は、裁判をおこなう役割を担っている。これはいうまでもない。それゆえ、裁判官の役割をあきらかにすることは、裁判がどのようなものであり、何を実現していくものであるか、という問いに答えることと表裏一体である。そこで、いったん問いを逆転させて、まずは裁判とはいかなるものか、という点を整理し、つぎにそのような裁判モデルのなかで裁判官がどのような役割を担うのか、ということを考察することにしよう。もちろん、裁判には民事裁判と刑事裁判があるが、ここでは民事裁判を念頭において考える。——●

1 「伝統的」裁判モデル——法的判断者としての裁判官

裁判官像の修正

まずは、「伝統的」、とされてきた裁判モデルである。カズオさんがお隣のヒロシさんに「貸している家を明け渡せ」と訴えた。そういった個別的な法的紛争にたいして、当事者が提出した証拠や主張であきらかになった事実にたいして、法規を適用して、カズオさんとヒロシさんのどちらかを勝たせる判断を下す。そうすることで、紛争にけりをつけて法秩序を維持する。裁判官は、あらかじめ規定された法を、認定した事実に適用することで、結論たる判決を機械的に生み出す。これが「伝統的」裁判モデルであり、現在もなお裁判のコアと考えられている。裁判官は、当事者の主張立証活動にたいしては受動的な立場にたつ。そして、いわゆる「法的三段論法」にのっとって法的な判断を下す役割を担う。逆にいえば、それ以上の役割を果たしてはならない。裁判官は「法を語る口」でなければならない。三権分立の原理のもとに、司法は政治や経済的利害から独立して法を実現する役割を担っている。そこで、政治権力に抗しても個人の人権を擁護するメカニズムとして法的三段論法と、それに粛々と従う受動的・機械的裁判官像があらわれる。むろん、この背後には、予め定立されている法が完璧なもので、あらゆる事態に対応でき、その解釈は一義的に定まるものであるとの考えかたが成り立っている必要もある。そうである以上、極端にいえば、裁判官は生身の人である必要はなく、むしろ、紛争を投げ込めば機械的に法的判断を下してくれる自動販売機としての役割が期待されるのである。

しかし、裁判官は機械でない。たとえばジェローム・フランクは、裁判官が現実におこなっているのは、「法的三段論法」ではなく、直観にしたがって導いた判決に適合するように事実認定をおこない、適用する法をつくり上げているのだと指摘した。日本においても、裁判官の判断には裁判官の価値判断がはたらくものであるということを前提に、裁判官の判断を決定づけるものは何ぞや、という点で激しい論争が交わされてきた。このような見方は、「裁判官が朝食に何を食べたかによって判決が変わる」というような、裁判の恣意性への懐疑にもつながる。

しかし、裁判官が法適用の機械ではないことはかならずしもマイナス面ではない。そもそもあらゆる事柄にそのまま適用できるような法律が体系的に整ってはいない。世の中の変化にしたがい、立法時に予想しなかったような事件も生じる。民法制定時に、水俣病裁判のような大規模な公害訴訟が起こることは考えられなかっただろう。裁判官は、そのような事態に直面し、それを切り捨てるのではなく新たな法理を築いて被害者救済をおこなってきたし、そのように法の欠けている部分については、補充をおこなっていくことも要請されるのである。そのさい、社会において息づいている「生ける法」の探求も必要となる。裁判官も規範を形成する役割を担っているのである。ただし、裁判官が「機械」以上のことをおこなうのは、そういったレア・ケースやハード・ケースに限られるわけではない。現実の紛争は複雑な要素がからみあっている。たとえばカズオさんとヒロシさんの争いにしても、当初の賃貸契約の内容があいまいだったり、カズオさんにもヒロシさんにもその家が必要な事情があったりして、そう簡単に割り切れるとは限らない。裁判官の判断も複雑微妙で、最後は「エイヤッ」と一種の飛躍があって判断に至るともいう。

では、その複雑微妙、「エイヤッ」とは、どのようなものなのだろうか。

裁判官の判断過程

そこで、裁判官の判断過程を「ブラックボックス」として加えた、伝統的裁判モデルの修正版が想定される。その場合、裁判官が共通にもっている独特のブラックボックスがあるか、という面と、裁判官ごとにブラックボックスは異なるか、というふたつの点から問いがなされうる。

第一の点は、裁判官の判断にはその職業人固有の特質があるか、ということであるが、この点は、しばしば裁判官の職業的勘、直観、全人格的判断などという表現を裁判官自身が用いて積極的にその存在をアピールしている。たとえば、「判決にはスワリのよさが必要だ」とか「職業的勘が判断において重要な役割を果たす」ということを裁判官がいうとき、そこでは、裁判官固有の判断構造があるということだけではなく、それによってよりよい裁判が達成されるということも含意されている。逆にいえば、裁判官は、「職業的勘」といった秘技を修得し、それをはたらかせて判断しなければならない、という示唆ともなる。

「職業的勘」の内容については、いわくいいがたいものとされており、裁判官のみがその職業的な訓練を経てはじめて獲得できる秘技、というニュアンスが込められている。他方、こういった職業的勘を駆使した判断がどういうものかを語る場合には、常識的、総合的、具体的妥当、全人格的といった表現が用いられている。「職業的勘」という専門性を示すものに、常識や人格という、ごく普通の人間が備えているものや、ごく普通の人間としての要素が重ねあわせられている。いわば、常識人たることを専門とする、というやや逆説的な意味づけがブラックボックスに込められているのである。ただし、次の点ともかかわるが、「職業的勘」がすべての裁判官に共通のものといえるとは限らない。裁判官の言及する「スジ」「スワリ」の内実をあきらかにしようとする経験的研究（松村良之ほか［一九九六〜］）でも、それらの言葉で判断を正当化する一般的傾向がある一方で、その内容には個人ごとにかなりのばらつきがあることが示された。また、ドイツにおける裁判官の事件処理の研究でも、個々の裁判官は自らのやりかたのみが唯一絶対のものと感じているのだが、実際には、裁判官の事件処理にはいくつかのパターンがあることがあきらかになった（村上淳一［二〇〇〇］）。

それにたいして、第二の点は、同じ事件でも審理する裁判官によって異なる判断が出されるかということであり、この点の実情と是非については、評価は一様ではない。一般的には、裁判官によって判断が異なることは、法的安定性や裁判を受ける人の平等の点から問題とされる。特に、日本の司法はその考え方が強く、最高裁判所を頂点とする官僚化が進んでおり、裁判官の個性はできるだけ表に出さないようにする傾向がある。特に、裁判官の政治活動への制限は厳しい。一九九八年の寺西判事補の盗聴法に反対する集会への参加が裁判官の「積極的な政治運動」を禁ずる裁判所法違反として、戒告処分されたことは記憶に新しい。日本では、裁判官の顔がみえないようにすること、匿名性が重んじられている。ごく普通の人間らしさ、がむしろ排除されているのである。それゆえ、裁判官ごとの判断のばらつきが問題になることは少ない。むしろ、個々の判決のばらつきは少ないが、新たな権利の確立には消極的で、全体としてはかえって偏った判断を生んでいるとの批判が強い。こうした問題意識のもとに、司法官僚制を打破するため、弁護士経験者から裁判官を任用する「法曹一元制」が提案され、裁判官内部からの自己改革の動きとして、裁判官が自らの名のもとに改革を語る「裁判官ネットワーク」の立ちあげもなされており、日本の司法を変えるものとして注目される。ただし、これらの動きは、裁判官の判断作用と、それ以外の部分での裁判官の個人的思想・信条や経験・活動、パーソナリティーを直結している向きもある。裁判官がいかなる存在として、当事者や国民にあらわれるかと、いかなる判断をおこなうかは、さしあたり別個の問題として考察することができよう。裁判官を政治的代表としてみる土壌のない日本では、とくに裁判外での活動と判断を直結するよりも、それには収斂されない裁判官のありかたに目を向けていくことが必要だろう。そのためには、判断作用にとどまらない、手続過程も射程に入れることが不可欠である。

　ブラックボックスが加わった裁判モデルでは、裁判が、法の機械的適用にはとどまらない複雑なものであり、その複雑微妙な判断を「職業的勘」を駆使しておこなうところに、機械ならぬ人間としての裁判官の役割があることをひとまず確認できた。ただし、この修正版は、判断にいたる訴訟手続過程よりも、あくまで最終的な法的判断に重点をおき、それを中心に構想されたモデルである。よって、ブラックボックスもその最終的な判断の部分にかぎられる。それにたいし、近年、手続過程を射程に入れた、動的な裁判モデルでの裁判理解がすすめられている。この背景には、現代における裁判の役割の拡大と多様化がある。

2　相互作用的裁判モデル――手続過程重視型

現代型訴訟の問題提起

スモン薬害訴訟、新幹線訴訟、嫌煙権訴訟、といったいわゆる現代型訴訟の出現（本書、第9章を参照）は、裁判の新たな役割をクローズアップさせ、法的判断に重点をおく伝統的裁判モデルでは、十分に裁判の機能を説明できないことをあきらかにした。

たとえば、現代型訴訟の一例として有名な嫌煙権訴訟を例にあげよう。

嫌煙権訴訟では、旧国鉄の利用者である原告が、列車内でたばこの煙を吸わされて健康上の被害を受けたとして、全列車の半数以上を禁煙車にすることと、健康被害にたいする損害賠償請求を、旧国鉄と国と旧日本専売公社（現・日本たばこ産業）に求めた。原告たちは、この訴訟を提起する前から嫌煙権確立の市民運動を手がけており、禁煙車の設置を直接旧国鉄に要請したりしてきたが、全く相手にされなかった。ところが、訴訟を提起するや、このことがマスコミにも大きく取り上げられ、それが市民運動や市民の意識にも影響を与え、旧国鉄側が判決を待たずして禁煙車両を設置しはじめたのである。肝心の判決では、差止めも損害賠償も認められなかったが、原告団は「実質勝訴」と評価して控訴しなかった。

このような裁判は、個別的な事件にたいする回顧的な法的判断に重点をおく伝統的な裁判モデルからはみ出る要素をたくさん示している。単に訴訟当事者や、当該訴訟の結果の影響を受ける可能性のある、潜在的当事者が多数になったというだけではない。当事者は、過去の被害にたいする金銭的救済だけではなく、将来に向けて被害の発生を防止することも求めている。嫌煙権訴訟のような場合、かならずしも、勝訴判決を勝ち取ることが目的ではなく、訴訟手続自体が、将来に向けた議論や交渉の場として重要な意味をもち、また、社会的な議論を喚起する機能をも果たしたのである。

現代型訴訟は、裁判での手続過程は、裁判外の社会過程と断絶したものではなく、訴訟にいたる紛争解決過程や市民運動のひとコマとしての意味をもち、当事者に議論や交渉の場を与え、かつ裁判外の社会過程にも影響を与えることがある、ということに目を向けさせた。

相互作用的裁判モデル

そこで、このような要素を組み込むには、法的判断から、手続過程に重点をシフトした裁判モデルが必要となる。ただしこれは、何もいわゆる現代型訴訟のような特別な事例にかぎったことではない。

たとえば、カズオさんの事例でも同じことがいえる。カズオさんは、家の明渡しを求めて提訴しているが、訴訟において、主張立証を重ねるうちに、実はヒロシさんの庭の犬がうるさくて眠れないというのが提訴の最大の理由であったことがわかってくるかもしれない。そして、裁判官を介して当事者同士の話合いと理解が進み、夜は犬を家に入れるという和解が成立し、両者とも満足できる解決がはかられることもある。

訴訟上の和解は、このように、オール・オア・ナッシングの判決では実現できない、柔軟な解決を迅速に与えることができる紛争解決方法として、注目を集めており、増加傾向にある。

伝統的な裁判モデルでは、このような例も説明できない。そこで、こういった多様な手続過程の動態も視野に入れるため、裁判を、当事者および裁判官の織りなす相互作用として認識し、法的判断も、そういった相互作用の積み重ねの延長線上に位置づける裁判モデルが必要となる。いわば、相互作用的裁判モデルである。

このモデルでは、裁判を、当事者同士の水平的な相互作用と、裁判官と当事者の間の垂直的な相互作用からなる手続過程として捉える。裁判官は、こういった相互作用の一アクターとして位置づけられる。伝統的な裁判モデルは、当事者同士の水平的な相互作用と、裁判官の法的判断を切り離して、法的判断のみに重点をおいたモデルであったといってもよい。しかし、実は、裁判官は当事者の水平的な相互作用にも影響を与えるし、逆に影響を与えられることもある。そして時には裁判外の社会や訴訟後の当事者のありかたへの応答も必要となる。そこで、裁判官の役割も、少なくとも裁判においてどのような相互作用が実現されるべきか、という観点から考察する必要がある。

3　相互作用における裁判官の役割

当事者間の水平的相互作用と、裁判官と当事者間の垂直的相互作用は、互いが互いをつくっていくフィードバックの関係にある。しかし、いずれを主軸として手続過程を構成するかによって、裁判官の役割もかなり異なったものとなる。

「管理者的裁判官」

現代型訴訟が示したように、訴訟に求められる役割は拡大している。しかし他方で、手続過程は、争点が定まらないまま無味乾燥な書面の交換がダラダラとつづくばかり、何をやっているのかわかりにくい、しかも時間がかかる。そういった裁判にたいする市民の不満も高まり、裁判所も事件を処理しきれずにつねに消化不良を起こしている。そのような司法の機能不全にたいしては、裁判官が積極的に手続過程を取り仕切っていくことで対処していこうとする動きがみられる。いわゆる「管理者的裁判官」の出現である。これは、司法の世界的な大きな潮流であるともいわれている。

ただし、それが説かれるコンテクストはかなり異なる。アメリカでは、裁判官は、受動的な法的判断者から、積極的に審理過程に関与する能動的な「事件管理者」へと変貌したといわれる（Resnik, Judith,［1982］）。この背後には、増えすぎた訴訟とあまりに党派的な当事者間の攻防が、裁判所の機能不全を引き起こしていることへの問題意識がある。そこで、手続過程の交通整理をして、効率的な訴訟運営をおこなっていく必要性が生じているのである。具体的には、いままで当事者間のアドバーサリアルな攻防に委ねられていたトライアル以前の段階にも裁判官が関与して争点を整理させたり、和解を成立させる。とくに、公共政策にかかわる争点を含むような訴訟や、複雑な不法行為事件では、裁判官は、さまざまな社会的な利害の調整をおこない、当事者間の将来に向けた計画づくりに関与し、判決や和解が実行されるのを見届ける、というところにまで関与することもある。

他方、日本では、裁判官は、政策形成にかかわる判断にはなお消極的であるが、最近、弁論審理の充実と訴訟の促進に向けては積極的な努力がなされている。「裁判を国民に分かりやすく、利用しやすいものにして、多様なニーズにこたえ」ることをめざしている（司法研修所［一九九六］）。その要望にこたえる中心的役割を果たす者として裁判官を位置づけ、手続過程においてリーダーシップを取ることが求められている。司法制度改革審議会意見書も、基本的に、この路線の延長線上で、民事裁判の充実・迅速化をめざしている。

一九九八年の民事訴訟法改正で、争点整理手続が導入されたが、これは、それ以前から実務上おこなわれていた弁論兼和解を吸収したものである。裁判官が当事者を交えて早期に争点を整理することで、実情に即した充実した審理が実現でき、しかも迅速な解決が期待できるとされる。最近各地の裁判所で積極的に取り組まれている集中審理や計画審理の試みも、充実した審理と効率的な事件処理の推進に寄与しているといわれる。

ただし、こういった裁判官主導の手続運営は、効率性を重視して、争点を切り詰め強引に和解を進めるような訴訟運営も、裁判官が事件の背景的な事情についても慮《おもんぱか》りつつ当事者の相互行為を促して満足のいく解決を追求していくような関与の仕方も両方射程に入っている。しかし、その両者にはかなり隔たりがあることに注意しなければならない。最近の審理充実の試みは、効率性と弁論の活性化が、一挙両得に得られるような論調で語られることが多い。しかし実はそれは全く別のやり方に同じ名前をつけているかもしれないのである。もちろん、近年の審理充実の試みは、当事者による裁判への主体的な参加を梃子《てこ》とする点にひとつの大きな柱があり、決して裁判官による一方的で権威的な訴訟運営の強化が進められているというわけではない。

しかし、「管理者」的裁判官は、当事者の相互作用も含め、訴訟手続過程を積極的につくり上げていく能動的主体として位置するため、当事者の相互作用が裁判官にはたらきかけるほうの矢印は考慮から外れがちである。そのため、裁判外での当事者の相互作用との連続性には直接注意が払われなくなり、それが考慮に入れられるかどうかは当該裁判官しだいとなってしまいやすい。

「管理者」的裁判官を軸とする裁判は、法的判断の部分に局限して捉えられてきた裁判官のブラックボックスを、手続過程の部分にまで拡大させた裁判モデルともいいかえられうる。それはへたをすれば当事者や社会への可視性をますます低下させ、いっそう「わかりにくい」裁判に結びつく危険性も秘めている。日本のように、裁判官の匿名性が高く裁判の可視性の低いところでは、この危険性も無視できない。

交渉促進者としての裁判官

本来、裁判の主役は、当事者である。当事者の視点からは、裁判での手続過程は、当事者による交渉過程のひとコマなのである。そこで、真に「わかりやすい」裁判をめざすのなら、当事者間の水平的な交渉過程を軸にして、裁判官の役割を考えていく必要がある。

ギャランターは、裁判所での和解交渉を、訴訟交渉（litigotiation）と位置づけ、裁判外での交渉と連続性を有しつつも、それとは異なる質を有することを指摘する（Galanter, Marc [1985]）。法的判断を下す役割を担っている裁判官による和解促進は、当事者の相互作用に大きく影響を与える。訴訟外の交渉にくらべると、証拠の開示が促されて情報の共有化が進み、より法規範を意識しており、安定して終局性をもつ和解が成立する傾向がある。つまり、「法の影のもとでの交渉」の意義を有し、裁判官は、そういった和解交渉において調停者としての役割を果たすという。ギャランターは、このような質をもつ和解交渉を、代替的紛争処理様式（ADR）のひとつとして積極的に評価している。

和田仁孝（和田［一九九五］）は、さらに徹底して裁判過程を当事者の主体的水平交渉として把握する。裁判過程において、当事者たちは自分たちの関係づくりの手がかりを主体的に模索している。裁判官は、それを援助する役割を担うのだという。交渉促進者としての役割である。その場合、判決も、当事者の訴訟交渉のダイナミズムのなかに位置づけられる。つまり、判決は水平的交渉関係への影響についても配慮されたものである必要があるという。判断者としての役割も交渉促進者としての役割に吸収されるのである。このように把握すると、和解と判決を二分する必要はなくなり、当事者の水平的な相互作用を軸とした裁判モデルで統一的に理解することができる。

この二者の見解の相違は、判決を、過去の事件にたいする法的判断とみるか、将来の当事者の関係づくりの足がかりとみるかの違いによるところが大きい。しかし、両者とも、当事者間の水平的相互作用を軸として裁判官の役割を考察するさいの重要な視点を提供している。

すなわち、和田は、裁判での相互作用過程を、裁判外での当事者間の相互作用、交渉過程との連続性の重要性を強調し、ギャランターは、その連続性のある交渉過程に裁判官が関与することの固有の意義を考察しているのである。このふたつの視点は、裁判において実現すべき当事者間の相互作用と、そこでの裁判官の役割を考察するうえで不可欠なものといってよかろう。

このように、手続過程を視野に入れた裁判モデルにおける裁判官像にも、「管理者」「調停人」「交渉促進者」といったかなり様相を異にしうるものがありうることが示された。これは、裁判をいかなるものと想定するかということと不即不離であることは冒頭で述べた通りである。ただし、さきのブラックボックスを手続過程にも拡大して考えると、その中身が裁判官によって異なりうることとその問題性にも留意する必要があることも示唆している。村上［二〇〇〇］は、これも視野に入れた研究であるが、これまで、裁判官の研究が判断作用に重点がおかれ、手続過程はあたかも透明な媒体であるかのように扱われてきたことは反省しなければなるまい。裁判官の「職業的勘」そしてそれ以外のパーソナリティー・思想などは、むしろこちらに大きく影響しているかもしれない。

裁判官という人と手続過程

最後に訴訟過程とその内外での社会とのかかわりが、手続過程におよぼす影響も視野に入れたうえで、手続過程における裁判官の役割を整理し直しておきたい。そのさい、裁判官が裁判をおこなう、という一見自明ともいえることの意味についても若干の考察を加えておきたい。

棚瀬孝雄は、「手続関与者の間で行われる広義の弁論が、直接関与者以外の者になんらかの形で観察され、あるいは伝達されることによって、それらの人々（オーディエンス）に影響を与えていく、あるいは逆に、その影響が手続のなかにフィードバックされることによって、弁論のあり方そのものに影響を与えていくという過程」（棚瀬［一九八八］）に注目する。

　嫌煙権訴訟のような場合、手続過程がマスコミに取り上げられて、市民の間で「嫌煙権」への認識や、分煙を求める声が高まった。訴訟での手続過程そのものにたいしても、そういったオーディエンスの存在が、聞き手に「聞かせる」相互作用、つまり、聞き手にとって説得力があり、かつ耳を傾けるに値するような生き生きとして魅力ある手続過程をつくり上げていく推進力となりうるのである。

　これは、「わかりやすい」裁判とも直結するだろう。好むと好まざるとにかかわらず、裁判官は、手続過程の一アクターである一方で、当事者の相互作用にとっては、第一のオーディエンスとして位置している。しかも判断者として組み込まれている以上、もっとも影響力のあるオーディエンスということになる。棚瀬は、決定主体として陪審が参加することは、必然的に素人である陪審に理解でき、魅力ある弁論をおこなう必要を生じさせ、わかりやすく無駄のない手続過程の実現に役立つことを指摘している。「わかりやすい」裁判の実現のために、聞き手として「普通の人」が位置することが重要な意味をもつということである。司法制度改革審議会で提案された、国民が直接司法に参加するしくみである「裁判員制度」の導入にも同様の効果は期待できよう。しかし、まずは第一のオーディエンスとして位置する裁判官に求められる特質として考慮すべきである。

　ギャランターがいうように、訴訟上の和解が法規範志向的なものになるのは、まさにこのオーディエンスとしての裁判官＝法的判断を担う法専門家、の作用に帰するところが大きいだろう。交渉が法規志向的なものになることは、焦点がはっきりしやすく、無駄のない公正な交渉を実現するのにプラスにはたらきうる。ただし、法規範は、専門的で素人には理解しにくく型にはまったものであるため、そのかぎりで当事者の日常的な語りを遠ざけて、よそゆきの議論をよぶ。つまり、裁判官の関与は当事者にとっても社会一般にとってもわかりにくい手続過程を促しやすい。カズオさんも、裁判官にたいして「犬がうるさかった」とはいいずらく、自分でもよくわからない賃貸借契約に的を絞り、かえって当を得ない主張をしてしまうかもしれない。「犬がうるさいのが問題であって、家の明渡しまでは本当は必要だとは考えていない」というカズオさんの声を聞き出すことができるかどうか、ここに裁判官の役どころがある。そして、これこそ、法適用の機械ではない、裁判官という人間が裁判をおこなっていくことのひとつの意味を示すものではないだろうか。

法的判断のブラックボックスのところでは、裁判官は職業的訓練によって身につけた常識的判断能力、という文脈で裁判官の人間的な要素が示された。他方、これまで手続過程の関与においては、裁判官特有の技の存在といったことは正面から語られることは少なかったが、最近、裁判官が当事者と接する心構えを説いた論稿もあらわれており、興味深い。草野判事の『和解技術論』では、「説得技術」としては、裁判官の和解技術と、商売や家庭で人を説得する技術にはなんら違いがないとされている。むしろ、当事者の言い分をよく聞くこと、誠意をもって接すること、といったごく当たり前の人間として交流することの重要性が強調されている（草野芳郎［一九九五］）。

このように、裁判官が、手続過程における裁判官の人としての役割を、裁判官の秘技に閉じ込めずに説いたことは非常に意義深いと思われる。法的判断においては常識や全人格的判断といった普通の人間的な要素を前面に出しつつも、結局は手続過程と法的判断との断絶を説明する道具でしかなかった。それにたいし、オーディエンスとしてあるいは交渉促進者として手続過程に関与する裁判官の人間的な要素は、訴訟外での交渉過程との連続性を尊重し、それを土台に訴訟での相互作用をつくっていく糧となりうる。

裁判官が、機械ならぬ人間であることの意味は、このように、裁判外の社会や当事者間の相互作用との連続線上で、裁判官が当事者と人間的な相互作用としての手続過程をつくり上げていくことに見いだしていく必要があろう。そこに、「わかりやすく、利用しやすい」裁判への第一歩があると思われる。

【参考文献】

ジェローム・フランク［一九八三］『裁かれる裁判所(上)・(下)』（古賀正義訳）弘文堂。
Galanter, Marc [1985] A Settlement Judge, not a Trial Judge: Judical Mediation in the United States, 12-1J. of Law & Society.
草野芳郎［一九九五］『和解技術論』信山社。
松村良之ほか「裁判官の判断におけるスジとスワリ」『判例タイムズ』(一)〜(十三)（未完）九一一号〜一〇〇四号、一九九六〜）

村上淳一［二〇〇〇］『システムと自己観察』東京大学出版。

Resnik, Judith［1982］"Managerial Judges" Harvard Law Review, vol. 96, p. 374.

司法研修所編［一九九六］『民事訴訟の新しい審理方法に関する研究』法曹会。

棚瀬孝雄［一九八七］『本人訴訟の審理構造』弘文堂。

和田仁孝［一九九四］『民事紛争処理論』信山社。

渡部保夫他［一九九七］『テキストブック現代司法』日本評論社。

……………［渡辺千原］

第12章 弁護士像はどう変わってきたか

──弁護士像は社会のなかに存在し、社会の変化によって影響を受ける。また、新しい弁護士像は、社会の変革を導くことも可能である。本章では、弁護士像の変化を、日本社会における法のあり方の変容と関係づけて概観する。読者は、これまでの日本の弁護士像と社会の関係について、思いをめぐらしてほしい。そして、二一世紀の日本で、弁護士が果たすべき役割について、これまでの歴史をふまえて、今後の日本社会のあり方と関係づけて考えてほしい。──

1　はじめに

一口に弁護士像といっても、そこにはさまざまな次元のものが含まれている。理想としての弁護士像もあれば、現実の姿、実態としての弁護士像もある。弁護士自身によるセルフ・イメージもあれば、第三者のみた弁護士像もある。第三者といっても、弁護士と接触した経験のある人と、そうでない人とでは大きな違いがあるであろう。

このように弁護士像はさまざまであるが、しかし、社会的イメージとしてある程度明確な弁護士像が人々の間で思いえがかれてきたこともまた事実である。弁護士自らが語る弁護士像と他の人々がえがく弁護士像とは次元は異にするが、両者がお互いに影響しあいながら、一般的に思いうかべられる弁護士像が形成されてきた（＊）。とくに、弁護士は、理想的な弁護士像という職業生活を導くモデルを集団として語ってきた歴史があり、それが、弁護士の活動と人々の弁護士への期待に影響を与えてきた点が重要である。もちろん、理念の陰に私利の追求が隠されていることに法社会学は鋭敏でなければならないが、同時に、理念が、現実を変革し、人々を導く力をもっていることも忘れてはならない。

＊弁護士の自己像と、人々の語る弁護士像との関係は厳密に考えるととても細かい議論が必要になる。最近、そのような問題意識からの研究（上石圭一〔一九九八〕）があらわれているが、ここでは、本文で述べたように社会における弁護士像として一括してとらえ、とくに、理想像として人々に思いえがかれ議論されている弁護士像を中心に論じる。

2　日本の伝統的弁護士像

前　史

今日われわれが知っているような弁護士は、日本では、明治時代における西洋近代法の継受とともに、制度として国家によってつくり出されたという特色をもつ。法はわが国では、江戸時代までと明治時代以降とで、一定の断絶があり、それに対応して弁護士も、江戸時代までの類似の職業とは、制度として切り離されている。

江戸時代には、訴訟の当事者が泊まる宿が公事宿として一定の発展をみ、宿の主人が訴訟にかんする知識を当事者に提供したりしていたが、評判の悪い者もいたとされ、社会的地位は低かった（瀧川政次郎［一九八四］、大野正男［一九七〇］九一一〇頁）。江戸時代において法は、主として幕府や藩の役人が統治する道具としてイメージされ、訴訟は極力避けるべきものとされ、やむをえず提訴する場合であっても、おおそれながら、お上の手をわずらわせて、訴えを認めてもらうという観念が一般に支配していたといわれている。だからこそ、道理を欠いた状態が限界を超えると、一揆に象徴されるような覚悟のうえでの非常事態になったのであるが、いずれにせよ、幕藩体制における訴訟の非正統的位置づけは、弁護士に相当する職業を高度に発達させることなく明治維新を迎えたのである。

明治政府は、西洋法を継受し司法制度を整備する過程で、訴訟代理を業とする職業を創設する必要に迫られ、一八七六年には、免許制による代言人という資格が導入された。弁護士の前身といえる。代言人は、資格制度の不備もあって、知識が不十分で質の悪い仕事をした者も少なくなかったといわれている。三百代言という蔑称も生まれた。のちに日本の弁護士は、この代言人時代につくられたマイナス・イメージに長い間苦しめられたといわれている。

他方で、明治維新以後、法律は、西洋文明の所産として新しい時代を象徴するものであった。とくに人権思想を筆頭に西洋法の諸観念は、それまでの日本社会に欠けていた思想、とりわけ、人民の力としての民権の尊重と、官の権力や社会悪にたいして道理にもとづいて闘うための正当な武器としての権利の擁護、伸張という発想を日本に伝え、進取の気性に富む若者たちを強く引きつけた。自由民権運動の高揚期は、まだ、藩閥勢力と官僚制によって支えられた明治国家体制が確立する前の流動的な状況であり、法律を学ぶ若者の間には、「自由」と「民権」の理念を追求し、新しい日本の建設を夢見た理想主義があふれていた。法律の世界に、優秀な若者が引きつけられ、代言人や、後の弁護士になった者も少なくなかった。花井卓蔵、今村力三郎といった明治・大正期の著名な弁護士は、こうした明治国家建設期が生み出した俊英である。

大日本帝国憲法体制と弁護士

大日本帝国憲法制定前後のわが国近代法制度の確立期には司法制度の整備も進み、一八九三年に施行された弁護士法により弁護士制度がスタートした。弁護士資格付与のための専門試験が導入されたが、判検事とは別の試験であり（のち、一九二三年に統一試験となった）、また弁護士会は検事正の監督に服し、自治権が完全には認められていなかった。明治国家は官僚主導の体制を確立し、法運営の主導権は官僚に握られることになった。官尊民卑の観念が支配的なわが国において、弁護士は、司法官僚（判検事）よりも、法制度上の位置づけにおいても、社会的評価においても、一段低く格づけられることになったのである。日本の弁護士像の原型が確定したことになる。

しかしながら、こうした状況のなかで、明治三〇年代以降、優れた弁護士が社会的大事件の弁護活動で活躍して高い評価を得、「明治末年には著名弁護士がくつわをならべた黄金時代」（森長英三郎［一九八四］一九二頁）を迎える。一八九七年（明治三〇年）に全国的な任意弁護士団体として日本弁護士協会が結成され、有力な弁護士が結集して地位向上をめざした。その過程で、国家権力の濫用に対抗し、蹂躙《じゅうりん》される人権を擁護する役割が、当時の抑圧的国家体制のもとで弁護士の社会的評価を高め、その使命として認識されるようになる。足尾銅山鉱毒事件、日比谷焼打ち事件、大逆事件などの大事件やそのほかのさまざまな人権侵害事件において弁護活動が展開され、戦前日本のひとつの典型的な弁護士像がかたちづくられていった。

弁護士は、「在朝法曹」としての判検事と対抗するという図式が成立し、その枠組みのなかで、「在野法曹」としての社会的存在意義を追求し、同時に、判検事との対等な地位の獲得をめざしたのである。明治末期から大正、昭和初期にかけて、政党政治が発達するとともに、政界で活躍する弁護士も、地方政治まで含めると多数にのぼり（たとえば、衆議院議員では花井卓蔵、鵜澤総明、鳩山和夫など）、また、資本主義の発展とともに、財閥系大企業の顧問弁護士として活躍する弁護士も少数ながらあらわれ（たとえば、原嘉道、江木衷）、あるいは高額納税者リストに登場する弁護士も生まれた。他方で、労働者、小作人など社会的弱者の権利を擁護する社会運動を支援し、また、社会主義、共産主義などの反体制的思想・運動の弾圧事件の弁護活動をおこない、社会的な注目を集めた弁護士も少なくなかった。

さらに、最近の実証的研究によれば、地方で、日常的に発生するさまざまな紛争を法的に処理し、地元の名望家として非常に重要な役割を果たしていた弁護士の姿があきらかになっている（川口由彦編著［二〇〇一］）。これは、著名弁護士の陰にかくれている多くの弁護士の実際の姿を示唆している。はなばなしい社会活動家としての弁護士像と並んで、一般の人々にとっては地道な「町の法曹」という姿が、明治・大正期のもうひとつの弁護士像だったかもしれない。

しかしながら、昭和初期から敗戦まで、弁護士像は一転して「悲劇的、絶望的」色彩を帯びる(大野正男［一九七〇］五六頁、九二—一一〇頁)。昭和初期の不況は、当時の弁護士数の増加とあいまって、経営の困難と非倫理的行動の増加をもたらした。さらに戦時統制経済ならびに総動員体制は、弁護士の活動の余地を狭め、経済的基盤をつき崩し、社会的存在意義を喪失させていった。敗戦は、このような状況を一挙に変え、在野における人権擁護の担い手という戦前の理念的弁護士像を、日本国憲法体制という新しい条件のもとで、復活させたのである。

3　プロフェッションとしての弁護士

在野法曹モデルとその動揺

一九四九年に制定された弁護士法の第一条は、「弁護士は基本的人権を擁護し、社会正義を実現することを使命とする」と規定し、戦前の弁護士像の枠ともいうべき輝かしい役割を弁護士全体の使命として位置づけ、高い理想像を提示した。この「人権擁護を担う在野法曹」という弁護士像は、イデオロギーおよび理念として、戦後しばらく大きなゆらぎもなく安定していたように思われる。日本国憲法が制定され、戦前の体制の克服と、人権保障の定着を社会的課題とする認識が人々に共有されるなかで、この弁護士像は理念として広くアピールする力をもっていた。実際、戦後の混乱期を象徴する松川事件、三鷹事件ほかの大事件や著名な冤罪事件、大小の労働争議などにおける弁護士と弁護団の活躍はめざましかった。

しかし、他方で、多くの弁護士の日常活動は、そうしたはなばなしい活動とは別の、金銭債権回収や不動産事件をはじめとする一般的な民事訴訟代理が中心であった。それらは、社会的な注目を集めることは少ないが、中小企業や市民の身近な紛争の処理にかかわるとともに、弁護士業務の基盤を支えていたのであり、高く掲げられた人権擁護に携わる在野法曹としての弁護士像の陰にある、地道な実像ともいうべきものであった。弁護士と接したことのある人々のなかには、「在野法曹」像とは異なるイメージをもっていた者も多かったであろう。在野性と人権擁護を強調し、とりわけ反権力性に力点をおくと、弁護士の日常的な業務活動との落差は激しくなる。

やがて、高度経済成長期とともに、弁護士をとりまく環境は、あらたな局面を迎えた。すなわち、一方で、中小企業や大企業の活動の高度化と、それにともなう弁護士職域の拡大である。他方で、高度経済成長が、さまざまな社会問題（交通事故の激増、公害環境問題の多発と被害の深刻化、消費者紛争や医療事故の増加など）を発生させ、深刻な被害をもたらすと、被害者救済ならびに行政と企業のあり方の是正にむけて弁護士の関与が活発化し、社会的に注目を集めることになった。後に現代型訴訟とよばれる新しい訴訟類型が登場し、弁護士の活動が注目されたのもこの頃である。経済成長が進んだ一九六〇年代後半は、司法へもちこまれる新しい問題が急増し、司法への期待が高まり始めた時期であり、それが日本社会における裁判所と弁護士の機能の拡大と変化を要請するにいたったのである。

プロフェッション・モデルの登場

この時期に、あらためて日本の弁護士像を定位しなおす試みが研究者（石村善助［一九六九］）や弁護士（石井成一他編［一九七〇］が代表的）によって本格的になされたのは決して偶然ではない。そのような試みは内容的に多様であるが、そこには、欧米（とりわけ英米）の法体制をモデルとして、弁護士をプロフェッション（profession）として把握しようとする思想がみられる。今日、「プロフェッション・モデル」としてわが国の法律家の間で理解されている弁護士像の登場である。

「プロフェッション」という言葉は、ヨーロッパにおいては古くから用いられている日常語であり、医師、聖職者、法律家は、中世以来三大プロフェッションとして、たんなる職業（occupation）とは異なる位置づけが与えられてきた（石村善助［一九六九］、六本佳平［一九八六］二八六―八七頁参照）。それぞれ、医療＝生命・健康、宗教＝魂・救済、法＝正義・権利（生命・身体・財産）という、その社会で伝統として受け継がれてきた貴重な文化的価値を担い、具体的な場面（医療、宗教、法律の現場）で実現し、発展させていく使命を担ってきた。その能力は、貴重であると同時に一般の人には容易に近づけない特殊な専門性をもつとされた。他方で、命、魂、権利といった人々にとってバイタルなものを一般人にはうかがいしれない（ようにみえる）能力を行使して扱うことのもつ危険性と、日常的に人々の私事と秘密に接するという業務の性格ゆえに、自己規律と高度な倫理性が要求され、また、それを自らに課すという姿勢が示されてきた。

とくに英米では、官僚制の伝統が弱く、いわゆる法曹一元制のもとで、弁護士を基礎として、裁判官、検察官は一体的にリーガル・プロフェッションとして理解された。そして、一八世紀から二〇世紀前半にかけて、彼らが市民社会の運営と資本主義経済の発展にとって重要な役割を果たす過程で、自治的団体を整備し、そのメンバーを自律的に制御しながら、提供する役務の質の水準を保ち、依頼者およびより広く公共の利益に貢献する責任を負うのとひきかえに、一定の職域の独占と競争の制限、安定した報酬、高い社会的地位、国家からの独立性といった特権を獲得していったのである。独立したリーガル・プロフェッションの発展は、「法の支配」という自律的な法体制を支える不可欠の要素であった（P・ノネ、P・セルズニック［一九八二］八三―一一三頁）（＊）。

＊ ロスコウ・パウンドは、プロフェッションの第一の目的は、「パブリック・サービスの精神（公共奉仕の精神という訳は狭すぎるであろう）をもって学識に裏づけられた技能を追求すること」（"Pursuit of the learned art in the spirit of a public service is the primary purpose."）とし、これと、この目的実現のための自治的団体の存在とをプロフェッションの特性としている。そして、学識に裏づけられた技能と自治的団体は、パブリック・サービスの精神を実現し維持するかぎりで正当化されるとし、パブリック・サービスの精神がもっとも重要な要素であると位置づけ、それは日常の弁護士の活動と、無報酬による公共的活動の双方を含み、法にもとづく正義の健全な運営（司法）の前提条件であるとしている（"This spirit of public service in which the profession of law is and ought to be exercised is a prerequisite of sound administration of justice according to law.")。Pound, Roscoe, [1953], pp.5, 10.

日本で、在野法曹としての弁護士像が受け入れられていたのは、官僚と大企業が君臨し、司法が隅に追いやられていた戦前以来の統治構造に、この弁護士像がぴったりはまっていたというだけでなく、日常の身近な紛争が法以外の方法によって多く処理され、またそれが当然のこととして理解されていたという日本社会の状況（とくに戦時体制は、そうした状況をゆるぎないものにした）、つまり法と日常生活の隔たりが、それを支えていたという側面がある。そのような条件がゆらぎ、人々がトラブルに直面したとき、それほど躊躇なく、法律はどうなっているのか、弁護士に相談してみようか、と考える場面が増えてくるにつれて、在野法曹モデル一辺倒では説得力をもちえなくなる。

在野法曹という日本流の伝統的弁護士像は、英米で弁護士が果たしている法と正義の運営者という役割にくらべて、狭く偏ったものであった。戦後理念の啓蒙期が終わり、また、弁護士の活動分野も拡大・多様化する一九七〇年前後に、より普遍主義的な弁護士像として、プロフェッション・モデルが提示されることになったのである。

プロフェッション・モデルの日本的援用

プロフェッションという弁護士像は、一九七〇年代から八〇年代にかけて、一般の人々は別にして、弁護士の間に急速に広まったように思われる。そこに含まれる専門性、公共性、自治性という要素は、伝統的な在野法曹像においても共有されていた。とりわけ、日本の弁護士のなかには、無報酬ないし赤字を承知で、諸々の被害者救済活動や公共奉仕活動を展開している者も少なくなく、それは、在野法曹像と一致するだけでなく、プロフェッションとしての弁護士像にも包摂されるものであった。プロフェッション・モデルは、「在野法曹」という自己理解を狭いと感じていた弁護士だけでなく、「在野」における「人権擁護と社会正義の実現」という理念を信奉する弁護士にとっても、日本では大きな違和感をもたずに受容されたということができる。それだけに、その意味内容について十分な検討がなされずに、ある意味で無反省に、日本の弁護士がプロフェッションであることを当然の前提にし、弁護士制度のあり方を論じる傾向も生まれた。

一九七〇年代後半以降、弁護士にかんするさまざまな規制や特権が、社会的にも弁護士内部においても論議の対象となることが増加した。広告・宣伝の禁止、弁護士報酬の弁護士会による規律、法律事務の取扱いを原則として弁護士にのみ認める職域独占規定（弁護士法第七二条）、他の隣接職業（公認会計士、司法書士など）との共同事務所経営の制限などの論点について、規制を緩和し、弁護士の自由を拡大するとともに競争を促進し、提供する法役務の効率化、高度化をめざすことによって、消費者としての市民や企業などの利便の向上をはかるべきではないかという議論がおこった。とりわけ、一九八〇年代前半の外国弁護士の受入問題と、一九八〇年代後半以降の法曹増員を中心とする法曹養成制度改革問題をめぐって、弁護士会内部で、また弁護士と外部の人々との間で、激しい議論が展開された。そのさい、弁護士の公共的性格を論拠として、たとえば企業法務という領域で活動する内外の弁護士を、本来の弁護士のあるべき姿ではないとか、日本の弁護士像とはあいいれないものとしたり、弁護士数の増加は競争を促進することによって人権擁護活動に支障をもたらすから阻止すべきであるといった議論が一部の弁護士によってなされたりした。これらは極端な議論であるとしても、一般に、弁護士をめぐる上記のさまざまな規制について、弁護士がプロフェッションであるという位置づけから、その緩和と競争の促進にたいして消極的な議論が弁護士によって展開される傾向が強かったのである。

このようなプロフェッション概念の援用の仕方は、自己規律による競争制限という側面では英米においても伝統的に広くみられたとはいえ、弁護士数の徹底した規制（英米では弁護士数は基本的に市場の実勢に委ね、国家が規制しないという思想が基礎にある）や企業法務への否定的評価（英米では企業法務は弁護士の正統的な業務領域である）と結びつけられた点は、わが国特有の現象であった。「プロフェッション」としての弁護士像は、その言葉が全く日本社会に根をもっておらず、単に「プロ」すなわち専門家という程度の含意が日常用語次元では人々に共有されているなかで、きわめて表面的なレッテルとして流通してしまうという経過をたどっている。数百年の歴史・制度・慣行を背景にもつ英米におけるこの言葉の重みは、日本語としての「プロフェッション」には当然ない。一般の人々が弁護士を把握し論じるときにこの語を通じて像をえがくことも少ない。むしろこの語は、弁護士自身がそれぞれの弁護士像を表現したり職業利益と特権を正当化するときに、都合良く援用される枕詞にすぎないことも少なくない。「法の支配」という理念が日本社会に広く受け容れられていない状況に対応して、それを担う「プロフェッション」としての弁護士という認識も十分定着しえないでいるのである。こうした状況のなかで、さらに、一九八〇年代以降、多様な弁護士像が提唱され、今日にいたっている。

4　一九八〇年代以降の多様化する弁護士像

日本的弁護士像の問題点と法サービス・モデル

弁護士の活動分野が拡大し、社会的重要性が高まるとともに、さらに、いくつかの新しい弁護士像が提示された（参照、濱野 亮［一九九七］、田中成明［一九九七］）。

一九八〇年代に入ると、リーガル・プロフェションとしての弁護士像が弁護士の間に支持者を増やしていく一方で、棚瀬孝雄によって、法サービス提供者としての側面を強調する弁護士像が提示された（棚瀬孝雄［一九八七］）。そこでは、欧米において、弁護士の急増が、伝統的なプロフェッションの特質を変容させつつあった状況（たとえば、広告・報酬規制の緩和、競争の激化、ビジネス化）を参照し、日本において、弁護士＝プロフェッション論が特有の歪みをもって援用されている点に批判が向けられた。すなわち、在野法曹モデルの伝統を背負い、一般の人々より一段高いところに身をおき、社会正義の実現を強調する日本の弁護士の自己像は、ことさら基本的人権の擁護とは関係をもたない市民の日常的な紛争解決や、企業法務への弁護士の関与にたいして消極的な評価を導きやすい。こうした領域への業務提供を拡充し、効率的で適正な価格によって役務を提供することが必要であるという発想と結びつかず、むしろ、それを否定する傾向さえ生んだ。また、依頼者と弁護士との関係は微妙な力関係であって、弁護士によって依頼者の願望や要求が抑圧されることも状況によってはまれではないが（依頼者が弁護士を支配する逆の場合もある）、権力と対峙する「在野」性を自明の前提とする日本的弁護士像は、そうした依頼者が疎外される契機を覆い隠しがちであった。

そこで、むしろ、弁護士を、法律専門性を中心にすえて、端的に法的サービスを提供する職業として位置づけ、ことさらにプロフェッション性を強調せず、依頼者と弁護士との対等な関係の実現をめざすべきことを説いたのが棚瀬の議論であった。そこからは、適切で効率的なサービスを依頼者に提供することが当然要請され、そのための弁護士間の競争の促進や、諸々の弁護士規制の緩和が提唱されることになる。弁護士を特権的地位に位置づけて、高みから依頼者と社会にたいして啓蒙・指導するという発想を批判し、「依頼者主権」という理念を核に、依頼者と対等の立場で専門的な役務（サービス）を提供する職業として弁護士を位置づけながら、依頼者が主人公として弁護士を使いこなし、さらに、一般市民が主権者として法そのものの支配者となる道が志向されている。

このような弁護士像は「法サービス・モデル」ないし「ビジネス・モデル」と一般によばれ、全面的に支持するかは別として、弁護士や研究者の一定の範囲において賛同を得ている有力な所説である。弁護士自身の間にも、在野法曹モデルやプロフェッション・モデル（とりわけ日本的に援用された形態）の限界を意識し、とくに、司法試験合格者数の低位固定化や、広告・宣伝の禁止等の規制による競争制限を改め、弁護士と実定法機構を日本社会によりいっそう浸透させるという視点から、支持する者が少なくない（たとえば、那須弘平［一九九七］）。

このモデルは依頼者を法サービスの消費者として位置づけ、その便益を重視する発想と結びつきやすく、一般市民や企業、ジャーナリズムや政治家などにとっても理解しやすい弁護士像である。しかしながら、弁護士の日常業務が法役務の提供であるというのは、本来プロフェッション・モデルも当然の前提としていたのであり、また、弁護士規制の緩和は、プロフェッション・モデルとあいいれないものではなく、現に英米ではプロフェッションという観念のもとで一定の規制緩和が実現している。このモデルについては、プロフェッションとしての弁護士像を否定するものとして理解するのではなく、プロフェッション観念の内容を再検討するためのアンチテーゼとして位置づけるべきである（＊）。

＊　これにたいして、棚瀬孝雄は、近年、後に述べるようなポスト・モダン的弁護士像を提示したうえで、脱プロフェッション化の不可避性ないし推進をより強く説くにいたっている（棚瀬［一九九六］、同［一九九七］）。

「法の支配」の担い手としての弁護士

他方で、一九七〇年代以降の新しい日本の法状況をふまえて、プロフェッション・モデルを前提としながら、拡大し多様化する弁護士の活動を理論的に検討し、そこに、葛藤に直面しつつ新しい役割を獲得し、それを通じて日本社会に「法の支配」を浸透させる機能を果たしていく弁護士像（より広く法律家像）をえがく試みがあらわれている。

田中成明は、現代型訴訟への弁護士の積極的関与、裁判外紛争処理や予防法務への弁護士の進出といった弁護士の活動領域の拡大に着目し、伝統的な訴訟代理人を超えた新しい弁護士像があらわれていることを示すとともに、そこにひそむ困難を指摘した（田中成明［一九七九］）。すなわち、こうした活動の拡大は、狭い意味の法律論を超えて、科学的な政策論的思考が求められたり、交渉・妥協による利益調整のために、心理学や経済学をも取り込んだ交渉能力が必要となったりする。ここからは、伝統的な法的思考様式（要件・効果図式にもとづく包摂思考とそれに依拠した正義論）をふまえながら、裁判所の内外で、伝統的な法学の包摂的思考方法と、諸科学の目的・手段的思考方法を総合しつつ、依頼者の要望にもっともふさわしい対処方法を、法的手段、法的構成を中核にして総合的に考案する創造的な秩序形成者、紛争解決者という（少なくともわが国においては）新しい弁護士像が生まれてくる（参照、新堂幸司［一九九八］一三三頁、一三九頁註（3））。

また、近年では、行政官僚とならんで弁護士にも、法令作成や制度設計に関与する機会が拡大している（そのための学問分野の確立を提唱するものとして、平井宜雄［一九九五］）。「法の支配」を主導理念とした政策決定者ないし制度設計者としての弁護士の活動は、行政官僚に対抗し、あるいは協力しながら、今後いっそう拡大していくであろう。

ここには、西洋近代法の秩序原理が日本社会に浸透することの重要性を前提として、現代的状況に対応した弁護士像が提示されているのであり、プロフェッションとしての弁護士像の発展型として位置づけられる。

このような法化の促進者ないし「法の支配」の担い手としての弁護士像は、バブル経済の崩壊と日本的な経済運営・企業経営システムの行きづまりのもとで、急速に力を得ている。とくに、経済社会と行政機構において、責任の所在が不明確なまま、ものごとが不透明なプロセスによって処理される傾向が依然として強く、そのなかで経済が停滞し、巨額の損失をいかに配分するかが社会的課題となるとともに、そのような伝統的な方法では激しい対立を処理することが難しい局面が増えている。代わって、明確なルールと透明な手続にしたがって、公正に問題を処理する方法が正統性を得て、多くの人々に求められる場面が増えている。

たとえば、金融機関の破綻処理をめぐって、規制当局の行政指導を主としたインフォーマルな処理手法にたいしては厳しい批判があり、戦後一般化してきたかたちでの処理が困難になった。実定法に即した司法的処理が求められており、「法の支配」の担い手としての弁護士への期待も社会的に高まっている。いわゆる住専の巨額不良債権にたいする法的手段を駆使した徹底的な回収作業や銀行にたいする責任の追及が注目を集めたのは記憶に新しい。また、山一証券、北海道拓殖銀行、日本長期信用銀行などの経営破綻後には、旧経営陣の責任の明確化と追及のための委員会が設置され、弁護士が中心メンバーとして選任されている。このような現象はわが国では新しく、今後、こうした法的ルールに照らした責任明確化という場面での弁護士の活動が活発化するであろう。それは、予防法務段階における企業の弁護士使用をも促進するはずである。

関係志向的弁護士モデル

これにたいして、欧米のポスト・モダン論の影響を受けつつ、依頼者の主体性と自律性をよりいっそう重視し、実定法専門家としての弁護士像の限界と問題性を強調する議論も、一九九〇年代に登場している（和田仁孝［一九九四］二一五—四九頁、棚瀬孝雄［一九九五］）。その基本的思想は、法サービス・モデルの依頼者主権の考え方をより徹底させ、依頼者こそが紛争解決と法形成における主人公であるという発想を全面に出すとともに、弁護士の役割を、実定法にもとづく権利の実現、および、それを通じた紛争処理に限定せず、むしろ、より広く、依頼者が自律的に、自分たちの力で紛争を処理し、葛藤を乗り越え、新しい関係を築いていくことを支援する弁護士の役割を重視している。実定法にかんする専門能力は相対化され、さらには、実定法の枠組みが、当事者の生の声（当事者も「法」を語っているとされる＝当事者の「語りとしての法援用」）を抑圧し、むしろ法律家の権力と威信を維持する道具として機能する側面が強調される。弁護士は、実定法的な枠組み（法的争点にしぼりこまれた、要件・効果という基準＝法的ルール）の限界に留意し、実定法的なコミュニケーションと、依頼者の生活する世界の日常的コミュニケーションとの接点で、当事者の語る生の言葉を共感をもって聴き取り、そこから、問題解決や秩序形成のための手がかりを得、「依頼者自身が自分の問題認識と法的観点を主体的に織り合わせ」て、紛争を通じて開かれる当事者自身によるあらたな関係形成を支援する役割を果たすべきであるとされる（和田仁孝［一九九四］二二八頁、和田にしたがって「関係志向的弁護士モデル」とよぶことができよう）。

このような弁護士論は、弁護士が公共性・専門性の名のもとに特権的地位を享受し、依頼者との関係において、実定法の枠組みを強制することによって微細な権力を行使しているという弁護士像のネガティブな一面をえがき出し、そのうえで、新しい弁護士像を模索している。それにより、実定法秩序の社会への浸透や権利主張の拡大の適切性ないし価値が、自明なものではないことを認識させ、さらに、実定法機構使用の増大につれて、弁護士を通じた法援用のみが特権的地位を与えられ、そのことが非法律家の声や悩みを抑圧し、紛争当事者の直接的な対話や交渉をさまたげる可能性があることを認識させた点に大きな意義がある。また、法律上の争点と紛争の真の争点が乖離《かいり》しているケースが少なくないなかで、要件事実以外の背景事情などに、紛争解決の決め手があることが多いと考えられるが、実定法的枠組みの相対化を通して、紛争解決における依頼者のニーズへよりいっそう志向する視点を導入した点も貴重である。日常、紛争処理活動をおこなっているときの多くの弁護士（少なくとも日本の）の実感に即して、あるべき弁護士活動を模索し、従来正面から評価されてこなかった要素に光をあてたという面もある。

しかしながら、さらに一歩進めて、当事者自身の関係形成、とりわけ、自己解決能力の発揮を最優先し、当事者の語りを何よりも尊重するべきであるとするのであれば、それは不適切である。当事者は、自己の力で解決することを望んでいるとは限らない。むしろ、自分で解決できないからこそ弁護士を頼りにするのである。また、要件事実以外の諸事情を重視するとしても、全体社会的正統性をもった基準は最終的には実定法準則たらざるをえないのであって、当事者がその影のもとで交渉し合意するとしても、共通の枠組みとしての実定法のもつ説得力と公共的価値は、否定できないばかりか、かつてより高まっている。真の争点と法律上の争点の食い違いや、実定法の現実からの遊離は、(1)法的処理にふさわしい事件の選別、および、(2)適切な法的構成の追求、判例形成を通じた実定法準則それ自体の精緻化・進化、さらには法改正によって対応すべきであるのに、これらが、訴訟＝判決の少なさのために、全体社会的にみると、法律家によって十分取り組まれてこなかったのである。関係志向の弁護士役割論は、人々の間で、明示的な法準則への志向性が弱く、社会的実体としての紛争そのものの解決が、法的争点の判断を介してではなく、ストレートに追求される傾向の強かったわが国のこれまでの法文化になじみやすい要素がある。それだけに、実定法規範およびそれを基礎づける諸理念のもつ公共的価値（公共財としての価値）の過小評価、実定法の専門職業的担い手としての弁護士の社会的価値の軽視をもたらす危険がある。リーガル・プロフェッションとしての弁護士像をより豊かにする補助的弁護士像として位置づけるべきである。

弁護士像の多様化とプロフェッション観念の再構築

一九八〇年代以降におけるわが国の弁護士像の多様化は、法と秩序のあり方が岐路に立っている状況と照応関係にある（参照、田中成明［一九九七］）。日本社会における実定法使用の増大傾向が弁護士への期待を高め、その機能領域の拡大を促し、英米的法秩序観念の影響力が作用してプロフェッション・モデルが提示されたのであったが、高まる社会の要請に弁護士界が鋭敏に対応しえないでいるなかで、他の諸サービスとの区別を相対化しつつ競争促進を求める法サービス・モデルや、実定法そのものの規範性を相対化し当事者の自律的秩序形成を重視する関係志向弁護士モデルが登場してきたのである。新しいモデルは、それぞれ鋭い批判的視点を提示し示唆に富むが、西洋近代法を支えるプロフェッションという観念の適切な理解が日本社会で十分共有されていない状況で、それを批判する対抗モデルが提示されている点に注意しなければならない。

欧米では、近年、伝統的なプロフェッション観念は変容しているが、激変する環境のなかで、プロフェッション性（professionalism）は再構築の過程にある（参照、Paterson, A.A. [1996]）。長い歴史をもつリーガル・プロフェッションという観念とそれに導かれた諸制度が、社会と弁護士双方の急激な変化のなかで、ゆれ動きながら、社会の要求に適合するような自己変革を試みている。それを通じてプロフェッションとしての諸特質が再構築され、弁護士層の価値と存在意義の維持がめざされているのである。再構築の過程には、弁護士自身の他に、政府および消費者団体の声が大きなはたらきをしている。

わが国でも、一九九九年に設置された司法制度改革審議会が、法曹数の大幅増加、法学教育の根本的改革など、弁護士制度を含む司法制度の根幹にかかわる論点について二年間議論をおこない、二〇〇一年六月に最終意見書を発表した。今後、この意見書にもとづいて改革を実施していく過程で、弁護士の使命と任務、責任と特権を具体的制度に即して検討する作業がおこなわれることになる。そのさい、どのような理念的弁護士像を結晶させるかという原理的視点を羅針盤として改革作業をモニターすることが必要である。わが国の弁護士像も急激に変化しうる局面を迎えているのである。

5 おわりに

以上、明治期以来の弁護士像の変遷を、主に弁護士や研究者の間で、理想像として論じられてきた姿を中心に概観した。一般の人々にとっては、これらの弁護士像は身近なものではないかもしれない。一方で、人権擁護の担い手というイメージがある程度受け入れられているかもしれない。他方で、法の専門家として素人には近づきがたく、また、特権的地位に安住・固執し、あるいは営利を追求する（金儲け）というネガティブなイメージをえがく人も少なくないであろう。

多様な弁護士像のなかで、筆者は、弁護士の果たすべき役割としては、第一に、法律専門職（リーガル・プロフェション）としての使命を中核にすえるべきであると考える。法サービス・モデルの提起した競争原理の導入や、関係志向モデルの提起した実定法外的諸要素への配慮は、プロフェッション性を再構築することによってそのなかに統合するべきである。わが国の法は主に官僚によって運用されてきた。これにたいして、私人のイニシアティブによって、法的な視点から物事の処理の仕方の適否を問い、法的責任と権利の存否を論じることが、弁護士の助力のもとでよりいっそう日本社会に広がる必要がある。それを通じて、実定法の一般的規範内容が具体的な状況のなかで実現され、また、実定法規範自体を、私人の日常生活と、そのなかでの法観念や道徳意識を反映したものに精緻化し、また、それらの変化に対応させていく可能性が生まれる。また、さまざまな法制度の設計と運用にも弁護士の進出が期待される。

こうした位置づけは弁護士の在野性の重要な側面として再構成することができる。

第二に、実定法専門家という中核的要素を前提として、より広い、総合的な紛争解決支援者ないし秩序形成支援者としての役割も期待される場面が増えるだろう。近年発展しつつある弁護士会による仲裁サービス（参照、第二東京弁護士会編［一九九七］）は、その制度化の例である。今後、伝統的な訴訟代理以外にも、予防法務や裁判外紛争処理への弁護士の関与はいっそう拡大していく。そこでは、すでに述べたように、実定法以外の手続と基準や法学以外の知識をも積極的に活用する場面が増える。また、実定法使用が日常的になるにつれて、実定法的枠組みにもとづく方法と結論を、人々の日常的な生活世界のなかにいかにして接合していくかという側面に鋭敏になることが求められる。この領域は弁護士以外にも各種コンサルタント、カウンセラー、行政サービスなど競争者が多数存在し、かつ弁護士にとっては直接的な専門領域ではない。したがって、こうした実定法外的感受性を磨きながら、隣接職種との連携・相互協力のシステムを築いていくことが重要になる。

筆者は、結局、弁護士には、法の賢慮（言葉の本来の意味での jurisprudence であり、ここで「法」とは実定法に限定されない広い意味の法、すなわち、実定法に体現されているだけでなく、その修正と改革を導く基準となりうるものをさす）と実践的叡智 practical wisdom を、諸制度の設計・運用の次元と、個別具体的な権利・義務の確定、紛争解決の次元の双方において担っていく役割が期待されていると考える。実定法システムと社会の接点に位置している弁護士は、双方を行き来しながら、法システムの自律性を維持しつつ、応答性を高める役割を果たすことが可能である。そのような役割の遂行を通じて、たとえプロフェッションという言葉は用いられなくとも、社会学的にみれば、profession という観念で理解されてきた「専門職業」としての特性を、弁護士自身が、周囲の環境との相互作用のなかから、再構成していく過程を期待したい。そこから、これからの日本社会にふさわしく、かつ必要な弁護士像が確立していくものと思われる。

【参考文献】

◆戦前の弁護士の評伝について、弁護士史の流れに即して解説したものとして、
村上一博［一九九六］「近代日本の在野法曹とその評伝――明治九年代言人規則から昭和八年弁護士法まで」『日本法曹界人物事典（別巻：解説・人名索引）』ゆまに書房。
◆プロフェッション概念について、
石村善助［一九六九］『現代のプロフェッション』至誠堂。

六本佳平［一九八六］『法社会学』有斐閣、二八五―九二頁。
◆弁護士の手になる弁護士論として、
石井成一他編［一九七〇］『講座 現代の弁護士』（全四巻）日本評論社。

宮川・那須・小山・久保利編［一九九二・一九九三］『変革の中の弁護士（上・下）』有斐閣。
◆今日のさまざまな弁護士像を概観するものとして、
日本弁護士連合会編集委員会編［一九九七］『あたらしい世紀への弁護士像』有斐閣。

司法制度改革審議会における議論とその報告書は、日本の弁護士制度ならびに弁護士像を考察

するうえで不可欠の資料である。審議会の議事録と報告書はインターネット上（http://www.kantei.go.jp/jp/sihoseido/）で簡単にアクセスできるので参照してほしい。

◆なお、右以外に、本文であげた文献は以下のとおりである。

上石圭一［一九九八］「弁護士の語りにおける『法曹の一体性』」『民商法雑誌』一一八巻一号・二号。

第二東京弁護士会編［一九九七］『弁護士会仲裁の現状と展望』判例タイムズ社。

濱野　亮［一九九七］「法化社会における弁護士役割論」日弁連編集委員会編『あたらしい世紀への弁護士像』有斐閣。

平井宜雄［一九九五］『法政策学（第二版）』有斐閣。

川口由彦編著［二〇〇一］『明治大正　町の法曹』法政大学出版局。

ノネ、セルズニック［一九八一］『法と社会の変動理論』（六本佳平訳）岩波書店。

森長英三郎［一九八四］『日本弁護士列伝』社会思想社。

那須弘平［一九九七］「プロフェッション論の再構築」日弁連編集委員会編『あたらしい世紀への弁護士像』有斐閣。

大野正男［一九七〇］「職業史としての弁護士および弁護士団体の歴史」大野編『弁護士の団体』（講座　現代の弁護士2）日本評論社。

Paterson, A.A. [1996], “Professionalism and the Legal Services Market,” International Journal of the Legal Profession, vol.3, no.1/2.

Pound, Roscoe [1953], The Lawyer from Antiquity to Modern Times, West.

瀧川政次郎［一九八四］『公事師・公事宿の研究』赤坂書院。

新堂幸司［一九九八］「二一世紀における法曹教育のゆくえ」『民事訴訟法学の基礎』有斐閣。

田中成明［一九七九］「法律家の役割拡大とそのディレンマ」『ジュリスト』七〇〇号。

――［一九九七］「岐路に立つ弁護士」日弁連編集委員会編『あたらしい世紀への弁護士像』有斐閣。

棚瀬孝雄［一九八七］『現代社会と弁護士』日本評論社。

――［一九九五］「語りとしての法援用」『民商法雑誌』一一一巻四・五号・六号。

――［一九九六］「弁護士倫理の言説分析」『法律時報』六八巻一号・二号・三号・四号。

――［一九九七］「脱プロフェッション化と弁護士像の変容」日弁連編集委員会編『あたらしい世紀への弁護士像』有斐閣。

和田仁孝［一九九四］『民事紛争処理論』信山社。

……………［濱野　亮］

第13章

弁護士と依頼人

――最近、医者と患者の間でのインフォームド・コンセントということがよくいわれる。法律論として、弁護士と依頼者の関係についても同じようなことがいわれている。業務の性格上、弁護士は臨機応変に対処しなければならない場面も多い。けれども、もともと依頼者にとって弁護士は権威的な存在でもあるため、依頼者の考えが疎んじられたまま弁護士の自由が通ってしまう危険もある。だから弁護士からの十分な情報伝達と依頼者の主体的な決定が必要なのだというわけなのである（加藤新太郎［一九九二］参照）。一方、社会現象としての実際の弁護士と依頼者の関係はどのようなものとして捉えられるのだろうか。――

1　弁護士の苦労、依頼者の不信

私たちの社会生活はいろいろな点で複雑な専門技術に支えられている。しかし、その仕組みを十分知ったうえで、その専門技術を利用しているわけではない。たとえばパソコンが急速に普及してきたけれども、その電気工学的な知識がなくても、ふつうにパソコン通信をしたり情報処理したりする。ところが、トラブルが生じたら自分ではどうすることもできず、メーカーなどの専門家に頼るほかない。社会のルールについても同様のことがいえる。

私たちは、国際化が進んで複雑な交流がふえ、取引商品も多様化した社会にくらしている。したがって、顔見知りで互いに何を考えているのかがわかる隣近所だけで生活しているというわけにはいかないようになる。いや隣近所でさえ、どんな人が住んでいるのかわからないことも少なくないだろう。意見や利害のずれがおもてに出てこないかぎりは、平穏に親しい関係をつづけていけるだろうが、ひとたび対立が起こるとそうはいかない。そこで公正なルールによって争いを調整していこうということになる。しかし、そもそも私たちはひとつひとつルールを知ったうえで社会生活をおこなっているわけではないし、できもしないだろう。そこでトラブルがあったとき、私たちは法の専門家に頼ることになる。そのさいもっとも当事者の近くにいるはずなのが弁護士なのである。

依頼者はトラブルになった心労をかかえて弁護士を頼ってくる。ところが、依頼者は弁護士を信じきって解決をすべてまかせるわけではない。依頼者も自分の問題である以上、弁護士に依頼したあとでも、争いのなりゆきに関心をなくしたりはしない。弁護士にそれなりの説明を求めるだろうし、納得のいかない処置には疑いの目を向ける。その真偽をそこそこ判断するための情報もマスメディアから得ることができる。依頼者はだまって弁護士にしたがっているだけではない。そういう依頼者を前にして、弁護士の側でも、誠実であるほど、苦悩する。「朝から晩まで訴訟に明け暮れ、身も心もボロボロに疲れ果てている。『弁護士なんかもうやめたい』といつもこぼしている（竜嵜喜助［一九八八］二八六頁）」ということになる。依頼者と弁護士の関係は互いに楽ではない。

本章では、この依頼者と弁護士の関係について考える。まず、日本社会では、弁護士はどのような役務を依頼者に提供する用意があり、その提供の仕方には実際にどのような特徴があるのかを簡単にみる。そのあと、個別の依頼者への弁護士の接し方にはどのようにとらえる見方があるのかを批判をまじえて紹介する。

2　弁護士が依頼者に提供する役務

役務の形態

弁護士の活動は幅広い。さまざまな市民運動に参加したり、「子どもの権利」など法律問題や拘置所設置などの制度構想に団体として発言したり、依頼者の事件を代理して解決にあたったりする。とくにそのうち、トラブルにまきこまれた依頼者が弁護士のもとに助けを必要としてやってきたとき、弁護士はどのような役務を提供して依頼者を支援しているのだろうか。医療事件や離婚事件など紛争類型に応じた分類や、単独法律事務所や共同法律事務所などの事務所の形態に応じた分類も考えられるけれども、ここでは役務の形態について考えてみよう（六本佳平［一九八六］二八九―二九〇頁、より具体的には、廣田尚久［一九九三］も参照）。

まず第一に、法廷弁論に象徴されるような弁護活動が思い浮かぶだろう。刑事手続での被告人の弁護や、民事手続での紛争当事者の権利義務にかかわる主張を代弁することである。公正な第三者である裁判官のいる公式の場所で、依頼者にかわって、相手方と争いの法的争点を議論するのである。ふつう、弁護士の役務というと、このイメージが強いのではなかろうか。

第二に、裁判所のような国家制度の場を使わずに、交渉によって争いごとが解決されることもある。弁護士は、相手方当事者にたいして自分の依頼者の主張や意図を伝えたり補助したりして、できるだけ依頼者に有益な合意案をつくり上げようとする。弁護士は、電話で連絡をとって、直接に相手方に会って話をする。法を使う場合もあるだろうが、かならずしもそれだけでなくさまざまな紛争解決のための規範を使う。

第三に、以上のように相手方に弁護士が接するのではなく、依頼者の話を聴いて、事案の法的側面について助言をすることがある。個々の弁護士または弁護士会としておこなう法律相談がこれにあたる（樫村志郎［一九九四］五頁参照）。依頼者にたいして、弁護士はまずこの法律相談から役務の提供を始めることが多いだろう。

第四に、具体的な争いごとはまだおこっていないが、争いごとの可能性を予想して予防的に文書作成に携わることがある。企業取引において契約書にどのような条件を盛りこむかを考えたり、遺言書をつくったりするのである。

このように役務を形態で分けたが、実際の弁護士の活動の流れのなかでは、それぞれの間に重なりあう部分もあるだろうし、相互に移っていくこともあるだろう。たとえば、最初はある民事紛争をかかえた依頼者は、弁護士に法律相談で「助言」を求めるつもりだったが、弁護士に訴訟での「弁護」をお願いしたほうがよさそうだということになる。訴訟をつづけていくうちに、同時に訴訟の外でも「交渉」が進められ、和解で早目に解決にしようというなり、訴訟を取り下げて弁護士が和解案の「文書作成」をするというようにである。

日本社会ではどのような役務を誰が受けているのか

弁護士は、「弁護」「交渉」「助言」「文書作成」といった役務を用意しているが、日本社会で弁護士を使おうとする依頼者は、これらの役務をさまざまな法領域にわたって均等に受けているとはかぎらない。弁護士の側では、さしあたりメニューとして用意していても、実際に提供するあり方には何か特徴が出ていることも予想される。そこで、まずはその特徴をみてみよう（村山眞維［一九九七］一三六―一四七頁）（*）。

＊ 村山論文は、量的データをもとに巨視的な観点から、日本社会における弁護士役務の特徴を分析する経験的研究である。弁護士と依頼者の微視的な相互作用の紹介に紙幅を割く本章では、村山論文を参考にする程度で十分にふれることはできない。しかし、方法の異なる研究である村山論文に直接あたって、ぜひそこでデータとして扱われている『自由と正義』四二巻一三号などと照らし合わせながら読むことをお勧めする。

最初に、弁護士数について大きな特徴がある。弁護士の総人口が少ないうえに、その弁護士が大都市に集中しており、首都圏と名古屋と大阪、京都、神戸で弁護士全体の七〇％以上を占めることが大きな特徴である。

また、弁護士が依頼者の要求に適切に応じるためには、それ相応の物理的環境がととのっていなければならない。つまり、弁護士が働く法律事務所が合理的に経営されていることが重要なのである。ところが、わが国の法律事務所はその条件が整備されていないとされている。もっとも合理的に法役務をおこなうには、事務所内部の分業などを進めるのに好都合な収入共同事務所の形態をとることであるが、わが国の法律事務所の大部分は単独事務所、親弁事務所、経費共同事務所であり、実質的に弁護士ひとりで多様な依頼者の要請に応じなければならないようになっている。どのような種類のものであれ、親戚や知人に紹介された依頼者の案件を扱うのであり、実は先端金融取引や家事事件といった自分の得意とする専門化を進める体制はできていないのである。

では、「なんでも屋」としての個々の弁護士は手広く均等にさまざまな案件を扱っているのか。この点でも、扱う案件の偏りが指摘されている。まず民事案件と刑事案件との区別でいえば、法律事務所の経営のためにも、通常は圧倒的に民事案件によって占められている。さらに民事案件の内容としては、不動産関係の案件と金銭債権回収にかんする案件とで過半数を占める。顧客の面では、かならずしも十分な役務提供の体制ができているわけではないが、顧問先としての企業が弁護士にとって重要な依頼者である。また、とくに、個人を依頼者とする離婚事件や事故などによる損害賠償事件の数が少ないことが特徴とされている（石村善助・神長百合子［一九七八］八三頁も参照）。

なお、近年、東京では、収入共同事務所の数と規模が増加傾向にあり、また訴訟案件の減少と裁判外紛争処理の増加が指摘されている。しかし、個人依頼者にたいしては訴訟中心の法役務を提供しているとされている。

3　弁護士と依頼者

わが国における弁護士の役務提供のおおまかな特徴を簡単にみてきた。こんどはそれをふまえながら、依頼者が弁護士のもとにたどりついたときに両者の間にどのような関係がつくられると考えられているかをみてみよう。ここでは「専門職と素人」「用心棒と雇主」「カウンセラーとクライアント」という比喩を手がかりにする。

専門職と素人

弁護士は依頼者にどのように対応するのだろうか。これまで弁護士が、弁護士会などの公式の意見表明として示してきた理想は、裁判官や検察官たちとともに法専門家全体として社会正義を実現していこうというものであった。弁護士は、法律知識をもたない依頼者がそのことで不当に不利益をこうむらないように必要な法律知識を使って守ることで、ひいては公益に奉仕する、たのもしい存在なのである（石村善助［一九六九］および三ケ月章［一九七二］三一五―三五四頁など参照）。

刑事の冤罪事件またいわゆる従軍慰安婦訴訟や薬害ＨＩＶ訴訟など、社会的少数弱者が日本社会の既存の秩序に法を通して挑戦してくる場面を考えると、弱者である一般市民を保護してくれる弁護士は現実にいるだろうし、必要でもある。それはまさに公共奉仕の名にふさわしい活動である。しかし、弁護士の多くが、ふつうに受任する事件でこのような「公共奉仕」弁護をしているのだろうか。また、そうすることが望ましいことなのだろうか。

まず、社会的少数弱者を当事者とした訴訟は、マスコミに報道されることも多く、私たちの目にとまりやすいが、法が秩序をつくったり維持したりするために活用されるのはこうした状況だけではないことは容易に想像できるだろう。私たちの社会生活のなかではつぎのようなときにも法や法専門家の助けを必要とする。たとえば、賃貸人が家屋を賃貸していたが、賃借人が押し入れを子供部屋に増改築をしたので、賃貸人は賃貸借契約の違反を理由に契約を解除し明渡しを求めるというようなトラブルがおこる。すると私たちは、法専門家の力を借りて、日常生活のなかから生じるこのような争いを解決しようとする。不動産関係と金銭債権回収という二種類の案件で過半数を占めるということからもわかるように、むしろ、量のうえでは、こうした社会的注目を集めることもない法役務のほうが弁護士業務の中心なのである。

しかしさらに重要なのは、弁護士が「たのもしい」弁護をかかげてこのような日常的なトラブルに携わることが、かならずしも望ましい結果をもたらすとはいえないと思われることである。法律知識をもたない依頼者を法的知識を使って守るという考え方のなかには、弁護士が依頼者にたいして抑圧的な立場に立つ可能性がひそんでいる。この考え方によれば、依頼者は法律知識をもっていないため「無知」で「か弱い」存在なのであり、弁護士が保護してあげなければならない対象なのである。もちろん、依頼者はそのような一面をもっている。法律を知らなかったため取引で大変な損害をこうむったというようなこともあるだろう。しかし、依頼者は無知でもか弱くもない一面もあわせもっている。自分なりに本を探し求めて知識を得て、自分なりの意見を述べようとすることもあるのだ。実際、弁護士が出会う依頼者は従順なばかりではない。そういう「うるさい」依頼者が意見を述べても、弁護士の目からは「公益」を反映した法律に無知であるためにききわけがないのだと一蹴されかねない。知識がないことで依頼者をつっぱねて、その実は不完全で不十分な専門性に甘んじているのかもしれないのである。しかも、弁護士は、依頼者を保護してあげるという、家父長的な立場に立つ。そこでは依頼者にたいして弁護士が「してあげている」という恩着せがましい態度になることが考えられるだろう。近年、東京を典型とする大都市では弁護士人口の増加から、弁護士同士の間での競争が生じつつある。けれども、まだ日本社会全体としては、競業者もないうえに、需要量にくらべて弁護士が法的サービスを提供する機会が十分に浸透しているとはいえず、弁護士は積極的に業務向上にはげまなくても業としてなりたっているのだ。弁護士がこうした比較的安定した業務環境を背景としてもっていることを考えると、「変わった」依頼者一人ぐらい、いやならば委任解除されてもかまわない、と容易に開き直りやすいのではないだろうか。

用心棒と雇主

弁護士たちは、社会のために奉仕する専門職であると誇らしげに、抽象的な「市民」に向けて自身を宣伝するなかで、実際にはいま目の前にいる依頼者を粗末に扱うことを正当化する言い訳を用意してしまっている。しかし、弁護士は依頼者が弁護料を支払うことで業として成り立つのである。弁護士が、お金を支払っている依頼者を押し黙らせるような法役務をすることはおかしい。

さまざまな職業と同じように弁護士もまた公共奉仕というような「きれいごと」では成り立たず、収入を得て業務をおこなっているのだから、その弁護料を支払う依頼者を大切にして、依頼者の主導権をもっと認めていこうという考えがある。依頼者は自分の利益追求のために弁護士のサービスを使う主人であり、弁護士はお金を払ってくれる依頼者のために法律を使って奉仕する、というわけである（棚瀬孝雄［一九八九］とくに第七章参照）。

弁護士が弁護料を支払う依頼者のために働くという考え方は、多くの業務場面での弁護士の実感にも合っているだろうし、依頼者にとっても抽象的な「公益」などではなく自分に向きあうことは望ましいであろう。しかし、ほんとうに弁護士はお金を支払う依頼者の私益追求のための弁護に徹することで、適切な秩序の維持や形成を達成できるのだろうか。

まず、弁護士が弁護料の対価として役務をおこなうとすると、極端にいうと弁護料を支払える依頼者だけが弁護士を使うことができるということになる。弁護料を支払うだけのお金をもっていない者は、弁護士を雇うことができない。お金を支払う能力のある大企業は有能な弁護士を何人もかかえられる。しかし、日本社会の既存の秩序のなかになかなか居場所が定まらない社会的少数者は経済的にも困窮している場合も少なくないが、お金を払えない彼ら／彼女たちが弁護士を使えないのはしかたがないということになりかねない。あるいは、そこまではいわないとしても、経済的に貧しい人には「それなりの」法役務として、質の低いサービスを提供することが容認されるのではなかろうか。そこでは、支払い能力に応じた依頼者選抜がおこなわれ、不均衡なサービス配分が生じることになるのだ。

さらにまた、依頼者が弁護料を支払える場合であっても、弁護士が役務を提供する過程で問題が出てくることが予想される。弁護士が法を使って依頼者のために反倫理的な社会的活動までも補佐する可能性が考えられるのである。たとえば、相手方が資力がなく訴訟をつづけるだけでも負担になることを見越して、わざと訴訟を引き延ばすように争点をふやしたり、欠席したりすることも、依頼者のためになるならばよしとされるかもしれない。法的にあきらかに不当であるとはいえない範囲内であれば、反倫理的とも思われる行動も含めて、弁護士は依頼者のために精一杯のことができる。弁護士はそう考えるのが当然とされ、依頼者もそれを期待するようになる。反面、それとひきかえに相手方やその他の第三者を害する危険がある。しかし、それはしかたがないことなのである。なぜならば、弁護士は依頼者のために法役務をおこなうのだから。

もちろん、反倫理的な法活動に傾く危険にたいして弁護士がまったく無関心なわけではない。弁護士は集団として弁護士倫理という行為規範を制定し、それによって自己規律することで法役務の質を維持している。法役務は公共性をともなった高度な専門知識を必要とするため、一定の質を保ちながら弁護士が独占および管理するものと考えられているのである（日本弁護士連合会・弁護士倫理に関する委員会編［一九九六］参照）。けれども、弁護士が自分たちで取り決めて内部規律しようという方法が、どの程度反倫理的活動の歯止めとして効果をあげるのかには疑問がある。反倫理的な法役務の境界で活動することも少なくない弁護士たちは、自分にたいして、そして弁護士相互の間でも「寛容」になりがちなのではないかと考えられる。むしろその一方で、消費者金融業者の取立ての片棒をかつぐような非弁提携などの反倫理的活動から撤退していくという名目で、業務範囲をみずからせばめて利用者のアクセスを困難にしていく可能性も懸念されるのである（新堂幸司［一九九八］五九頁）。

反倫理的な弁護士の業務姿勢は、かならずしも多くの弁護士が潔しとするところではないだろう。それに、弁護士にほとんど接することのない一般市民は、そうした弁護士の姿勢にたいしてはひそかに疑念を抱くことになる。それにもかかわらず、弁護士の法役務を金銭へと通約しつくせるかのように理解するとき、倫理規範や弁護士の自己規律では克服しがたいいかがわしさへの疑いの余地を残すことになるのではなかろうか。

カウンセラーとクライアント

弁護士が、抽象的な公益を保護するのではなく、個別の依頼者の私益に向き合うという考えのなかには、弁護士自身の生々しい利害関心も正当に評価しようという姿勢が反映されている。けれども、弁護士と依頼者との関係のすべてが金銭的に通約されると捉えるべきではない。たしかに、弁護士のもとにたどりつく依頼者は、法律知識を知りそれを活用して、相手方からできるかぎり債権を回収したり、損害賠償金を取ったりすることを期待しているだろう。しかし、法を使って金銭や不動産といった財が取れればよいというだけではないし、それだけに目を奪われると弁護士の反倫理的な活動さえも認めることになりかねないのである。そこで、金銭や財以外の依頼者のニーズを取り込みながら、弁護士の役務提供の仕方を考えてみよう。

トラブルという非日常的な状況にある依頼者は、困惑している場合が少なくない。不安を感じ、情緒的・心理的な安定を求めているのである。そういう依頼者にたいして、弁護士はよく話を聞き、その言い分に十分理解を示すことが必要になってくる。弁護士が自分の境遇に共感してくれていると感じることで、依頼者は自分の言い分が決してひとりよがりのものではなく、わかってくれる人もいるのだと、心強く思うだろう。

ただし、重要なのは、依頼者は不安をかかえて弁護士のもとにやってくるからといって、弁護士にすべて頼りきるわけではないということである。争いごとの主人公は依頼者自身なのである。したがって、依頼者は弁護士を頼りながらも、決して解決をまかせきることはないだろう。冷静さを取り戻したら、依頼者は自分なりに問題に立ち向かっていく気力がわいてくると考えられる。ちょうどクライアントがカウンセラーのところにいくことで主体性を回復することができるように。そうしてはじめて、弁護士が距離をおいた援助者として提供する法情報を、自分なりに意味づけていくことができるようになる（和田仁孝［一九九四］二三〇―二三七頁）。

このような考え方は、依頼者と弁護士との関係を「金銭で法情報を買う」ことに限定せずに、実際のトラブルにまきこまれた依頼者の心理的なケアにまで視野をひろげて弁護士サービスをとらえようとしている。すでにみたように、わが国では弁護士の個人にたいする役務の提供が訴訟中心になっているということをふまえると、弁護士が訴訟を念頭においてすぐにトラブルを法律問題に整理してしまうことに警鐘をならすものとして理解できる。しかし、このような観点も完全というわけではなく、問題はある。

まず、心理的ケアといっても人間関係に立ち入った配慮を、依頼者がみな一律に同じ程度必要としているかどうかは疑問がある。たとえば、企業依頼者は、表向きは冷静な功利的計算にしたがってトラブル処理を進めることがあるともいわれる（「研究会・弁論の活性化」［一九八二］六六頁畑郁夫発言、参照）。そうした依頼者はかならずしも弁護士にたいして共感ニーズをもっているとはいえない場合があるだろう。

さらに、共感的な援助による心理的ケアを必要としている依頼者にたいしても、注意すべき場面がある。依頼者は弁護士にどれだけ話を聞いてもらったら満足するのだろうか。「弁護士は依頼者の話に忍耐強く耳を傾けなければならない。当然のことである。しかしそれでは、どれほど時間があっても足りない。田舎の人は、通りかかったからちょっと寄ってみた、と言いながら突然やってくる。そして一時間から二時間もの間、相手がいかに嘘つきで悪い人間であるかをとうとうとまくしたてて帰る。アポイントメントなどという言葉は通じない。帰ってから一時間ぐらいは、頭の働きがとまった状態となる。さて続きの書類を、と思っていると電話が鳴る。夕食を終ってほっとしていると、『今晩は。先生いる?』また正義がやってくる。かくて弁護士はストレスの塊を化していく」（竜嵜喜助［一九八八］一八八頁）。話を聞くというのは容易なことではないのだ。時間的限界もある。忍耐もいるだろう。そうしたとき、弁護士は法情報を提供するという名目で、法に直接には関係のないことがらを切り捨てていく誘惑に駆られることはないのだろうか。

弁護士のカウンセリング的な役割は、依頼者が、相手方をはじめ生活上のさまざまな人々との関係を調整していくことを重視している。それは、これまで欠けていた依頼者の視点から、トラブルを解消していこうという面をもっていた。けれども、かならずしも弁護士と依頼者との関係を捉える完全な理解とはいえないと思われる。

4　対話できる関係

法を介した対話

これまで、弁護士と依頼者との関係を「専門家と素人」「用心棒と雇主」「カウンセラーとクライアント」という比喩を使ってみてきた。それぞれ、当たっているところもあるが、弊害もあることがわかったと思う。それではどう考えるか。

ひとつの方法は、できるだけそれぞれのねらいとするところを生かしながら、状況によって使い分けていくことが考えられる。少数弱者の権利を擁護するときには公益を達成する誇りをもって弁護活動をし、一般の弁護料を得ている弁護活動では依頼者の利益追求をし、そのなかでとくに個人の依頼者にたいしてはカウンセリング的な気配りをする。もちろん、例外もあるだろうし、それぞれ重なりあう場面もあるにちがいない。それは長年にわたってつちかわれてきた人生とそして職業的な直感によって応用をきかせてきりぬけていく。しかしそうであるとすると、人生経験を積んだ理想的弁護士に出会うことができた依頼者だけが、理想的な役務を受けられるということになる。そのことは、弁護士たちにたいしても非現実的で過剰な要求をすることになるだろう。

もうひとつ、そうでない弁護士でも、というよりはそうでないと自覚している弁護士こそなしえるやりかたがあるのではないだろうか。それは法を使いながら、依頼者とねばり強く解決案をつくりあげていく過程を大切にすることである。法的な解決は決して絶対的なものではなく、そのほかの選択肢との比較から依頼者にとって最良のものを考えていくこと。そして、法的な解決であっても、法を解釈するなかで別様の考え方を盛りこんだり、膨大な事実のなかから法を適用するための事実を選んだりすること。こういう作業を弁護士が依頼者と一緒になっておこなうのである（棚瀬孝雄［一九九五］参照）。そこでは、弁護士は依頼者の生活設計まで含めた幅広い話に十分耳を傾ける必要がある。その点では、カウンセリングに非常に近い作業である。ただし、法はたんなる情報として弁護士から与えられるものではなく、弁護士と依頼者とが議論をするためのひとつの手がかりなのである（井上正三［一九九六］）。

ずれていることは悪いことか?

弁護士と依頼者とが議論をかさねて、解決案をつくり上げていくという作業は、両者にとって厳しいものである。自分の意見を通そうとすると相手を傷つけるかもしれない。また、雰囲気が悪くなったら、関係はつづけられないかもしれない。弁護士にも依頼者にもそういう不安はあるだろう。議論には意見の対立がつきものなのだ。

依頼者のニーズと弁護士のサービスが一致することは両者にとって望ましい。ふつうはそう考えるだろう。けれどもほんとうにそうなのだろうか。弁護士も依頼者も別個の人間である。それぞれ考え方も違うはずだ。安易に一致しているというのは、一致していることにしてしまっているのではないか。そういう意見の一致は「弁護士の依頼者追従」や「弁護士による依頼者のまるめこみ」を偽装するものでしかなく、誰かがどこかで我慢を強いられている可能性が高い。そうではなく、弁護士も依頼者も違いは違いとして認めあえるように、ねばり強く議論をつづけていくことが大切なのではないだろうか。弁護士は、依頼者とそういう関係をつくりながら解決案を模索するために、語りかけ方やふるまいかたにはじまり、事務所の雰囲気までいろいろと工夫することが必要なのである。

【参考文献】

日本弁護士連合会編集委員会［一九九七］『あたらしい世紀への弁護士像』有斐閣。

宮川光治・那須弘平・小山稔・久保利英明編［一九九二・一九九三］『変革の中の弁護士――その理念と実践（上・下）』有斐閣。

◆本文で言及した文献は以下のとおり。

廣田尚久［一九九三］『紛争解決学』信山社。

井上正三［一九九六］「争点整理ワークブックに思う」『対話型審理――人間の顔の見える民事裁判』信山社。

石村善助［一九六九］『現代のプロフェッション』至誠堂。

石村善助・神長百合子［一九七八］「弁護士と自動車事故事件」川島武宜・平野龍一編『自動車事故をめぐる紛争処理と法』岩波書店。

樫村志郎［一九九四］「法律相談制度の可能性」『自由と正義』五四巻五号。

加藤新太郎［一九九二］『弁護士役割論』弘文堂。

三ケ月 章［一九七二］「現代の法律家の職能と問題点――弁護士」『民事訴訟法研究』第六巻、有斐閣。

村山眞維［一九九七］弁護士活動とその社会的基盤」岩村正彦他編『現代社会と司法システム』（岩波講座 現代の法5）岩波書店。

日本弁護士連合会・弁護士倫理に関する委員会編［一九九六］『注釈 弁護士倫理（補訂版）』有斐閣。

六本佳平［一九八六］『法社会学』有斐閣。

竜嵜喜助［一九八八］『裁判と義理人情』筑波書房。

新堂幸司［一九九八］「弁護士倫理とその業務」『民事訴訟法学の基礎』有斐閣。

棚瀬孝雄［一九八九］『現代社会と弁護士』日本評論社。

――［一九九五］「語りとしての法援用（一）（二・完）」『民商法雑誌』一一一巻四号・五号。

和田仁孝［一九九四］『民事紛争処理理論』信山社。

「研究会・弁論の活性化」［一九八二］『ジュリスト』七八〇号。

…………［仁木恒夫］

第14章 弁護士は利用しやすいか？

●――市民も企業も、日本の弁護士は利用しにくい、と苦言を呈している。本当に利用しにくいのであろうか？　利用しにくいとしたら、それはなぜなのであろうか？　そもそも「利用しやすい」とはどういうことなのであろうか？　そのようなことについて考えるための視点を提供するのが、本章の課題である。――●

1　はじめに

以下では、あらかじめ本章の要約をしておく。まず、財貨やサービスの「利用のしやすさ」とはどのような要素によってもたらされるかを、缶ジュースやコンビニ弁当の「利用のしやすさ」を参考として整理する（第2節）。それら私的財の利用のしやすさを導く諸要素との比較によって、弁護士によるリーガル・サービスの「利用のしやすさ」を検討する。

第一に、ニーズの自覚の点で、弁護士によるリーガル・サービスには困難が存在していることを指摘する。このために、弁護士は利用しにくいものとなっている。ただし、これは高度に専門的なサービスにたいするニーズに内在する問題なので、弁護士の問題というより、教育や啓蒙など社会全体で対策を講じるべき種類の問題であることも指摘する（第3節）。

第二に、リーガル・サービスの探索費用（後述参照）が割高である点も弁護士を利用しにくいものとしている。弁護士数の増加と地域分布の改善、弁護士広告などによる弁護士情報の開示の拡大、弁護士利用にたいする公的補助の拡充などによって、リーガル・サービスの探索費用の節減がなされる必要があることになる（第4節）。

第三に、リーガル・サービスの交渉費用が割高である点も弁護士を利用しにくいものとしている。このような問題にたいする弁護士の側からの処方箋として、弁護士報酬の明確化や、弁護士報酬についての保険的制度の設立などを指摘する（第5節）。

第四に、リーガル・サービスのモニタリング費用もやはり割高であり、弁護士を利用しにくいものとしている。この問題は、弁護士によるリーガル・サービスに内在する問題に起因している面も大きいが、弁護士の懲戒制度の拡充とそこへの市民参加、弁護士数の増加による弁護過誤訴訟へのアクセスの向上などが、この問題を軽減する可能性があろう（第6節）。

ついで、企業からみた弁護士の利用のしやすさについての分析をする（第7節）。企業は、弁護士には、専門性や企業についての深い理解が欠如しているので使いにくいと批判する。しかし、弁護士には専門化するインセンティブが欠如し、企業は内部で法専門家を養成することで、専門分野での弁護士需要を節約するという相互関係が生じ、日本の企業と弁護士の間では「非専門化スパイラル均衡」（後述参照）が成立していたと分析する。つまり、弁護士に専門的知識や能力や企業への深い理解がないという批判は、企業側自身もその責任の一端があることになる。企業が外部法律事務所に専門的リーガル・サービスを依頼し、弁護士が専門的知識と能力や企業についての深い知識を醸成する条件としては、第一に、弁護士増加による大競争時代が、弁護士が専門化せざるをえない状況をつくること、第二に、日本の経済体制がより透明性と流動性の高いものとなり、「転職市場」が充実してくること、が考えられる（第7節）。

最後に、私人・消費者からみた弁護士の利用のしやすさについて、弁護士費用の負担ルールとの関連で分析する（第8節）。弁護士費用の負担ルールには、片面的原告優遇型敗訴者負担、両面的敗訴者負担、各自負担、片面的被告優遇型敗訴者負担、損害賠償訴訟での損害としての弁護士費用の取扱い、など多種多様のものがある。各自負担ルールと両面的敗訴者負担ルールとでは一長一短であり、イギリス型の（両面的）敗訴者負担を採用すればいまより弁護士が利用しやすくなる、という単純なものではない。一般の私人である消費者が、企業を被告として訴えを提起する場合、弁護士費用の（両面的）敗訴者負担ルールは、現状の各自負担ルールよりも訴訟提起を抑止する可能性が高いと考えられる。

2 「利用しやすさ」とは？

「弁護士は利用しやすいか？」とはいかなる問いを意味するのであろうか？ もちろん、弁護士の提供する法律相談や訴訟代理などのリーガル・サービスが利用しやすいか、を意味しているであろうが（本稿では便宜上、弁護士の提供するリーガル・サービスに限定して「リーガル・サービス」という言葉を用いる)、では、「リーガル・サービスが利用しやすいか？」というときの「利用しやすい」とはいかなることを意味するのであろうか？　まず、一般的な財のなかで、利用しやすい典型的な例から考えてみよう。たとえば、缶ジュースを自動販売機で買う場合を考えてみる。これは非常に利用しやすい。あるいは、弁当をコンビニで買う場合を考えてみる。これも非常に利用しやすい。もう少し分析的にみてみよう。缶ジュースの自動販売機やコンビニ弁当はなぜそれほど利用しやすいのであろうか？

まず第一に、自己のニーズを的確に自覚しやすい。すなわち、「のどが渇いた」とか「おなかが減った」という自分の体の状態は明確に自覚できる。

第二に、「のどが渇いた」とか「おなかが減った」という自分の体の問題にたいして、いかなる手段をとればそれが解決されるかも、容易に判断がつく。すなわち、缶ジュースのような水分を多く含むものを飲むとか、弁当のような食べ物を食べるとかすれば、のどの渇きが潤い、空腹が満たされることは簡単に判断できる。

第三に、必要を満たす具体的手段が容易にわかる。すなわち、水分の補給のためには、たとえばオレンジの缶ジュースを買って飲むとか、栄養の補給のためにはとんかつ弁当を買って食べればよいなどの判断が簡単にできる。

第四に、缶ジュースがどこで手に入るか、弁当がどこで売っているかは誰にもわかる。缶ジュースは自動販売機などで売っており、弁当はコンビニなどで売っている。しかも、必要を満たす手段の実現方法の探索費用も低廉である。すなわち、缶ジュースの自動販売機は、ほとんどの街角に設置されており、すぐ近くに発見できるし、あちこちにコンビニはあり、簡単に見つけ出せる。

第五に、目的の財の品質を知っている、ないし容易に判断でき、いくらまでならお金を出してもいいかを容易に決定できる。すなわち、飲んだことのある缶ジュースの味は知っているし、まだ飲んだことがなくてもブランドによってだいたいの品質の予測は割合に正確にできる。弁当も、展示してあるのをみれば、おいしそうか否か簡単に判断できる。そして、付いている値段が、目的の缶ジュースや弁当からみて高いか安いか容易に決定できる。

第六に、交渉費用が安価である。すなわち、缶ジュースの場合は、自動販売機にお金を入れれば、目的のものが出てくる。コンビニ弁当の場合は、レジにもっていって代金を払えば、一言も店員と会話や値切り交渉をしなくても簡単に購入できる。もちろん、対人恐怖症や人と話をするのが億劫《おっくう》な人の場合、自動販売機からの購入の方が気楽であり、コンビニでは口を聞かなくても店員と顔をあわせるので、若干交渉費用が大きく感じられるかもしれない。

第七に、提供された財についてのモニタリングが容易である。すなわち、購入した缶ジュースや弁当が、期待どおりの品質をもっているか否かは、実際に飲んだり食べたりすれば即座にあきらかとなる。なお、ここまでくると、缶ジュースとコンビニ弁当との違いが出てくる。缶ジュースの場合、中に異物が入っていたり、賞味期限が過ぎていたり、変質していたりしていることに気づいても、簡単には救済が得られない。自動販売機に記載してある連絡先に電話をかけたり、ジュース・メーカーに苦情申立をしたりしなければならず、結局、代金が一二〇円とか一五〇円とかの少額であるゆえに、そのような労をいとわない者はむしろ少数派で、多くの場合はそのまま放置して、たんにその自動販売機はそれ以降使わなくなる程度であろう。これにたいし、コンビニ弁当の場合、そのコンビニのレジへ行って苦情を申し立てれば、たいていは即座に取り替えてくれたり代金を返却してくれる。すなわち、モニタリング費用は、自動販売機よりもコンビニのほうが低廉である場合が多い。

第八に、缶ジュースやコンビニ弁当は、日常生活において何度も利用するのが通常なので、探索、交渉、購入、モニタリングについて、「慣れ」が生じやすい。すなわち、このような社会行為、市場的行為についての知識とノウハウが蓄積される。このことは、缶ジュースやコンビニ弁当の購入の取引費用をさらに引き下げる。これは、同じ自動販売機や同じコンビニでの購入の場合にかぎらず生じる効果でもある。さらに、同じ自動販売機や同じコンビニでの購入の繰り返しは、モニタリング費用をさらに引き下げる。すなわち、誰がその自動販売機を管理しているか、どこに苦情の電話をかければよいかがわかるようになるし、コンビニの場合、その店長とか店員と顔見知りになれば、品質についての意見や文句も言いやすくなるし、店員の側も贔屓《ひいき》のお客としてより親切に便宜をはかってくれるようになる。

以上のように分析してくると、「利用しやすい財」にはさまざまな特色があり、それらが全体として「利用しやすさ」を構成していることがわかる。さて、ついでこのような利用しやすさの特色をベンチマークとして、リーガル・サービスの利用のしやすさの検討に入ることにしよう。

3　リーガル・ニーズの自覚

缶ジュースやコンビニ弁当の場合の利用しやすさの第一の点、すなわち「のどが渇いた」とか「おなかが減った」という自覚症状に対応するようなニーズの自覚は、リーガル・サービスの場合も容易であろうか。これは、それほど容易ではない。リーガル・サービスへのニーズ、すなわちリーガル・ニーズの場合、まず「物を渡したのにお金を払ってくれない」とか「お金を払ったのに物を渡してくれない」などの不満の自覚や対立の認識が前提となる。しかし、不満や対立、紛争などの自覚は非常に主観的であり、「〜とはそういうものだ」と思い込んでいれば、第三者からみて剝奪され憤激すべき状況におかれても、それと気づかない。逆に、第三者からみれば「あたりまえのこと」であっても、本人の主観においては言語道断の仕打ちを受けたと感じることもある。

そのような問題をリーガル・ニーズと位置づけるための前提として、本人がそれが法的問題であることを自覚する必要がさらにある。この点は、缶ジュースやコンビニ弁当の場合の第二の点が関連してくる。すなわち、剝奪や対立、紛争の自覚が生じても、それが当事者によって法的問題として位置づけられるためには、それが法の利用という手段をとれば満足な解決が得られうる種類のものであるという判断がなされなければならない。缶ジュースの場合、オレンジ・ジュースが満足をもたらすかビールが満足をもたらすかの判断は即時にできるであろうし、コンビニ弁当の場合、おにぎりが満足をもたらすか幕の内弁当が満足をもたらすかの判断も即時にできよう。しかし、リーガル・ニーズの場合、当事者に一定以上の法的知識がなければ、権利の剝奪を受けていることの認識や、その解決として法的手段があるなど、それが法的問題であるとの判断を的確に下すことが困難な場合が生じる。

缶ジュースやコンビニ弁当での第三点も、さらにリーガル・ニーズの問題に関連してくる。すなわち、のどの渇きや空腹の場合、自動販売機で缶ジュースを買うとか、コンビニで弁当を買って食べるとかのように、問題と解決とは直結しやすいし、直結することになんらの問題もない。人によっては缶ジュースのかわりに缶チューハイ、コンビニ弁当のかわりに高級レストランのフランス料理と直結する場合もあろうが、それもここでの問題ではない。ところが、法的問題の場合、その解決手段として、当事者間交渉が望ましい場合、ADR（裁判外紛争解決制度。本書第四章、第五章を参照）の利用が望ましい場合、司法書士や税理士などの準法律家に相談して交渉してもらうのが望ましい場合、弁護士による交渉が望ましい場合、裁判をすることが望ましい場合などがあり、法的問題一般と弁護士利用とを直結させることがかならずしもよいわけではない。そして、当事者にとって自己の法律問題がそれらのどれに該当するかを適切に判断することが困難な場合も多い。すなわち、自己の抱える問題を当事者が、弁護士の提供するサービス、すなわち本稿におけるリーガル・サービスにたいするニーズとして的確に位置づけることはかならずしも容易ではない。

このように、リーガル・ニーズの場合は、その自覚の段階においてすでに「利用しやすさ」は阻害されている。ただし、この問題は、弁護士の側の問題というより、法に内在する問題であるといえ、弁護士がその活動において改善をなしうる種類の問題でないことにも注意を要する。もちろん、そのことは、この問題を軽減する手段が存在しないことを意味しない。たとえば、初等・中等教育において法的素養をもっとしっかり教えるとか、行政や弁護士会がマスメディア等を通じて市民の法的素養を向上させるよう努めるとかの手段によって、ある程度の改善がなされうる（刑事事件での実践の報告として、福地 領［一九九八］）。消費者契約法や製造物責任法などの消費者保護関連の法分野において、この必要性が高いであろう。

4 弁護士によるリーガル・サービスの探索費用・評価費用

缶ジュースやコンビニ弁当の場合の第四点、すなわち、買いたい物を売っているところを探す費用が安い点、および、第五点、すなわち自動販売機で売っている缶ジュースの品質や値段、コンビニで売っている弁当の品質や値段の判断が、購入前に判断しやすい点は、リーガル・サービスの場合にはどうであろうか。

缶ジュースや弁当の探索費用が安いのは、日本中の多くの街角に自動販売機が設置してあり、日本中の道路わきにコンビニが存在するからであり、しかも、そのことを人々が当然に知っているからである。これにたいし、リーガル・サービスの提供者たる弁護士の場合は状況がかなり異なる。弁護士の全国総数は一万八〇〇〇人程度であり、弁護士事務所の数は当然それ以下である。しかも、大都市に極度に集中している（東京の三弁護士会所属者だけで全国の四七％を占め、大阪・名古屋を加えると六二％を占める一方で、弁護士五〇名以下の都道府県が一三もある)。全国にある自動販売機の総数より圧倒的に少ないことはあきらかであるし、コンビニの総数よりも少ないであろうこともあきらかである。もちろん、弁護士の数とコンビニや自動販売機の数を単純に比較してもなんらの意味はない。問題は、提供されるサービスの価値にたいする探索費用の大きさである。

自動販売機やコンビニの場合、その提供する財の価値に比較して、探索費用が非常に小さいことはあきらかであろう。日本全国ほとんどくまなく配置しており、自動販売機やコンビニは全国民が同程度に容易に利用している。ジュースの自動販売機の場合、せいぜい一〇とか二〇種類のジュースを売っており、価格の範囲も八〇円くらいからせいぜい数百円である。コンビニの場合は、品数は一〇〇〇や二〇〇〇を超えているであろうが、価格の範囲は数十円からせいぜい数万円であろう。自動販売機のジュースやコンビニの商品は、このように比較的低廉であり、それらの探索費用はさらに微々たるものである。それにたいし、リーガル・サービスの内容は雑多であり、とりわけその価値の範囲は数万円の価値から億単位のものまである。巨額紛争の当事者からみれば、弁護士を探す費用も弁護士報酬も、弁護士に依頼して訴訟をするうえでさしたる額ではない場合も多かろう。したがってリーガル・サービスの場合に、その提供する価値にたいして探索費用が大きいとかならずしもいえるわけではない。

しかし、市民が日常生活で直面する法的問題の大部分は、比較的小規模の紛争であり、それらにたいするリーガル・サービスの価値はそれほど大きくはない。社会に存在するリーガル・ニーズの大半は、このような一般市民が直面するもめごとである。このようなリーガル・サービスの価値や規模に比較すれば、弁護士を探す探索費用の割合は大きい場合が多いといえよう。しかも、そもそも弁護士がどこにいるか通常の市民は知らないのであり、探しても隣町や場合によると県庁所在地にまで行かないと弁護士はいないのであるから、弁護士を探索する費用は大きいといわざるをえないであろう。しかも、この点は、都市部にくらべて極度に弁護士数が少ない地方において顕著である。なお、ジョン・ヘイリーは、日本で弁護士数が少なく押さえられているのは、国家が国民による訴訟利用を抑制しようとしているからであるとする（ヘイリー、ジョン［一九七八］）。政策担当者の一方的な政策で、それほどうまくいくかは疑問で、国民の側にも、小さな司法、少ない弁護士数を少なくとも容認する傾向があったと思われるが、これらの点は、規制緩和と司法改革の動きのなかで、日本社会は大きな転換期にあると思われる。

財貨やサービスの価値を購入にさいして判定し、いくらまでなら支払ってもよいかを判断して消費者は行動する。缶ジュースやコンビニ弁当の場合、この点での評価費用も小さいし、手ごろなものを探す探索費用もやはり小さい。ところが、リーガル・サービスの場合、たとえ弁護士や弁護士事務所を探し当てたとしても、その弁護士がどのような能力をもち、どの分野を得意とし、どのような品質のリーガル・サービスを提供する人かを一般の市民が判定することは困難で評価費用が大きいし、自分のリーガル・ニーズにちょうどよい弁護士を探す探索費用も大きい。弁護士の広告が解禁され、また、インターネットによる弁護士広告も普及してくれば、弁護士についての情報を市民が入手することはこれからますます容易となるではあろうが、それでも法律という専門的知識と能力について、市民が探索段階で正確に情報を入手し分析し判断できるようになるとは考えられない。したがって、市民としては、当該弁護士に法律相談や交渉、訴訟などを依頼するにしても、いくらまでなら支払ってもよいかを判断することは非常に困難で評価費用が大きい。しかも、リーガル・サービスの対価は、缶ジュースやコンビニ弁当の場合と異なり、一件落着して弁護士から請求されるまで、実費も含めると全部でいくらになるかがはっきりしない場合も多い。もちろん、弁護士報酬規程は存在するし、弁護士との報酬取決め次第ではある。それでも缶ジュースやコンビニ弁当にくらべ、その総費用額の不確実性が圧倒的に大きいことに変わりはない。弁護士が司法改革によって増加してくれば、弁護士の探索費用も減少してくるであろうが、評価の困難性と不確実性は弁護士の利用のしやすさを阻害しつづける可能性が大きい。

さらに、弁護士の提供するリーガル・サービスのうち、訴訟やADRによる紛争解決サービスでの代理人としてのサービスの場合、それに内在する評価の困難性がある。すなわち、ADRによる紛争解決や訴訟による紛争解決には、それが合意や和解による場合であれ判決による場合であれ、ある程度の外部性を有している。紛争解決の影響を有利ないし不利に被る者は紛争の当事者のみならず、その家族や関係者、類似の紛争の当事者や関係者、将来の類似の紛争の当事者や関係者など広汎におよびうる。とりわけ、判決の場合、先例として将来の類似の訴訟へ大きな影響を与えることが多いし、場合により、先例を重視したかたちで立法がなされることもあり、広く国民全体が影響を受けることさえありうる（太田勝造［一九九〇］）。このような紛争解決の外部性のもたらすリーガル・サービスの公共財的性格は、当該紛争の当該当事者にとって、弁護士の提供するリーガル・サービスのもたらす価値の一部のみを享受できることを意味し、逆にいえば、自分にとってどれだけの価値があるかを査定・評価することを非常に困難にしている。

このように、弁護士によるリーガル・サービスの探索費用や評価費用は、そのサービスの価額にくらべて大きい場合が多く、そのために弁護士の利用のしやすさは小さいものとなっている（Genn, Hazel［2000］は、イギリスでの大規模な実態調査によって市民がいかなる紛争を経験し、それにたいしてどのような行動を取り、どのような要素が法律家のアドバイスを求めるようにさせ、どのように紛争を解決しているかをあきらかにしている。市民が法的問題についてソリシタやＣＡＢ（citizens advice bureau）に相談をする傾向は、問題のタイプ等によって大きく異なることとともに、市民が、法律相談をする相手を見つけたり、相談をしに出向くことに大きな困難を感じていることをあきらかにしている）。この問題にたいする弁護士の側からの解決の処方箋はないものであろうか？

いうまでもなく、第一に弁護士および弁護士事務所の広告の自由化などによる弁護士情報の開示が必要である。弁護士広告は二〇〇〇年一〇月から原則解禁となっている（日本弁護士連合会会則二九条の二。ただし、弁護士の業務広告に関する規程によってさまざまな制約が課されている。日本弁護士連合会弁護士業務の広告問題ワーキング・グループ編［二〇〇〇］、「特集・広告自由化と弁護士業務」『自由と正義』五二巻七号［二〇〇一］参照）。弁護士や弁護士事務所がインターネットでホームページ上に情報を公開することや（小川義龍［二〇〇一］）、テレビ・ラジオでの広告も考えられる。このような広告情報、公開情報の信憑性・信頼性の確保のためには、弁護士会や第三者の一種の弁護士格付け機関によるモニタリング（弁護士の格付けや弁護士広告の格付け、弁護士広告にかんする苦情受付）がなされたほうがよいであろう。

第二に、弁護士数および弁護士事務所数の総数の相当程度の増加が必要条件である。現在の司法改革によって、弁護士総数の近い将来における増加が見込まれる。その増加が、弁護士の探索費用を十分に低減するだけのものとなるか否かは今後の推移を見守るほかない。少なくとも半日空ければ、法律事務所への往復と相談が十分にできるくらいの弁護士事務所の分布が望ましいであろうが、それが全国規模で実現する日はかなり先であろう。

第三に、弁護士の地域分布の偏りの解消も必要であろう（「特集・弁護士偏在の解消のために」『自由と正義』四七巻四号［一九九六］参照）。弁護士過疎の地域（ゼロ・ワン地域とよばれる）における探索費用は非常に大きいものだからである。もちろん、弁護士数を現状よりも相当程度増加させることなくこの問題を解決することは至難のわざである。弁護士会による公設法律事務所の設置などの努力もなされており、期待される（田中晴雄［一九九八］、「特集・法律相談体制の全国展開」『自由と正義』四九巻九号［一九九八］）。この問題は、東京中心主義の単一型文化思潮にたいして、地方・地域の多様性を尊重する文化的多元主義思潮が弁護士を含む市民の間に広がるかの問題とともに（永尾廣久［一九九七］参照）、あるいはそれ以上に、地方・地域でのリーガル・ニーズを弁護士が開拓する必要に迫られるほどの弁護士人口の増加が実現するかにもよるであろう。

第四に、リーガル・サービスに内在する外部性による公共財的性格に鑑みれば、弁護士の利用やＡＤＲ・訴訟の利用などを促進するために、公共政策としての補助がなされる必要がある。このような公共政策としての補助には、法律扶助の格段の拡充、弁護士利用にたいする種々の税法上の優遇措置、公設法律事務所の設置などが考えられる（太田勝造［一九九二］、「特集・法律扶助制度の改革」『自由と正義』四六巻六号［一九九五］）。

5　リーガル・サービスの交渉費用

缶ジュースやコンビニ弁当の場合の第六点、すなわち、交渉費用が安価であるという利用しやすさの要素はどうであろうか。缶ジュースの場合は、自動販売機にお金を入れれば、目的のものが出てくる。コンビニ弁当の場合は、レジにもっていって代金を払えばよい。リーガル・サービスの場合は三重の意味で交渉の要素が大きい。

第一に、リーガル・サービスそれ自体が、法律相談のように弁護士との相談交渉であったり、和解交渉や訴訟であったりするように、それ自体に相手方との交渉の要素が大きい。少なくとも、いずれの場合においても、当事者は弁護士との種々の交渉を自らおこなわなければならない。この点で、自動販売機やコンビニの場合よりも交渉費用は圧倒的に大きくなる。

第二に、依頼者とその弁護士の間には情報量と交渉力の大きな不均等があり、交渉費用を大きく引き上げている。当事者は、法律上の知識に乏しく、また、弁護士についての情報についても乏しい。さらに、多くの場合、情報処理能力の点でも弁護士に劣る。反面、当事者の直面する問題の事実と証拠の側面では、弁護士の側においてそれが欠如している。弁護士と当事者の間の交渉においては、このような法的知識の弁護士優位の格差と、事実と証拠の面での当事者優位の格差をお互いが歩み寄って埋め合わせることが必要であり、必然的に交渉費用は大きくなる。

第三に、リーガル・サービスの内容とその代価について、自動販売機やコンビニの場合と異なり、弁護士と当事者の間の交渉によることになる。この報酬面の交渉は、当事者にとっても弁護士にとっても居心地の悪いものとなる。なぜならば、当事者からみれば弁護士報酬は安いほうがよいので値切りたいが、値切り交渉の結果として提供されるリーガル・サービスの質を落とされるという危惧があり、当事者からみて弁護士の側に一種の利益相反の色彩を感じることになる。逆に、弁護士からみても、報酬は大きいほうがよいが、報酬交渉自体によって依頼者との信頼関係を損なうリスクがあり、交渉はやりずらくなる。こうして、交渉費用は精神面のコストも含めて大きくなる。

また、リーガル・サービスに内在する特色も交渉費用を引き上げる。弁護士の提供するリーガル・サービスの主要な要素は、法的知識と分析という情報であるが、経済学的にみたとき、情報には取引費用を引き上げる特色が存在する（野口悠紀雄［一九七四］第三章）。すなわち、情報には一般に「ゼロの限界社会的費用」とよばれる特色がある。これは、情報の生産に要するコストに比較して、情報を複写移転する費用が圧倒的に小さいという性質のことであり、この性質のために、情報の生産者はその投下費用を情報の市場取引を通じては回収することが困難となるという問題である（コンピュータ・ソフトなどの違法コピーを考えてみよ）。したがって、情報という財は多くの場合に過少生産という「市場の失敗」をもたらす。また、情報には価値評価の困難性という問題も存在する。すなわち、情報の消費者からみたとき、その内容を検討したうえでなければその価値を評価することが困難であるが、代価を支払わなければ内容をみることができない反面、情報の販売者からみたとき、情報をみせないと潜在的消費者と値段交渉に入れないが、みせてしまえば譲渡したのと同じ状態となって、取り逃げされるリスクが生じるというものである。これは情報を提供すると、取引を取り消しても情報提供前の状態に戻すことができないという第三の特色と関連している。このような情報についての一般論もある程度リーガル・サービスも当てはまるように思われる。依頼者として、ひとたびリーガル・サービスの提供を受けて、その分野の法律や法実務に明るくなれば、将来、類似の法律問題に直面したさいには、本人訴訟をすればよく、弁護士は要らなくなるということがありうる。これは、とりわけ企業の弁護士利用において生じうるであろう。また、リーガル・サービスとしての法的情報の価値評価の困難性は、リーガル・サービスの報酬交渉の取引費用を引き上げることになる。

このように、リーガル・サービスの交渉費用は、一般の私的財にくらべて大きく、市場の失敗、取引の非効率性をもたらす危険が大きい。このことは、リーガル・サービスの消費者たる当事者依頼人にとって、弁護士は利用しづらいものとなることをも意味している。このような問題を軽減する弁護士の側からの処方箋として、弁護士報酬の明確化や、弁護士報酬についての保険的制度（弁護士費用保険やプリ・ペイド・リーガル・サービスなど）の設立と普及が考えられよう。保険的制度が処方箋となる理由は、多数の現実の弁護士利用者、および潜在的利用者に代わって、保険会社の専門家が、リーガル・サービスの価値を評価して弁護士報酬の交渉をすることができるようになるからである。

6　リーガル・サービスのモニタリング費用

缶ジュースやコンビニ弁当の場合、一般の私的財と同様、消費者は購入して使用・消費してみればその価値を確定することが容易にできる。そして、その代価に比較して品質が劣悪であると判断すれば、苦情を申し立てることで、契約の解除や修理、代替品の提供、あるいは損害賠償を受けることができる。この利用しやすさの第七の要素であるモニタリングの容易さについては、リーガル・サービスはどうであろうか。

一般的にいって、財の品質には、コンビニ弁当やペンキの色のように、購入して試す前にその品質を消費者が判断できる「探索品質（search quality）」、缶ジュースや自動車の長時間の乗り心地や耐久性のように、購入して使ってみなければわからない「経験品質（experience quality）」、および、医療サービスや教育サービスのように、購入して使ってみても、品質の評価が消費者にとって困難な「信用品質（credence quality）」とを大まかには区別できる（太田勝造［二〇〇一］）。医療や教育などが信用品質の財であるとよばれるのは、その成果ないし不成果は、その品質の良さ悪さのせいであるのか、消費者の側の能力や努力、体質などの問題のためであるのかを確定しずらいからである。「信用」品質というよび方は、そのような財貨やサービスの場合、消費者には品質評価が困難でひいてはモニタリングができないので、利用者としてはそのようなサービスの提供者を信用するか、信用の保証となるように長期的信頼関係を構築するほかないことにもとづいている。探索品質や、繰り返し購入するような経験品質の財の場合は、市場が機能して効率的となりうる。それにたいし、信用品質の財貨やサービスの場合は、消費者にとって評価が困難であるので、市場は信用品質の財の需要と供給を適正に制禦することができない。

弁護士によるリーガル・サービスも、信用品質としての特色を有している。利用者である一般の市民や企業には、法的知識や能力が乏しい場合が多いので、弁護士のリーガル・サービスを、取引交渉、和解交渉、ＡＤＲの利用、訴訟などで受けた後になっても、当該弁護士のサービスが高品質のものであったか低品質のものであったかなどを評価することが困難である。訴訟で負けたからといって、低品質のリーガル・サービスであったとはかぎらず、もともと権利がなかったのかもしれないし、訴訟で勝ったからといって、高品質のリーガル・サービスであったとはかぎらず、弁護士などつけなくても勝てた事案だったかもしれないことに鑑みれば、この点は理解されよう。このように、リーガル・サービスにたいする消費者・利用者によるモニタリングは非常に困難である。

コンビニ弁当の場合、品質に不満があれば苦情を申し立て、なんらかの救済を得ることはそれほど困難ではない。少額裁判手続等も整備されてきている。それにたいし、弁護士のリーガル・サービスにたいして苦情を申し立てることはかなり困難である。弁護士による著しい非行であると考える場合は、刑事告発や弁護士会の懲戒を申し立てることも理論的にはできる。弁護士を相手に弁護過誤訴訟を提起することも理論的にはできる。しかし、一般の市民や企業がこのような手段をとることには大きな困難がともなう。なぜなら、法律の素人である不満を抱く利用者は、懲戒の申立てであれ弁護過誤訴訟であれ、別の弁護士に依頼せざるをえない。そのような利用者からみれば、悪人を懲らしめるために、その悪人の仲間に頼らざるをえないという印象をぬぐえないであろう。しかも、弁護過誤訴訟を引き受けてくれる弁護士を見つけるための探索費用は非常に大きいであろう（手嶋 豊［一九九二］によれば、広島の弁護士一七三名への調査票送付で七七通の回収（四五％）の結果、回答者の四〇％を超える弁護士が弁護過誤事件を依頼されても引き受けないと回答している）。

モニタリングの困難さを市場が緩和する典型的な戦略は、繰返しである。缶ジュースのように経験品質の財の場合も、一度は購入して試してみなければ消費者には品質評価が適切にできないが、繰り返し消費される財であるので、一度品質評価ができれば、それ以降は、低品質の缶ジュースはもう買わなくなるし、高品質の缶ジュースであるとわかれば繰り返し購入する。このような繰返しによって、市場を通じて低品質財は駆逐され、高品質財は消費者によって選択されることを通じて市場はうまく機能する。また、消費者の側も、試飲サービスで試してからしか買わないなどの対抗手段を蓄積して「賢い消費者」となってゆくことができる。缶ジュースやコンビニ弁当が利用しやすいことの第八の要素である。ところが、弁護士のリーガル・サービスの場合、法律問題や訴訟をたくさん抱える一部の企業などを別とすれば、一般の私人をはじめとする利用者にとって、弁護士の利用は一生の間に何度も繰り返されるものではない。弁護士のリーガル・サービスのモニタリング困難は、繰返しによっては改善されないことが多い。ただし、この点は、現在進められている司法改革によって弁護士数が格段に増加して、人々や企業の弁護士へのアクセスが高まり、弁護士利用の頻度が大きく増加するならば、繰返しによる市場の適正化の機能が生じてくる可能性がある。また、弁護士の提供するサービスについての、弁護士会や第三者の一種の弁護士格付け機関によるモニタリング（弁護士の格づけや、専門分野・得意分野の認証、および弁護士のサービスにたいする苦情受付）がなされたほうがよいであろう。

7　企業による弁護士の利用のしやすさ

企業側から弁護士利用にかんしてしばしば提起される問題点である、弁護士の専門性の欠如や企業にたいする理解の欠如の問題を簡単に検討しよう。

企業側から弁護士は利用しにくいと批判される場合、たんに弁護士の気位が高すぎるとか報酬が高すぎるとか、相談にたいしてピンポイントの回答が迅速に返ってこない、などの不満のほかに、そもそも弁護士は役に立たない、という痛烈な批判もなされる（「会社法務部――第八次実態調査の分析報告」『別冊ＮＢＬ』六三号一七頁［二〇〇一］、「会社法務部――第七次実態調査の分析報告」『別冊NBL』三八号二五頁［一九九六］）。弁護士は役に立たないから使えない、という批判の根底には、弁護士が企業の必要とするような高度の専門的知識と能力を開発していないし、企業の業務内容の詳細はもとより組織原理や営業戦略、意思決定のダイナミクスなどにたいする理解（企業についての「深い知識」）が不足していることへの不満が横たわっている（柏木 昇［一九九六］）。しかし、このことの原因としては、弁護士側のみならず、企業側にも責任の一端があるように思われる。

これまで、弁護士数は非常に小さく抑えられてきたため、弁護士の側としては一種の寡占的状態の利益を享受でき、とりたててさらなるコストをかけて高度の専門的知識と能力の開発や依頼者たる企業についての深い理解に努めなくても、安定した有利な収入が得られたといえよう（太田勝造［一九九四］）。したがって、多くの弁護士の側が高度の専門性を開発してこなかったことは、むしろ合理的行動であったといえる。

企業の側が弁護士に高度の専門的知識と能力や企業についての深い知識を要求したいのなら、それに見合うだけのより高額の報酬を支払わなければならないが、企業はこれまでそれを回避し、自己の従業員、主として法務部員に企業内訓練や海外派遣等によって高度の専門的知識と能力および企業についての深い知識を養成させてきたのである。いうまでもなく、企業にとってそのほうが安上がりであると判断したからである。

こうして、弁護士の側には専門化するインセンティブが欠如し、企業の側は内部養成で専門分野での弁護士需要を節約するという、弁護士と企業の間のいわば「非専門化スパイラル」とよびうるような相互関係が生じていたとみうる。こうしてこれまでの日本の企業と弁護士の間では「非専門化スパイラル均衡」とよびうる均衡の状態（専門的にはナッシュ均衡とよばれる）が成立していたといえよう。弁護士が一方的にコストをかけて専門化しても、企業はそれに見合う報酬を払おうとしないのでそのような弁護士は損をするだけとなるし、企業が一方的に内部養成を改めて外部弁護士へ専門的リーガル・サービスをアウトソーシングしようとしても、弁護士側は対応できないし対応しようともしないので、そのような企業は損をするだけとなるのである。いいかえれば、弁護士には専門的知識や能力がないとか、企業への深い理解がないという企業側の批判は、もとをただせば、企業側自身もそのような弁護士を作り上げる一端を担ってきたことになるのである。

非専門化スパイラル均衡を脱して、企業が外部法律事務所に専門的リーガル・サービスをアウトソーシングし、弁護士はより大きなコストをかけて高度の専門的知識と能力や企業についての深い知識を醸成するという、新たな均衡関係に移行するにはいくつかの条件が必要であるように思われる。第一に、弁護士の側としては、弁護士数が増加して競争が激しくなり、個々の弁護士が新たな職域を拡大する工夫をしなければならないような状況が招来される必要があろう。他の弁護士のリーガル・サービスと差別化して自己をアピールするひとつの方法は、より高度の専門的知識と能力を身につけて実績を積むこと、および、企業との接触・関与の程度を高めて当該企業についての深い知識を醸成することである（濱野　亮［一九九四］四六頁、参照）。弁護士の大競争時代を生き抜くひとつの戦略としての専門化が注目を集めるようになる必要がある（濱野、前掲では、弁護士の専門化された業務への志向が見い出されているが、石村善助［一九九四］では、スペシャリスト志向はあまり強くない結果となっている）。また、企業は多人数の複雑な組織であり、その法的問題も複雑厖大であるから、アウトソーシングされる法律事務所の側も、大規模化しなければ、企業のニーズにたいして、適切迅速にピンポイントのサービスを提供することができないであろう（濱野、前掲）。

第二に、企業の側としては、日本の経済体制がより透明性と流動性の高いものとなり、「転職市場」が充実して、熟練労働者や専門的技能の労働者の転職がより容易かつより有利になるなどの条件も必要であろう。この条件が成就すれば、企業内での専門的知識と能力をもった従業員を企業法務員として養成しても、弁護士資格を取って事務所を開いたり、他企業へより有利な条件で転職する等で流出してしまい、投下した先行投資を回収できないリスクが大きくなってアウトソーシングしたほうが企業にとってより安価となるような事態が生じるであろうからである。

以上のような条件が満たされるようになれば、非専門化スパイラル均衡を脱して、高度の専門性と企業についての深い知識をもった弁護士・弁護士事務所が生じ、企業からみれば利用しやすい弁護士が出てくるようになるであろう。

8　弁護士費用の負担ルールと私人の利用のしやすさ

消費者や一般の市民が弁護士を利用するうえで弁護士費用の大きさが問題となっている。この問題との関連で、弁護士費用は民事訴訟法六一条の敗訴者負担の対象とされる訴訟費用に含まれず、各自負担であることが、市民の弁護士利用と訴訟利用を抑制しているとの議論がある（『司法制度改革審議会意見書――二一世紀の日本を支える司法制度』二〇〇一年六月参照）。そして、この問題の解決策として、イギリス型の弁護士費用敗訴者負担を日本においても弁護士費用負担の原則とするべきであるとの主張がみられる。はたして、弁護士費用敗訴者負担は、弁護士を利用しやすいものとするのであろうか？

まず、弁護士費用の負担ルールには単純な各自負担と単純な敗訴者負担ばかりではなく、種々のバリエーションが考えられるので、典型的なものを整理しておこう（太田勝造［一九九三］、同［一九九七a］、同［一九九七b］）。

ひとつは、片面的原告優遇型敗訴者負担ルールであり、原告が勝訴した場合にのみ、原告の弁護士費用を敗訴被告に負担させるルールである。敗訴被告に弁護士費用を移転させるために、原告勝訴のほかに主観的要件等の要件をさらに付加するルールや、移転する弁護士費用の大きさを原告勝訴の割合に連動させるルールなどさまざまなものが考えられる。特色としては、原告による訴訟提起を促進させる点があげられよう。アメリカでは、消費者による企業を被告とする消費者契約法や製造物責任関連の訴訟、環境保護関係の訴訟、行政を市民が訴える訴訟などにおいて、「私人による法の実現」の思想（田中英夫・竹内昭夫［一九八七］参照）から訴訟提起を促進する政策的手段として利用されている。

単純な弁護士費用の敗訴者負担ルールは、両面的敗訴者負担ルールとよぶことができ、原告、被告のいずれであれ、敗訴者が勝訴者の弁護士費用を負担するルールである。費用移転割合を、主観的要件や勝訴の割合に連動させるルールなどさまざまなものも考えられる。特色としては、勝訴確率の高い訴訟の提起、および勝訴見込みの判断が楽観的な当事者の訴訟の提起を各自負担ルールより促進する点と、その逆に、勝訴確率の低い訴訟の提起や慎重な当事者の訴訟提起を各自負担ルールより抑制する点とがあげられる。

弁護士費用の各自負担ルールは、現在の日本の民事訴訟の原則的ルールであり、アメリカでも原則的な弁護士費用負担ルールとなっている。特色としては、勝訴しても弁護士費用の分だけ獲得額が目減りする点をあげることができよう。逆に、敗訴しても相手の弁護士費用を負担しなくてよいことがあげられる。

片面的被告優遇型敗訴者負担ルールもないわけではない。これは、原告が勝訴しても敗訴被告は原告の弁護士費用を負担させられないが、被告が勝訴すると、訴えを提起した敗訴原告は勝訴被告の弁護士費用の負担をさせられるというものである。訴訟の利用を抑止しようという政策的判断がある場合に、そのための手段として利用されうる。

その他では、日本の損害賠償訴訟での弁護士費用の取扱いも、一種の弁護士費用の負担ルールとしての機能をもっている。この場合、損害惹起行為（加害行為）との因果関係があると認められる範囲で弁護士費用も損害として位置づけ、敗訴被告に原告被害者の弁護士費用の負担をさせる原則である。特色としては、損害賠償訴訟に限られるという点と、被告勝訴の場合には被告の弁護士費用を敗訴原告に負担させることが不可能である点で、片面的原告優遇型敗訴者負担と同様の効果がある点があげられる。

こうしてみてくると、弁護士費用の各自負担が日本の現状であるという主張も、損害賠償訴訟にかんしてはかならずしもあてはまらない点、各自負担か（両面的）敗訴者負担か、という単純な二者択一的議論がいかに不完全な議論でしかないかの点、さらに、訴訟利用の促進の点で、各自負担と両面的敗訴者負担とでは一長一短であり、（両面的）敗訴者負担を採用すれば、弁護士の利用もしやすくなるし、訴訟の利用も促進されるという素朴な主張がいかに不完全なものであるかの点があきらかとなろう（「特集・弁護士報酬の敗訴者負担制度」『自由と正義』五二巻四号［二〇〇一］参照）。

一般の私人である典型的な消費者が、企業を被告として訴の提起を考慮する場合、弁護士を利用しなければ困難であろう。相談を受けた弁護士は、二〇〇〇年制定二〇〇一年施行の消費者契約法の精神に鑑みて、相談者の権利の存否や訴訟の帰趨の見込みなどについて、十分な説明をし、納得を得るように努めなければならない。「勝てるでしょうか」という依頼者の質問に、「絶対勝てます」などということはできないのが通常で、負ける可能性についても説明しなければならないであろう。弁護士費用の（両面的）敗訴者負担ルールが導入されたとき、「費用はどうなりますか」という依頼者の質問に、「勝てば相手が弁護士費用を払うので、要りません」と答えることができるが、「負けたら、こちらの弁護士費用だけでなく相手の弁護士費用も払っていただくことになります」という点を説明しなければ説明不足の責任を問われることになろう。この説明を聞いて腰が引けない依頼者は稀であろう。こうしてみると、私人の訴提起にたいして弁護士費用の（両面的）敗訴者負担がもつ効果が訴訟提起の促進である、という主張の不備があきらかとなろう。

弁護士の利用と訴訟の利用を促進し、社会の法化を進めるべきであるというような社会的価値判断が総論的になされた場合、各論的政策としては、具体的に弁護士利用と訴訟利用を積極的に促進するべき領域を特定し、その領域においては、弁護士費用の片面的勝訴原告優遇型敗訴者負担の導入を考慮する等の、より着実な議論をするべきであろう。

【参考文献】

クーター、R＆ユーレン、T［一九九七］『新版・法と経済学』（太田勝造訳）商事法務研究会。
福地　領［一九九八］「中学・高校での模擬裁判を開廷して」『自由と正義』四九巻九号一四頁。
Genn, Hazel［2000］Path to Justice, What People Do and Think About Going to Law, Hart Pub.
濱野　亮［一九九四］「弁護士による企業法務の処理(6)――東京における実態調査をふまえて」『NBL』五四二号四三頁。
ヘイリー、ジョン［一九七八］「裁判嫌いの神話」（加藤新太郎訳）『判例時報』九〇二号一四頁、九〇七号一三頁。
石村善助［一九九四］「変動する社会における弁護士業務――弁護士業務調査の結果」『専修法学論集』六二号一頁。
柏木　昇［一九九六］「企業法務における弁護士の役割」『自由と正義』四七巻五号。

加藤新太郎［二〇〇〇］『新版・弁護士役割論』弘文堂（初版、一九九二年）。

宮川光治ほか編［一九九二―九三］『変革の中の弁護士――その理念と実践（上・中・下）』有斐閣。

永尾廣久［一九九七］「青年弁護士は田舎をめざせ」『自由と正義』四八巻一号二九頁。

那須弘平［二〇〇一］『民事訴訟と弁護士』信山社、とくに第三部第二章。

日本弁護士連合会弁護士業務の広告問題ワーキング・グループ編［二〇〇〇］『弁護士広告――業務広告規定の解説』商事法務研究会。

野口悠紀雄［一九七四］『情報の経済理論』東洋経済新報社。

小川義龍［二〇〇一］「弁護士広告の意義と活用」『自由と正義』五二巻七号三四頁。

太田勝造［一九九〇］「訴訟の利益享受と費用負担――訴訟コストは誰が負担すべきか？」『自由と正義』四一巻一二号四三頁。

――［一九九二］「法律扶助」『ジュリスト』一〇〇〇号二二五頁。

――［一九九三］「裁判手数料と弁護士費用について」『名古屋大学・法政論集』一四七号一頁。

――［一九九四］「日本の弁護士数についての一視覚――リーガル・サーヴィスの経済分析」『月刊・民事法情報』八八号六頁。

――［一九九七a］「訴訟の経済的効果・インセンティヴ」『別冊NBL』四四号一〇〇頁。

――［一九九七b］「弁護士報酬をめぐって」『ジュリスト』一一一二号三一頁。

――［二〇〇一］「消費者契約とゲーム論――消費者取引秩序は自生的に創発しうるか？」『ジュリスト』一二〇〇号一五九頁。

六本佳平［一九八六］『法社会学』有斐閣。

田中晴雄［一九九八］「弁護士過疎地域への支所開設とその広告の自由化について」『自由と正義』四九巻六号四五頁。

田中英夫・竹内昭夫［一九八七］『法の実現における私人の役割』東京大学出版会。

棚瀬孝雄［一九八七］『現代社会と弁護士』日本評論社。

手嶋　豊［一九九一］「弁護過誤に関する意識調査」『廣島法学』一五巻二号八五頁。

『会社法務部——第七次実態調査の分析報告』（『別冊ＮＢＬ』三八号）［一九九六］。

『会社法務部——第八次実態調査の分析報告』（『別冊ＮＢＬ』六三号）［二〇〇一］。

「特集・法律扶助制度の改革」『自由と正義』四六巻六号［一九九五］。

「特集・弁護士偏在の解消のために」『自由と正義』四七巻四号［一九九六］。

「特集・法律相談体制の全国展開」『自由と正義』四九巻九号［一九九八］。

「特集・弁護士報酬の敗訴者負担制度」『自由と正義』五二巻四号［二〇〇一］。

「特集・広告自由化と弁護士業務」『自由と正義』五二巻七号［二〇〇一］。

…………［太田勝造］

第15章 司法書士と紛争処理

●――弁護士の少ないわが国では、多くの訴訟が弁護士なしの本人訴訟によっておこなわれている。そしてこの本人訴訟を弁護士に代わって支えているのが司法書士である。本章では、弁護士訴訟と比較した本人訴訟の意義、司法書士による関与の特質などを検討し、法専門家による訴訟関与のあり方と司法書士の向かうべき方向性につきみていくことにしよう。――●

1 本人訴訟と司法書士

本人訴訟の位置づけ

わが国では、実は民事訴訟のかなりの部分が、弁護士による代理のない本人訴訟によっておこなわれている。とりわけ訴額九〇万円以下の事件を扱う簡易裁判所では、その扱う事案のほとんどが弁護士のない本人訴訟である。このような状況は、一方で、当事者が弁護士に頼ることなく自力で紛争処理に取り組むことが可能であるという積極面を示してはいるが、他方、法専門家によるサービスへのニーズをもちながらそれが容易に利用可能でないがゆえに生じている病理的な現象とみることもできる。司法書士の紛争処理過程への関与を検討する前提として、まずこの本人訴訟の意義について考えておこう。

本人訴訟をどのように評価するかは、当事者自身の視点から紛争をトータルにとらえる視点からみるか、訴訟という制度のはたらきを中心にみるかによって変わってくる。

まず、前者の視点からみれば、訴訟という制度も法専門家も、当事者にとって自分の目の前にある紛争を処理していくさいの手段にすぎず、法専門家によって訴訟が遂行されている途中でも、当然のことながら紛争処理の主体は自分自身である。また、訴訟終了後も、判決の履行をめぐって、あるいは判決にはあらわれない非法的な問題や感情的な問題をめぐって、さらに紛争や交渉がつづいていくことになる。この観点からみれば、本人訴訟と弁護士訴訟の違いは、たんに法廷での争いを本人自身が遂行するか、法専門家に遂行させるかという手段の違いにすぎない。弁護士訴訟であっても、実質的には、訴訟進行に応じてさまざまに展開していく当事者自身の社会レベルでの紛争が存在する以上、その本質は「本人の訴訟」であるはずである。それゆえ、この視点からは、本人訴訟はかならずしも否定的なものではなく、むしろ本人が本人の紛争を処理するという意味で、訴訟を含む紛争処理の「原型」であるということにもなる。そして訴訟過程は、そうした法的知識に明るくない当事者にも開かれた応答的なものであるべきだということになる。

他方、法的紛争解決制度としての訴訟の機能を中心にみる視点からは、しばしば複雑な法的専門知識を必要とする訴訟を一般の紛争当事者が遂行するのは無理があり、むしろ制度の側がそれを補完する体制を整えるべきだということになる。すなわち、本人訴訟が多いことは、訴訟当事者にたいする法的サービスの提供体制が不十分であることの反映であり、法的サービスを利用したくても利用できないがゆえにやむをえずとられている現象、いわば「病理現象」であるというのである。この視点の背景には、訴訟というものを、本来、法専門家の関与によってはじめて適切に遂行されるものとみる法専門家中心の訴訟観が存在する。それは当事者の視点からみた紛争の実相や展開ではなく、どちらかといえば、法的制度としての訴訟の役割に視点が限定された見方であるといえよう。

こうした本人訴訟への原理的評価の対立も、現実を前にした場合には実はかなり緩和されることになる。本人訴訟を肯定的に捉える前者の場合でも、実際に訴訟遂行の場面で法専門家の援助を求めるニーズが存在することは否定せず、法的サービスの適切な供給体制の整備をやはり問題としていくことになるし、本人訴訟を病理現象とみる後者の場合でも、現に存在する大量の本人訴訟に対応する多様なサービスのあり方を認めつつ方策を探っていかねばならないからである。

そしてここに、司法書士による紛争処理関与のありかたを検討していく意義が存在しているのである。

リーガル・サービスの偏在と司法書士サービス

さて、これら大量の本人訴訟も、すべてが紛争当事者自身によって全面的に自力で遂行されているわけではない。実はそのかなりの部分に司法書士がかかわっているといわれる。素人である当事者が訴訟提起にさいして専門家の助言や援助を必要とするのは当然であるが、周知のようにわが国の弁護士数は先進諸国のなかできわだって少なく、リーガル・サービスの供給体制はとても整っているとはいえない。しかも弁護士はその絶対数が少ないのみならず、地域的に偏在しており、相談したり依頼したりしようにもそもそも身近に存在しないことも多い。これにたいし司法書士は、その職務の中心を占める不動産登記業務との関係で、法務局の存在する地域に比較的万遍なく存在しており、人々にとって身近にアクセスしやすい状況にある。

ただし、司法書士の場合には、弁護士と違ってこれまで訴訟代理権がなく、法律上は訴訟関係書類の作成のみにその業務範囲が限定されていた(＊)。その結果、訴訟提起にさいして専門的援助を必要としながら身近に弁護士がいない当事者たちは、司法書士による書面作成や法的助言という援助を得ながら本人訴訟のかたちで訴訟を遂行していったのである。本人訴訟のかなりの部分はこうしたかたちで遂行されているといわれる。

＊ なお、二〇〇二年には司法書士に簡裁および調停における代理権を与える法案が国会に提出される見通しのようである。

このような現象をさして、しばしば司法書士は絶対数が少なく地域的にも偏在する弁護士不足状況へのやむをえない対応としての補完的役割を果たしているのだといわれることがある。たしかにそうした役割が存在することは事実であり、とりわけ弁護士過疎地域ではそうした機能が期待され、また現に果たされているのであるが、実は司法書士の裁判業務の意義にはそれ以上のものが含まれている。なぜなら、実は司法書士がもっとも旺盛に裁判業務を果たしているのは、実はそうした弁護士過疎地域ではなく、弁護士が集中する都市部であるからである。すなわち、そこでは、弁護士と司法書士が併存する状況で、なお司法書士が好まれ選択されているという事実が存在するのである。

このことはつぎのようなことを意味している。第一に、弁護士の不足と偏在が、リーガル・サービスの地域偏在のみならず、社会的次元での偏在をも生ぜしめているということである。一般に弁護士の大都市集中は、そうした大都市エリアに弁護士の経済的成功をもたらす大きな事件が集中していること、同時に弁護士にとって社会正義の担い手としての職業的満足をもたらす政治的事件もやはり都市部に比較的多いことが原因であるとされる。逆にいえば、経済的に引き合わない人々の日常的な小さな事件は、クレサラ事件など社会問題化したものを除けば、弁護士にとって魅力の薄いものとならざるをえないのである。かくして、弁護士が集中する都市部においても、なお社会的な意味での弁護士過疎状況が存在しており、司法書士がそれを補完しているといえるのである。また、このような観点からみれば、大きな事件が少ない地方エリアで弁護士過疎が生じるという地域偏在問題も、実は社会的偏在のひとつのバリエーションであるということもできるであろう。

第二に、こうした地域的および社会的な弁護士補完機能とは別に、司法書士にたいする独自のニーズが存在しているという点である。なぜなら、弁護士と司法書士が併存する都市部において、司法書士が担当する裁判事案は決して価額的に少額のケースのみに限定されるのではないからである。司法書士は不動産登記にかかわる業務との関連で不動産取引や相続にかかわる法律問題に関与することが多く、しばしばそこから生じる事件は価額も相当に高額なものとなることが多いのは当然である。もちろん、日常的な少額事件が多くを占めるのは事実としても、なお、そうしたケースの存在は司法書士サービスが弁護士サービスに比較してもつメリットを紛争当事者が選択している可能性を示しているのではないだろうか。

この点は、司法書士サービスの特徴と意義にかかわる問題であり、つぎに検討してみることにしよう。

2　司法書士の法的サービスの特徴

紛争処理サービスの形態と実態

上述したようにこれまで司法書士には訴訟代理権はなかった。その業務範囲は主として裁判関係書類（訴状、準備書面等）の作成に限定されている。すなわち、弁護士がある事案の処理全体を包括的に代理権をもって処理するのにたいし、司法書士は「訴状の作成」「準備書面の作成」など書面単位の単発的業務に限定され、報酬体系も、各書面作成ごとの費用として構成されることになる。また一般的な法律相談権も認められていない。

こうした弁護士との差別化は、司法書士試験の内容が司法試験ほど包括的でないこと、司法修習のような十分な研修制度の不在、法務局職員からの試験を経ない資格取得形式の存在、弁護士以外の法律業務を一般的に非弁行為として禁じた弁護士法七二条との関係などから説明されることが多く、また現実的にも訴訟代理を遂行するだけの能力に欠けるのではないかとの疑問の声なども聞かれる。

たしかに裁判業務に精力的に取り組む司法書士の数がかならずしも多くなく、一部の司法書士に集中している現状からは、こうした議論に一定の説得力があることは否めない。にもかかわらず、その裁判業務の実態は形式的な職務範囲の線よりも、しばしば踏み込んだものになっているというのもまた事実である。

実際、書面作成が単位とはいっても、多くの依頼人は事件の最初から最後まで包括的に特定の司法書士に依頼するのが通常であるし、書面作成とはいっても書面作成にあたってさまざまな法的相談に応じなければならないのは当然である。さらに加えて、司法書士のなかには書面に当事者本人の名前だけでなく司法書士の名前を記載する者もおり、裁判所が当事者本人には理解不能な問題があるような場合に司法書士に連絡をとるようなケースもあるという。また、当事者本人が高齢者などで司法書士が法廷に付き添い傍聴席に控えているような場合に、裁判官がしばしば傍聴席の司法書士に発言を求めるようなケースも指摘されている。これらは形式的な職務範囲を逸脱しているということもできるが、現実にニーズがそこにあり、実質的に妥当な訴訟遂行のための必要性から生じている現象といえる。

さて、以上が司法書士サービスの形式的範囲と実態であるが、そうした司法書士サービスの特徴をより詳しくみていくことにしよう。

司法書士サービスの特徴

司法書士による裁判業務の特徴を弁護士とくらべながらみていこう。それがさきにみた、弁護士と司法書士の併存状況でなお司法書士が選択されるという独自ニーズのあり方をあきらかにすることになるからである。

(1)安価性――まず、その報酬体系の相違から生ずる金銭的なメリットである。司法書士の報酬は、さきにみたように書面作成一件ごとに発生するものであり、その価額は数万円の範囲に収まる。これにたいし、弁護士の報酬体系は訴額に応じて増減する価額スライド制であり、高額の紛争対象が問題となる場合には、弁護士費用もそれにともなって高額化する。

このことはつぎのふたつのことを意味する。第一に、少額事件は弁護士にとって報酬的に魅力の薄い事件とならざるをえないが、司法書士にとっては書面作成料に大きな変化はなく、さほどでもない。その結果、司法書士は少額事件でも、それが経済的に事実上ペイするかどうかはともかくとして、引き受けることに障害は少ないということになる。現状では、弁護士が簡裁レベルの少額事件を積極的に受任することは考えにくく、少額事件の当事者にとっては司法書士が選択肢となるのである。

第二に、高額事件においても、本人訴訟での遂行が可能であれば、当事者にとって安価な司法書士の報酬体系が魅力になるという点である。訴訟遂行が容易で勝訴可能性が強く見込まれるような場合には、高額な訴額に応じた高額な弁護士費用を負担するより、安価な司法書士サービスが選択されることになる。

(2)事案の単純さ――しかし、そうした選択がなされるためには、事案に含まれる法的問題が比較的単純であり、実質的に司法書士に対応能力があることが前提となる。実際にも、司法書士が扱う裁判業務にはルーティン的なものが多く含まれ、複雑な事案は弁護士を紹介するなどの処理がなされているようである。このような、司法書士の対応能力範囲に収まる事件であれば、安価性とあいまって司法書士選択へのニーズが生じるといえよう。

(3)援助型関与――最後に、司法書士の裁判業務の範囲が法的に限定されていたことから結果的に生じる積極的な要素の存在である。司法書士には訴訟代理権がなく業務範囲が書面作成に限定されていたがゆえに、法廷には当事者本人が出廷し自力で弁論しなければならなかった。そこで書面作成とはいっても、司法書士はその書面に書かれた内容、法的な問題の構成が当事者の抱えるトラブル全体との関係でいかなる意味をもつか、訴訟手続はどのように構成されており当該書面はそこでいかなる位置づけになるのか、具体的に法廷で何をすればいいのか、裁判官や相手方のいうことにいかに対応すればいいのか等々、具体的にわかりやすく説明しなければならない。また、説明が平易であるだけ、当事者側も自分の意見や見解を司法書士に告げて取り込んでもらうことが可能になる。その結果、当事者は訴訟を「自分の問題を処理するフォーラム」として認識し、また専門家である司法書士との信頼関係をそうした過程を通じて構築していけるのである。

これにたいし、弁護士の場合には、包括的な訴訟代理権をもつがゆえに、しばしば弁護士主導で訴訟が進行し、当事者本人は自分の問題であるにもかかわらず、自分の手の届かないところで問題が処理される「外在的なフォーラム」としてしか訴訟をみることができない。弁護士による説明も、本人からみれば不十分なことも多い。こうして当事者は、しばしば訴訟や弁護士にたいして不満をもってしまうのである。

こうしたいわば当事者の主体性を重視した関与形態が、司法書士サービスのメリットのひとつであるということができる。もちろん、どうしても法廷での弁論に無理があるようなケースで、むしろ当事者から専門家のリードが求められるような場合もあるが、その場合でも、当事者の主体性重視にもとづく生きた信頼関係がベースに存在することが必須であることはいうまでもない。司法書士の場合には、業務範囲にかかわる制約が、結果的にこうしたメリットを育ててきたといえるのである。

この最後の関与形態の問題は重要であるため、いま少し詳しく検討しておこう。

3 「援助型関与」と「指導型関与」

司法書士に典型的にみられるような専門家関与形態を「援助型関与」とよぼう。専門家が当事者を援助しつつ、あくまでも当事者が紛争処理の主体であるという点を重視する関与形態である。これにたいし、専門家が主導的にリードする関与形態を「指導型関与」とよぼう。そこでは、当事者に代わって法や訴訟手続に精通した専門家が「当事者のために」紛争を処理していくのである。

さきに本人訴訟を「当事者の視点から」訴訟の原型をなすものと肯定的にみるか、「法制度の側から」弁護士不足にともなう病理現象と否定的にみるか、ふたつの視点がありうることを指摘した。ここでも援助型関与と指導型関与のいずれを適切とみるかは、それとパラレルなかたちで分岐する。前者の視点からは、援助型関与こそ理想的であるし、後者の視点からは指導的関与こそが必須ということになろう。ただ、いずれの立場をとるにせよ、援助型関与のほうがあきらかに当事者の満足度は高いという事実は念頭においておく必要があろう。

また、ここで留意すべきは、このふたつの関与形態のいずれにおいても「代理」は可能であるし、またときに必要であるということである。相違は、あくまでも当事者の主体性を重視した援助をベースにしながら、必要な場合に代理型の形態をとるのか（援助型関与）、専門家の指導性を前提に「代理」こそが関与のベースになるのか（指導型関与）という点にある。

現在、司法改革が進むなかで、司法書士に簡裁代理権が付与される見通しとなっているようであるが、それもいずれの関与形態をベースとして意味づけるのかで、その現実的意義は大きく変わってくるように思われる。

つぎに、司法改革問題ともからめながら今後の司法書士のあり方について考えていくことにしよう。

4　司法書士の課題——裁判業務を中心に

法曹人口の増大と裁判業務の方向性

現在、わが国の司法はかつてないほどの転換期にある。「透明なルールによる事後規制社会へ」というスローガンのもとに、法曹人口、とりわけ弁護士の大幅増員が現実化してきているのである。これまで弁護士不足を前提に構成されてきた司法書士の裁判業務のあり方も、その大幅増員によって大きな変化をこうむることになる。しかも、問題はそれにとどまらず、司法書士という職能それ自体の帰趨すら不確かなものになってきているのである。

長期的には弁護士の大幅増員が達成され、リーガル・サービスの地域的偏在や社会的偏在がかなりの程度解消されることになれば、司法書士、弁理士、税理士など周辺業種の再編や弁護士への統合が具体化してくるかもしれない。

中期的には、増員の過渡的段階で社会的ニーズに応えるための処置として、むしろ弁護士法七二条などの規制を実質的に緩和し、司法書士などの隣接職能をより活用しようという動きが出てきている。この中期的段階での実践の定着の態様と程度によって、長期的に弁護士への統合が進むのか、多元的な職能の並存、競争という形態になるのかが決まってくることになろう。

こうした中期的な規制緩和のひとつとしてあがっているのが、実現が具体化してきた簡裁代理権の問題である。これは、司法書士に簡裁レベルの事件にかぎって代理権を認めようとするものである。弁護士に、そうした少額事件を負担するキャパシティがない以上、簡裁レベルで司法書士を活用しようとする動きは、基本的には社会的なニーズへの手当てを考えるとき、肯定できるものである。

しかしながら、その位置づけが、「当事者の視点」からなされるか、「法制度・法専門家の視点」からなされるかで、その意義は大きく異なる。一般に本人訴訟は、法や訴訟手続の素人を相手に進めねばならず、裁判所にとっては手間暇のかかるものである。そこに司法書士の代理を「指導型関与」を前提に組み込めば、訴訟を法的に遺漏なく効率的に進行させることが可能になる。しかし、これはさきにみた弁護士による「指導型関与」のミニ版を司法書士が担うことを意味し、当事者からの信頼の喪失や不満の醸成を結果することになりかねない。むしろ現在では、弁護士からも当事者の主体性を重視するような視点が提起されていることを考えれば、こうしたミニ弁護士化は、現在の司法書士裁判業務に内包されたせっかくの先進的メリットを消失させてしまうことになる。

他方、包括的簡裁代理権が得られたとしても、実際の業務において当事者の主体性を重視するこれまでの援助型関与形態をベースにした新しい代理のあり方を定着させていけば、従来の弁護士による指導型関与とは一味違った、より当事者のニーズに寄り添ったリーガル・サービスの提供が可能になると思われる。法曹人口が増大し競争が激化するなかでこそ、そうした関与のあり方が顧客獲得のためにも重要になってこよう。

しかし、裁判業務の質の面において、このいずれの方向に向かうにせよ、その量的拡充とそのための基盤の整備は必須である。最後にこの点をみておこう。

裁判業務の定着と拡充

司法書士による裁判業務の提供が、リーガル・ニーズを抱えた人々の側からみても、また司法書士自身が今後の展望を開いていくためにも、急迫した課題であることはあきらかである。にもかかわらず、現実には大多数の司法書士はその職務の大半を不動産登記事務にあてている。

ひとつには従来から、不動産登記を中心にその業務を構成してきたこともあるが、他方、能力的な問題があるとも指摘されてきた。

しかし、複雑な法律問題を含む難事件は除外して、日常的な法律紛争にかんしては適切な研修とトレーニングが施されれば、大半の司法書士にも十分対応可能な体制が構築できるように思われる。司法書士会でも、さまざまなかたちで研修制度を整備し、義務づけるなどの方策がとられている。ただ、こうした研修のみでは十分でなく、まさに実務のなかで実践的に能力を獲得していくOJT（On the Job Training）の機会を設定していくことが必要であろう。新人司法書士に事件を割り振り、裁判業務に実績のある司法書士の監督・助言のもとで処理を進めていくような制度をもつ単位会も存在するが、そうした方策を積極的に採用することもひとつである。

法曹人口の増大が短期的に完成することが望めない以上、司法書士が裁判業務を拡充・定着させて、紛争処理制度の機能化に貢献することは、リーガル・ニーズを抱えながら放置されている人々にとっても、またほかならぬ司法書士自身にとっても、必須の重要性をもった課題であるといえよう。

【参考文献】

江藤价泰［一九九一］『司法書士の実務と理論』日本評論社。
棚瀬孝雄［一九八八］『本人訴訟の審理構造』弘文堂。

和田仁孝［一九九三］「司法改革と司法書士」『法学セミナー』一九九三年二月号。
――［一九九五］「なぜ本人訴訟か――本人訴訟の意義と問題点」『法学セミナー』一九九五年一二月号。

…………［和田仁孝］

ま

や

な

は

さ

事項・人名索引

[執筆者紹介]
和田仁孝　編者・奥付参照（序章・第１章・第15章）
和田安弘　大阪府立大学名誉教授（第２章）
尾﨑一郎　北海道大学教授（第３章）
山田　文　京都大学教授（第４章）
守屋　明　関西学院大学教授（第５章）
佐藤彰一　國學院大學教授（第６章）
長谷部由起子　学習院大学教授（第７章）
西川佳代　横浜国立大学教授（第８章）
高橋　裕　神戸大学教授（第９章）
川嶋四郎　同志社大学教授（第10章）
渡辺千原　立命館大学教授（第11章）
濱野　亮　立教大学教授（第12章）
仁木恒夫　大阪大学教授（第13章）
太田勝造　編者・奥付参照（第14章）

[編者紹介]
和田仁孝（わだ・よしたか）
1955年生まれ。早稲田大学教授。
主要著書に、『法社会学の解体と再生――ポストモダンを超えて』（弘文堂）、『民事紛争処理論』（信山社）、『民事紛争交渉過程論』（信山社）、『医療メディエーション』（共著）（Signe）ほか。
太田勝造（おおた・しょうぞう）
1957年生まれ。東京大学教授。
主要著訳書に、『民事紛争解決手続論』（信山社）、R. クーター、T. ユーレン『法と経済学』（商事法務研究会）、O. バー＝ギル『消費者契約の法と行動経済学』（監訳）（木鐸社）ほか。
阿部昌樹（あべ・まさき）
1959年生まれ。大阪市立大学教授。
主要著書・編著書に、『ローカルな法秩序――法と交錯する共同性』（勁草書房）、『争訟化する地方自治』（勁草書房）、『包摂都市のレジリエンス』（共編）（水曜社）ほか。

[Series Law in Action-III]
交渉《こうしょう》と紛争処理《ふんそうしょり》

2002年５月７日　第１版第１刷発行
2017年10月10日　第１版第９刷発行

編　者――和田仁孝《わだよしたか》・太田勝造《おおたしょうぞう》・阿部昌樹《あべまさき》
発行者――串崎　浩
発行所――株式会社　日本評論社
〒170-8474　東京都豊島区南大塚３-12-４
電話　03-3987-8621（販売）-8601（編集）
振替　00100-３-16
印刷所――精文堂印刷
製本所――井上製本所
装　幀――海保　透
検印省略

ISBN 4-535-51141-1　　Printed in Japan